Paradoxos na Empresa

Múltiplas Perspectivas

Dados Internacionais de Catalogação na Publicação (CIP)
(Câmara Brasileira do Livro, SP, Brasil)

Paradoxos na empresa : múltiplas perspectivas / organizadores Isabella Francisca Freitas Gouveia de Vasconcelos, Flávio Carvalho de Vasconcelos. — São Paulo : Cengage Learning, 2010.

Vários autores.
Bibliografia.
ISBN 978-85-221-0874-9

1. Organizações 2. Paradoxos I. Vasconcelos, Isabella Francisca Freitas Gouveia de. II. Vasconcelos, Flávio Carvalho de. III. Série.

09-13515 CDD-658.001

Índice para catálogo sistemático:

1. Paradoxos organizacionais : Teoria organizacional : Administração 658.001

Paradoxos na Empresa

Múltiplas Perspectivas

ORGANIZADORES

Isabella Francisca Freitas Gouveia de Vasconcelos
Flávio Carvalho de Vasconcelos

AUTORES

André Ofenhejm Mascarenhas
André Torres Urdan
Edmilson Alves de Moraes
Elidia Bagbudarian
Flavia Regina de Lima
Flávio Carvalho de Vasconcelos
Isabella Francisca Freitas Gouveia de Vasconcelos
Leni Hidalgo Nunes
Mario Aquino Alves
Melby Karina Zuniga Huertas
Patricia Mendonça
Roberto Carlos Bernardes
Suzane Strehlau
Yvon Pesqueux

CENGAGE Learning™

Austrália • Brasil • Japão • Coreia • México • Cingapura • Espanha • Reino Unido • Estados Unidos

CENGAGE Learning™

Paradoxos na Empresa – Múltiplas Perspectivas

Isabella Francisca Freitas Gouveia de Vasconcelos

Flávio Carvalho de Vasconcelos

(Organizadores)

Gerente Editorial: Patricia La Rosa

Editora de Desenvolvimento: Danielle Mendes Sales

Supervisora de Produção Editorial: Fabiana Alencar Albuquerque

Copidesque: Maria Alice da Costa

Revisão: Gabriela Silva Ribeiro e Miriam dos Santos

Diagramação: Megaart Design

Capa: Absoluta Publicidade e Design

Para informações sobre nossos produtos, entre em contato pelo telefone **0800 11 19 39**

Para permissão de uso de material desta obra, envie seu pedido para **direitosautorais@cengage.com**

ISBN 13: 978-85-221-0874-9
ISBN 10: 85-221-0874-9

Cengage Learning
Condomínio E-Business Park
Rua Werner Siemens, 111 – Prédio 20 – Espaço 4
Lapa de Baixo – CEP 05069-900 – São Paulo – SP
Tel.: (11) 3665-9900 Fax: 3665-9901
SAC: 0800 11 19 39

Para suas soluções de curso e aprendizado, visite www.cengage.com.br

Impresso no Brasil
Printed in Brazil
1 2 3 4 5 6 7 15 14 13 12 11

Sumário

Apresentação

Isabella Francisca Freitas Gouveia de Vasconcelos

Flavio Carvalho de Vasconcelos

Composto por cinco partes, o livro *Paradoxos na Empresa – Múltiplas Perspectivas* trata da temática "paradoxos e suas interfaces com discussões e interfaces que envolvem a sociedade como um todo e a empresa".

A Parte I, "Paradoxos organizacionais e mudança", escrita pelos organizadores, traz definições do conceito "paradoxos organizacionais", segundo diversas correntes, e situa a temática "paradoxos e mudanças" em termos teóricos, apresentando para análise um estudo de caso. Essa parte abrange o Capítulo 1, "Paradoxos organizacionais e mudança – Múltiplas perspectivas: uma visão crítica".

A Parte 2 denomina-se "Paradoxos organizacionais, gestão estratégica de pessoas e teoria dos recursos da firma: integrando estratégia e organizações".

Essa parte reúne dois capítulos que apresentam essa importante corrente de estratégia – a teoria dos recursos da firma (*Resource Based View)* – e situam essa corrente teórica com relação aos conceitos de paradoxos organizacionais e mudança.

O Capítulo 2, "Aprendizagem organizacional em *call centers*: uma análise sobre os paradoxos entre o discurso e a prática", de autoria de Isabella Francisca Freitas Gouveia de Vasconcelos e André Ofenhejm Mascarenhas, analisa, de forma didática, a mudança organizacional associada ao tema paradoxos, ocorrida em duas centrais de atendimento ou *call centers.*

O Capítulo 3, "Comprometimento *versus* mudança: alguns aspectos paradoxais da gestão estratégica de pessoas e da expatriação de executivos", de autoria de Isabella Francisca Freitas Gouveia de Vasconcelos e de Leni Hidalgo Nunes, analisa o desenvolvimento de competências profissionais nos executivos por meio da expatriação, tendo em vista sua habilidade de lidar com situações de poder e reestruturação, bem como gestão da mudança.

O estudo mostra que a expatriação é uma ocasião na qual os executivos devem lidar com rupturas e paradoxos e, caso tenham sucesso nesse processo, desenvolvem competências profissionais que lhes permite, mais tarde, conduzir processos de mudança organizacional.

A Parte 3 deste livro, "Paradoxos e identidade", trata dos paradoxos que envolvem a identidade organizacional (da empresa), a identidade dos indivíduos no trabalho e a identidade do pesquisador. É composta pelo Capítulo 4, "Identidade organizacional e identidade no trabalho: discursos paradoxais?", de autoria de Isabella Francisca Freitas Gouveia de Vasconcelos e Flávio Carvalho de Vasconcelos, que discute a complementaridade ou dicotomia entre os conceitos que se referem à identidade do grupo organizacional e à identidade dos grupos de indivíduos na empresa (identidade social, ligada ao trabalho). Apresenta-se o modelo de Renaud Sainsaulieu, sociólogo francês, e procede-se à análise desses conceitos a partir desse modelo.

A Parte 4 engloba "Paradoxos, sustentabilidade e sociedade", com análises envolvendo a temática paradoxos e sociedade. Também fornece um panorama sobre a educação popular e a agricultura no semiárido nordestino.

O Capítulo 5 é um ensaio teórico que explora o "Paradoxo do discurso da responsabilidade social da empresa" e se se trata de um modismo ou de uma análise consistente da atualidade. O ensaio é de autoria de Yvon Pesqueux, da organizadora deste livro e de Edmilson Alves de Moraes.

O Capítulo 6, "Entre a solidariedade e a modernização: a educação popular de Paulo Freire e a profissionalização da agricultura familiar no semiárido nordestino", de autoria de Patricia Mendonça e Mario Aquino Alves, trata de educação e desenvolvimento regional, em uma pesquisa que aproxima as temáticas paradoxos e sociedade.

Por fim, a Parte 5, " Paradoxos e marketing", analisa as interfaces entre a temática "paradoxos e os discursos e as práticas de marketing", "paradoxos, marketing e inovação" e, assim como no ensaio teórico final, "paradoxos e o consumo de produtos falsificados".

O Capítulo 7, "O paradoxo entre o discurso de marketing voltado para a visão mercado e as práticas no desenvolvimento de novos produtos", de autoria de André Torres Urdan e Melby Karina Zuniga Huertas, refere-se ao desenvolvimento da disciplina de marketing por meio de inconsistências encontradas entre o discurso e a prática.

O Capítulo 8, "O falso paradoxo da 'visão produto' *versus* 'visão mercado' e o modelo da inovação aberta (*Open Inovation*) como solução integradora para a empresa: o caso Natura", de autoria de Elidia Bagbudarian, Roberto Carlos Bernardes, Isabella Francisca Freitas Gouveia de Vasconcelos e Flavia Regina de Lima, apresenta o modelo da "inovação aberta" ou *Open Inovation* como solução para o falso paradoxo "visão produto" *versus* "visão mercado", que divide muitas empresas na atualidade.

Por último, no Capítulo 9, encontra-se o ensaio final "O uso do 'falso' para expressão do 'verdadeiro', ou forma e conteúdo: quando os produtos falsificados são utilizados como um cenário para a afirmação do *self* no trabalho", de autoria de Suzane Strehlau, Isabella Francisca Freitas Gouveia de Vasconcelos e Melby Karina Zuniga Huertas. Esse ensaio teórico final pretende ser um convite a pesquisas futuras, mediante estudo exploratório, a fim de mostrar que, muitas vezes, produtos falsificados são utilizados para a criação de um "cenário" onde os indivíduos se sintam à vontade para exprimir o que chamam seu "real" *self* e se sentirem aceitos, em especial, no mundo do trabalho. Nesse caso, não se trata de um paradoxo "verdadeiro *versus* falso", mas de duas dimensões complementares.

Boa leitura a todos!

Sobre os autores

André Ofenhejm Mascarenhas

Administrador e cientista social, mestre e doutor em Administração, pela EAESP/FGV. Atualmente, orienta dissertações no curso de mestrado acadêmico em Administração do Centro Universitário da FEI (Fundação Educacional Inaciana). Seus interesses de pesquisa são: metodologia qualitativa, gestão de pessoas, gestão estratégica de pessoas, inovação social, cultura e mudança organizacional e gestão intercultural. Coautor dos livros *Tecnologia na gestão de pessoas – Estratégias de auto-atendimento para o novo RH* (Thomson Learning, 2004) e *Organizações em aprendizagem* (Thomson Learning, 2006), autor de *Gestão estratégica de pessoas: evolução, teoria e crítica* (Cengage Learning, 2008). E-mail: andremascar@fei.edu.br.

André Torres Urdan

Bacharel em Administração (UFMG), em Ciências Contábeis (PUC-MG) e em Engenharia (UFMG). Bolsista no Programa de Pós-Graduação da Graduate School of Business da University of Michigan, Estados Unidos. Mestre em marketing pela FGV/EAESP, doutor em Administração pela Universidade de São

Paulo, ex-professor da Universidade de São Paulo e da Universidade Federal de Minas Gerais. Atualmente, é professor titular de Marketing da Escola de Administração de Empresas de São Paulo da Fundação Getulio Vargas (EAESP/FGV), onde é líder da Linha de Pesquisa de Estratégias de Marketing. É bolsista de pesquisa do Conselho Nacional de Desenvolvimento Científico e Tecnológico (CNPq). E-mail: andre.urdan@fgv.br.

Edmilson Alves de Moraes

Graduado em Engenharia Mecânica pelo Instituto de Educação Superior Santa Cecília, mestre e doutor em Administração de Empresas pela FGV-EAESP. Trabalhou por mais de 15 anos em empresas fabricantes de bens de capital sob encomenda, tendo sido responsável pelos setores de Projetos, PCP e Produção. Atualmente, é professor adjunto e coordenador do curso de mestrado em Administração do Centro Universitário da FEI. Atua também como professor em cursos de graduação e MBA, ministrando disciplinas de modelagem quantitativa para negócios, estratégia empresarial e estatística. Coordena três projetos P&D-Aneel com foco no desenvolvimento de inovações para empresas do setor elétrico brasileiro. É membro fundador e atual diretor financeiro da Sociedade Brasileira de Dinâmica de Sistemas. Seus temas de pesquisa são gestão da inovação, aprendizagem organizacional e estratégia empresarial. E-mail: edmilson@fei.edu.br.

Elidia Bagbudarian

Graduada em Farmácia e Bioquímica pela Universidade Oswaldo Cruz, pós-graduada em Administração, pela Fundação Getulio Vargas e mestre em Administração pelo Centro Universitário da FEI. É coordenadora do curso de especialização em Gestão Industrial e professora dos cursos de pós-graduação do Instituto Racine, professora do curso de MBA Empresarial da Master School São Paulo e Senac-SP. Foi gestora de operações em empresas de grande porte do ramo farmacêutico e cosmético por 17 anos. Pesquisadora da área de gestão da inovação e inovação aberta (*open innovation*). E-mail: elidiabag1@yahoo.com.br.

Flavia Regina de Lima

Bacharel em Administração de Empresas pelo Centro Universitário da FEI e mestranda em Administração de Empresas no Centro Universitário da FEI (Fundação Educacional Inaciana), onde atualmente realiza estágio de docência e pesquisa. Possui experiência profissional no Departamento Administrativo da Conec (Companhia Nacional de Equipamentos Científicos) e é professora do curso de graduação em Direito das Faculdades Integradas Torricelli, ministrando a disciplina economia política, desenvolvimento e globalização. É assistente de pesquisa em projeto financiado pela Aneel, onde estuda inovação e gestão estratégica de pessoas, seus temas de pesquisa. E-mail: flaviarlima@fei.edu.br.

Flávio Carvalho de Vasconcelos

Bacharel em Administração pela FGV-EAESP, bacharel em Direito pela USP, mestre em Administração de Empresas, pela FGV/EAESP, mestre em Sociologia pelo IEP (Institut d'Etudes Politiques de Paris), doutor em *Sciences de Gestion* pela HEC (Ecole dês Hautes Etudes Commerciales) França. Professor titular na área de estratégia empresarial, atualmente é diretor da FGV/EBAPE – Escola Brasileira de Administração Pública e de Empresas da Fundação Getulio Vargas. É autor de vários livros, entre eles *Dinâmica organizacional e estratégia: imagens e conceitos*, publicado pela Cengage Learning, e *Paradoxos organizacionais: uma visão transformacional*, em conjunto com Isabella Freitas Gouveia de Vasconcelos. Seus interesses de pesquisa são estratégia empresarial e teoria organizacional. E-mail: flavio.vasconcelos@fgv.br.

Isabella Francisca Freitas Gouveia de Vasconcelos

Bacharel em Direito pela Universidade de São Paulo, mestre em Sociologia pela Université de Paris IX Dauphine, mestre em Administração pela FGV/EAESP, doutora em Administração pela HEC (Ecole des Hautes Etudes Commerciales), França, professora adjunta do mestrado em Administração do Centro Universitário da FEI (Fundação Educacional Inaciana) e professora visitante da Université de Pau et des Pays de L'Adour, França. É pesquisadora associada ao CREG (Centre de Recherches en Gestion) dessa mesma universidade e ao Lipsor (Laboratoire d'Innovation, de Prospective Strategique et d'Organisation) do CNAM (Conservatoire National d'Arts et Métiers). É associada à Academy of Management, ao Egos-European Group of Organizational Studies e ao Anpad (Associação Nacional de Pós-Graduação e Pesquisa em Administração). Seus temas de pesquisa são paradoxos e mudança organizacional, identidade no trabalho, organizações e sustentabilidade. Publicou, com Fernando Prestes Motta, o livro *Teoria geral da administração*, pela Cengage Learning, e organizou, com Flávio Carvalho de Vasconcelos, o livro *Paradoxos organizacionais: uma visão transformacional*, entre outras publicações. E-mail: isabellav@fei.edu.br.

Leni Hidalgo Nunes

Psicóloga formada pela USP com pós-graduação em Marketing pela EAESP/FGV, tem MBA Executivo Internacional pela FIA-USP, mestrado em Administração de Empresas pela Universidade Mackenzie e pela Université de Pau et des Pays de L'Adour, França, e doutorado em curso nesta mesma universidade. Possui uma carreira em recursos humanos em empresas nacionais e multinacionais, nas áreas industriais e também de serviços, tendo atuado no Brasil, América Latina e Europa (França, onde residiu). Seu foco nos últimos anos tem sido a área de desenvolvimento (especialmente de executivos) e os processos de transformação organizacional. Professora nos cursos de pós-graduação da Universidade Mackenzie, FEI e FIA, é coautora do livro *Expatriação* (Cengage, 2007). E-mail: leni.hidalgo@vpar.com.br.

Mario Aquino Alves

Professor adjunto da FGV/EAESP, é bacharel em Administração Pública pela FGV/EAESP e em Direito pela Universidade de São Paulo. Mestre em Administração de Empresas pela FGV/EAESP, também é doutor em Administração de empresas, pela FGV-EAESP. Foi *Visiting Scholar* no Centre for Voluntary Organisation da London School of Economics and Political Science. É professor dos cursos de mestrado e doutorado em Administração Pública e Governo da FGV/EAESP, onde orienta mestrandos e doutorandos. Tem experiência na área de administração pública, com ênfase em teoria das organizações, atuando principalmente nas seguintes áreas: sociedade civil, movimentos sociais, terceiro setor, teoria das organizações, políticas públicas, responsabilidade social corporativa, métodos qualitativos de pesquisa, análise do discurso e análise de narrativas. E-mail: mario.alves@fgv.br.

Melby Karina Zuniga Huertas

Bacharel em Ciências Administrativas pela Universidad de Lima, no Peru, e bolsista do Programa de Estudantes-Convênio de Pós-Graduação (PEC/PG) da parceria Capes, Departamento Cultural do Ministério das Relações Exteriores e CNPq. É mestre em Administração pelo Cepead/UFMG e doutora em Administração pela Universidade de São Paulo. É professora do Centro Universitário da Fundação Educacional Inaciana Padre Sabóia de Medeiros, onde é líder da Linha de Pesquisa Marketing e Inovação. Possui experiência na área de administração, com ênfase em mercadologia, atuando principalmente nas seguintes áreas: marketing, inovação, comunicações de marketing e comportamento do consumidor. E-mail: mhuertas@fei.edu.br.

Patricia Mendonça

Graduada em Administração pela Universidade Federal da Bahia, possui mestrado em Políticas Sociais e Planejamento pela London School of Economics e doutorado em Administração Pública pela EAESP/FGV. Tem trabalhado por mais de dez anos com assessoria e treinamento a projetos de desenvolvimento e na gestão de organizações sociais. Atualmente, é professora adjunta do programa de mestrado em Administração do Centro Universitário FEI. Seus interesses de pesquisa são: teoria das organizações, gestão socioambiental, empreendedorismo social, desenvolvimento, políticas públicas e movimentos sociais. E-mail: pmendonca@fei.edu.br.

Roberto Carlos Bernardes

Doutor em Sociologia da Inovação, pela Universidade de São Paulo, é professor do programa de pós-graduação em Administração da Fundação Educacional Inaciana Padre Sabóia de Medeiros (FEI) e professor da Escola Superior de Propaganda e Marketing (ESPM). Tem experiência na docência nas áreas de administração e economia como estratégia empresarial e gestão estratégica da inovação. E-mail: bernardes@fei.edu.br.

Suzane Strehlau

Doutora e mestre em Administração de Empresas pela Fundação Getulio Vargas (FGV/EAESP), *Visiting Schollar* no Groupe HEC, França, e participante do Program of International Management na Wissenschaftliche Hochschule für Unternehmensführung (WHU, Koblenz, Alemanha) e do MBA do Institut Supérieur des Affaires – Hautes Études Commerciales (ISA-HEC, Paris, França). Atuou em consultoria e na área de gerência de produtos de bens de consumo em diversas empresas nacionais e multinacionais. É professora do mestrado acadêmico em Administração no Centro Universitário da FEI e na graduação da ESPM-SP. E-mail: strehlau@gmail.com.

Yvon Pesqueux

Ph.D. em economia pela Universidade de Paris 1 Pantheon Sorbonne, é professor titular, ministrando a disciplina "Developpement des Systemes d'Organisation" no Conservatoire National d'Arts et Metiers – CNAM em Paris, onde dirige o Laboratório de Pesquisa Lipsor – Laboratoire d'Investigation en Prospective, Stratégie e Organisation (estratégia e organizações). Professor também na Universitade de Paris IX Dauphine, tem publicado diversos livros e artigos, principalmente nas áreas de filosofia e administração geral e organizações. É editor da revista *Society and Business Review*, da Emerald Publishing, e publicou em português o livro *Filosofia e organizações*, pela Cengage Learning. Atualmente, é presidente da IFSAM – International Federation of Schorlaly Associations of Management. É membro de diversas associações, entre elas da Academy of Management (Estados Unidos). E-mail: yvon.pesqueux@cnam.fr.

PARTE 1

Paradoxos organizacionais e mudança: múltiplas perspectivas

Capítulo 1

Paradoxos organizacionais e mudança – Múltiplas perspectivas: uma visão crítica

Isabella Francisca Freitas Gouveia de Vasconcelos

Flávio Carvalho de Vasconcelos

Introdução – Paradoxos, mudança e dialética

Em seu artigo "Institutional contradictions, praxis and institutional change: A dialectical perspective", Seo e Creed (2002) propõem um modelo de mudança organizacional utilizando os conceitos de paradoxos organizacionais, dialética e escolhendo como abordagem teórica a Teoria Neoinstitucional. Antes de tratarmos desses conceitos, apresentaremos algumas definições de paradoxos.

1.1 Definições de Paradoxos

O termo paradoxo vem das expressões gregas *para* e *doxa* e quer dizer *além da crença.* Como propõe Lewis (2000): "O estudo de paradoxos está ligado à compreensão das crenças e da subjetividade dos indivíduos, tendendo a ser conduzido conforme os preceitos da pesquisa interpretativa levada adiante no presente estudo. Isso não impede, porém, uma linha de pesquisa objetivista".

Em se tratando da linha objetivista de análise, Koot et al. (1996) observam que, em lógica, um paradoxo equivale a atribuir a um mesmo objeto, duas qualidades mutuamente excludentes, que não podem conviver. Atribuir a uma mesma frase o valor de verdadeira e falsa ao mesmo tempo é um paradoxo lógico, como no exemplo de um cartão: em um lado está escrito "A sentença no outro lado deste cartão é falsa"; no outro, lê-se "A sentença no outro lado deste cartão é verdadeira". A interpretação lógica leva a um problema sem solução (Koot et al., 1996).

Além da visão objetivista, no que se refere a pesquisas de caráter subjetivo, um indivíduo ou um grupo podem, em dado momento, representar a sua experiência mediante um paradoxo. Nessa linha, Eisenhardt (2000) define o paradoxo como a existência simultânea e inconsistente de dois estados diferentes, representando duas lógicas opostas e mutuamente excludentes. Isoladamente, cada dimensão é verdadeira. Porém, colocadas juntas, as duas afirmações apresentam uma incompatibilidade lógica. Nas organizações essas dimensões tais como inovação e eficiência, colaboração e competição, integração e diferenciação entre outras, convivem juntas.

Gregory Bateson (1986), em seu livro *Mente e natureza*, nos mostra que o ser humano percebe a realidade a partir de percepções opostas e mutuamente excludentes. Defende que apreendemos um conceito pelo seu extremo oposto. Um paradoxo difere de conceitos como dilema, inconsistência, dialética, ambivalência e conflito.

Um dilema é uma situação "e/ou" trata-se de uma escolha entre duas alternativas. Uma inconsistência é uma aberração ou uma quebra de padrões anteriores estabelecidos. Uma dialética implica em um padrão no qual encontramos uma tese, uma antítese ou uma síntese; esses padrões não necessariamente se encontram no paradoxo; uma ambivalência implica incertezas sobre duas alternativas das quais uma deve ser escolhida. Um conflito implica a predominância de uma alternativa sobre as outras.

O paradoxo, como mostram Robert Quinn e Kim S. Cameron (1988) em seu livro *Paradox and transformation: toward a theory of change in organization and management,* difere dessas outras dimensões, porque nenhuma escolha necessita ser feita entre duas ou mais contradições. Os elementos contraditórios que compõem o paradoxo são aceitos e presentes. Eles agem simultaneamente. Dessa forma, segundo os autores, a característica-chave é a presença simultânea de elementos contraditórios e mutuamente exclusivos. Como veremos no decorrer deste livro, diversas pesquisas que utilizam o conceito de paradoxo propõem diferentes formas de lidar com este.

Um paradoxo é, segundo os autores supracitados, um construto mental. Nesse sentido, eles concordam com Gregory Bateson em seu livro *Mente e nature-*

za, citado anteriormente. Manfred Ketz de Vries, em seu livro *Organizational paradoxes: Clinical approaches to management* (1995), concorda com essa definição.

Exemplos de paradoxos organizacionais que convivem lado a lado são dados por Quinn e Cameron (1988):

> Organizações podem iniciar ações de inovação e transformação voltadas para o longo prazo, mas, ao mesmo tempo, alguns elementos pertencentes às rotinas existentes são conservados no curto e médio prazos. Assim, em algumas organizações que passam por processos de mudança, os indivíduos convivem com práticas conservadoras relativas a algumas rotinas existentes e, ao mesmo tempo, convivem com um discurso de transformação e mudança relativos à empresa em geral; e, nesse sentido, ações que visam preservar rotinas são tomadas ao mesmo tempo em que se começam a implementar ações transformadora.

No entanto, o que parece contraditório e pode causar confusão e anomia caso não seja bem colocado, na verdade, pertence a dimensões mutuamente excludentes, mas cada "lógica" se encontra em sua esfera de atuação específica, ambas convivendo ao mesmo tempo no sistema.

Assim, procedimentos de centralização podem ser tomados em relação a um conjunto de rotinas e defendidos ao mesmo tempo em que se descentralizam outros procedimentos e se defende essa lógica também. Para os atores sociais envolvidos nesses processos, pode não ser simples perceber as diferentes lógicas e situá-las em diferentes esferas de atuação, a fim de poder conviver com elas.

Nesse caso, os indivíduos podem sofrer choque de crenças, confusão e entrar em estado de anomia – ausência de normas de referência.

Por exemplo, em uma ação de criação de uma *joint venture*, duas empresas cada qual com 50% do capital do novo empreendimento, se comprometem a criar um sistema no qual os processos-chave das duas companhias serão aproveitados igualmente. Entretanto, no curto prazo, seus funcionários começam a reclamar que, apesar do discurso dos dirigentes prometer igualdade no aproveitamento das rotinas e processos-chave das duas companhias na nova empresa, apenas os processos-chave delas estão sendo implementados, desbalanceando o poder nas duas organizações e se afastando da pretensa "igualdade" prometida.

Na realidade, o que pode estar ocorrendo nessa organização é um paradoxo: o plano dos dirigentes a médio prazo é criar uma empresa onde se implemente os processos-chave das duas organizações e isso ser verdade: os dirigentes realmente pretenderem colocar esse plano em execução e afirmarem isso em mensagens reiteradas. Porém, no curto prazo, o que pode estar ocorrendo é que a empresa esteja implementando apenas os processos-chave de uma organização e que isso pareça incoerente e contraditório com o plano em médio prazo anunciado. Pode tratar-se de apenas uma fase do processo de implementação das mudanças e criação da nova organização e mesmo que, aparentemente, esteja em contradição com o discurso geral da mudança, pode não estar. Se na primeira fase se implementem os processos-chave apenas da organização A, o que está aparentemente em contradição com a promessa de utilizar os processos-chave das duas empresas na criação da nova, mas na segunda fase se implementa apenas os processos-chave da organização B, teremos duas etapas "desbalanceadas" – como o movimento de um pêndulo, na primeira fase, foca-se apenas a organização "A"; e, na segunda, apenas a organização "B", mas, no fim, teremos um sistema equilibrado nos dois sentidos, conforme prometido.

Nesse caso, a contradição e a existência simultânea de dois estados mutuamente excludentes pode acabar na sequência. Os indivíduos, para conviver com o paradoxo, devem situá-lo em esferas diferentes. O discurso da mudança e da igualdade se situa no médio prazo, ao passo que, na primeira fase da mudança, se privilegia a organização "A" e, na segunda fase, a organização "B", para, no fim, se atingir o que foi prometido em médio prazo. Essas questões, no entanto, devem ser esclarecidas para os principais colaboradores da organização em questão, sob pena de, como veremos a seguir, os atores organizacionais resistirem e minarem o processo de mudança organizacional proposto, porque sofrem de anomia e desconforto e querem reduzir o seu sofrimento, como propõe a teoria da dissonância cognitiva. A organização terá vivido um período paradoxal onde se fala em equilíbrio de poder e se vê apenas concentração de poder em um dois lados, com a implementação de processos de apenas uma das empresas. Em uma fase posterior, ao implementarem-se os processos da outra empresa, esse período acaba.

Outro exemplo em que diferentes esferas convivem em dimensões paradoxais são estratégias de mudança da empresa onde se tomem ações no sentido de "adaptar a empresa às mudanças no ambiente" e, ao mesmo tempo, se implementem ações para preservar rotinas únicas e peculiares da empresa, que representam particularidades da mesma e, portanto, devem ser preservadas.

Ações de integração das subsidiárias com a matriz (centralização) e, ao mesmo tempo, políticas que conferem mais poder e diferenciação para as subsidiárias tratam de aspectos mutuamente excludentes e paradoxais que convivem juntos na organização.

Além disso, os processos de mudança que lidam com a identidade organizacional são paradoxais.

Na interpretação das mudanças pelas quais passam a organização, enquanto os valores que constituem a identidade central da organização são preservados, os valores periféricos mudam, são reinterpretados e um novo sentido é construído, na medida em que produtos e serviços mudam e evoluem. Os processos de preservação da história da organização e de reinterpretação e mudança da mesma convivem simultaneamente (Martin, 1983).

Cameron (1986), em seu livro *Effectiveness as paradox*, aponta o fato de que pesquisas que ignoram a natureza paradoxal das organizações tendem a focar em dimensões como controle. Inúmeras pesquisas já mostraram que o foco excessivo na dimensão do controle é ilusório, pois as incertezas, ambiguidades, inconsistências, mudanças e paradoxos não podem ser ignorados pelos pesquisadores da área de organizações.

Teorias que só focam em aspectos congruentes e ignoram aspectos mutuamente excludentes e divergentes tendem a privilegiar excessivamente a dimensão da ordem, ignorando aspectos de transformação, flexibilidade e mudança.

Alguns trabalhos focam o paradoxo como a existência de duas dimensões opostas e mutuamente excludentes que convivem em organizações, como vimos anteriormente. Outros trabalhos associam paradoxos e dialética, mostrando que, em alguns casos, a existência de contradições e aspectos paradoxais, quando não são bem colocados ou explicitados, podem provocar anomias, confusão e sofrimento, por meio do conceito de dissonância cognitiva ou um choque de crenças.

Os aspectos paradoxais convivem nas organizações naturalmente e não necessariamente produzem tensões. No entanto, em alguns casos, contradições e paradoxos entre certos aspectos do discurso e da prática podem provocar anomias e sofrimento nas organizações e acabarem sendo motor de mudança. Nesses casos, os aspectos paradoxais e as contradições quando não são bem colocadas podem ser o motor da dialética e da mudança organizacional. Nesse aspecto, Seo e Creed em seu modelo associam paradoxos, como definido anteriormente, e dialética.

1.2 O paradoxo básico da mudança organizacional e os princípios do modelo da mudança dialética

Peter Berger e Thomas Luckmann (1989), em seu livro *A construção social da realidade*, colocam, dentro da perspectiva do interacionismo simbólico, a seguinte questão: como os atores sociais podem mudar as instituições se as suas ações e intenções e a sua racionalidade são condicionados pela instituição que eles querem transformar? Seo e Creed (2002) retomam essa questão fundamental do interacionismo simbólico para descrever o seu modelo. Segundo esses autores, quatro princípios básicos orientam a análise organizacional, segundo o modelo dialético: construção social, totalidade, contradição e práxis. Benson (1977), em seus trabalhos, também retoma essa análise, inspirando Seo e Creed na construção de seu modelo.

O primeiro nível do modelo, construção social, foca nos processos sociais por meio dos quais uma nova ordem social (por exemplo, uma nova organização, ao ser fundada) é produzida e por intermédio de novas interações sociais que, gradualmente, definem rotinas e regras. Estas, por sua vez, passam a orientar as interações sociais que se seguem, definem papéis sociais e seus *scripts*, bem como as expectativas que os atores sociais têm em relação a cada nova interação social.

Assim, os novos membros da organização passam a ser socializados nas regras recém-criadas, reproduzindo essa ordem social em certa medida. Isso ocorre porque essas regras recém-criadas são institucionalizadas. Constitui-se, dessa maneira, um novo sistema social, com suas regras, formas de comportamento, cultura e subculturas, papéis sociais, imaginário simbólico etc. Nesse sentido, encontramos aqui um primeiro paradoxo entre a ação e a estutura, conforme tratado por Andrew Van de Ven e Marchall Scott Poole (1986) em seu texto "Paradoxical requirements for a theory of organizational change". Segundo os autores, as pesquisas que estudam as regras e estruturas organizacionais tendem a ter um caráter mais objetivista e determinista, enquanto as pesquisas que estudam os processos decisórios dos indivíduos nas estruturas organizacionais e reconstituem suas motivações tendem a ser interpretativistas. Essas duas dimensões – voluntarismo e determinismo – convivem juntas quando estudamos a criação de uma nova totalidade ou sistema organizacional. Trata-se de um paradoxo básico da pesquisa, em cada esfera predominando um tipo de lógica.

Na criação de uma nova empresa, como dito antes, forma-se uma nova **totalidade**, ou seja, um sistema organizacional com subculturas interconectadas por regras, em um sistema *loosely coupled* (Weick, 1976; Seo e Creed, 2002; Berger e Luckmann, 1989).

Um sistema organizacional possui assim, múltiplos níveis de interpretação dessas regras, valores e expectativas de papel, de acordo com os princípios da racionalidade limitada (Simon, 1955). Muitas racionalidades permeiam uma organização, porém esses múltiplos sistemas de interpretação, como dissemos anteriormente, formam um sistema maior, e são interconectados por regras que caracterizam essa totalidade, sua contingência histórica e características únicas.

Na visão de Seo e Creed (2002), a existência de paradoxos que se acumulam e são percebidos pelos atores sociais constituem, na verdade, o motor da transformação histórica da organização, segundo a dialética. Como nos mostram Quinn e Cameron (1988), o paradoxo muitas vezes continua a coexistir na organização de forma normal, pois as dualidades fazem parte da realidade humana e o controle total dos sistemas é uma ilusão, cujos limites foram mostrados desde a crítica ao neotaylorismo.

Quando, no entanto, os paradoxos e inconsistências entre teoria e prática vão aumentando, podem surgir nova formas de questionamento do sistema, que geram novas práticas sociais (práxis) cujo objetivo é transformar o sistema social preexistente, de acordo com esse modelo. A práxis corresponde a diversos níveis de ação coletiva de impacto maior ou menor organizada pelos atores sociais cuja função é utilizar as brechas existentes no sistema para transformá-lo de acordo com seus interesses.

1.3 *Decoupling*: a separação entre teoria e prática como fonte de contradições na totalidade ou sistema social

Os trabalhos de Powell e DiMaggio (1991) e de Meyer e Rowan (1977) no novo institucionalismo mostram que as organizações se conformam com os mitos, regras e modelos institucionalizados em um setor produtivo, adotando-os a fim de obter legitimidade social e eficiência simbólica, o que pode ser fonte de recursos. No entanto, esses mesmos autores mostram que, muitas vezes, os modelos, discursos, ferramentas de gestão institucionalizados no setor como "os melhores", e que devem ser adotados pelas organizações para obter legitimidade social e recursos, nem sempre são adaptados, de fato, às características técnicas das organizações e, se adotados "em profundidade", podem comprometer a eficiência técnica do sistema. Por exemplo, algumas organizações de médio porte não necessitam da norma ISO 9000 para gerir seus processos de fabricação, pois essas normas são aconselhadas para empresas de certo porte, com um determinado número de funcionários, uma vez que exigem a implementação de um sistema de gestão sofisticado e gestão de documentos e, logo, a adoção dessas normas podem burocratizar o sistema.

Em uma organização pequena, onde a comunicação flui de forma mais orgânica e informal, a adoção da ISO 9000 não é adequada. Porém, o meio ambiente de negócios possui institucionalizada a adoção dessa norma como requisito mínimo, símbolo de eficiência e atualização da organização aos procedimentos vigentes nas grandes organizações. A marca ISO 9000 tem um valor simbólico em si. Então, em inúmeros casos, as pequenas e médias organizações a adotam "em tese", "são aprovadas" no procedimento de certificação, mas, na prática, utilizam muito pouco das normas em seus sistemas, pois, caso as utilizassem em profundidade, correriam o risco de burocratizar seus processos, perder flexibilidade e a eficiência no processo de fabricação. Por meio dessa estratégia, conciliam a eficiência simbólica e a eficácia técnica.

Sendo assim, de acordo com os autores supra citados, o *decoupling* – certo nível de separação entre o discurso e a prática organizacional – é necessário para que a organização possa atingir a eficiência simbólica e a eficácia técnica que necessita.

1.3.1 Os efeitos da excessiva separação entre os valores professados e a prática organizacional

No entanto, como mostram Seo e Creed (2002), além de certo nível, o *decoupling* começa a ter efeitos indesejados para o *status quo*; por exemplo, a percepção, por parte dos atores sociais, das excessivas contradições do sistema, o que pode gerar fenômenos como a dissonância cognitiva (Festinger, 1957). A dissonância cognitiva refere-se ao choque de crenças derivados da excessiva separação entre teoria e prática. Assim, os atores sociais ouvem que serão avaliados de acordo com os últimos modelos de gestão implementados, receberão treinamentos, trabalharão com ferramentas de gestão avançadas, e isso não acontece, ou ocorre apenas de modo muito reduzido. Esse tipo de situação, quando prolongada no tempo, gera incredulidade, ceticismo e frustrações devido a expectativas não realizadas. Essa situação pode causar desconforto psicológico, levando os atores sociais, frequentemente, a reagir para mudar a situação que os incomoda e assim transformar o sistema, por meio de ação organizada, ou individual, para reduzir o seu desconforto cognitivo (Festinger, 1957).

Outros autores como Ketz De Vries (1995), Eisenhardt (2000), Lewis (2000), Brown e Starkey (2000) trabalham o conceito de paradoxos e analisam os efeitos destes, mostrando que as dicotomias entre discurso e prática organizacional, quando excessivas, geram promessas que, por não serem cumpridas na prática, acarretam consequências negativas para a organização. Entre os principais efeitos, os autores citam:

- aumento do stress e piora do clima organizacional (De Vries, 1995);
- aumento de resistência à mudança e queda da produtividade (Eisenhardt, 2000; Lewis, 2000);
- desperdício dos recursos investidos, principalmente em tecnologia, pela não capacitação real dos indivíduos (Einsenhardt, 2000; Brown e Starkey, 2000; Lewis, 2000);
- anomia e conflitos de papéis (Berger e Luckmann, 1989; Argyris, 1995).

Em geral, os trabalhos que tratam de paradoxos mostram que a fim de atribuir sentido e compreender os sistemas contraditórios e ambíguos nos quais estão inseridos, os indivíduos têm a tendência a polarizar suas percepções em torno de elementos opostos (Lewis, 2000). Essas percepções opostas geram reações defensivas e frustrações que podem gerar uma ação coletiva organizada para mudar o sistema em questão, transformando-o. Assim, Seo e Creed (2002) propõem uma correlação importante em seu modelo: quanto maior o *decoupling* entre teoria e prática organizacional, maiores e mais frequentes serão as contradições e paradoxos percebidos pelos membros da organização e maior a probabilidade de ocorrer a práxis (ação coletiva organizada para mudança) e a transformação do sistema, pelo questionamento do *status quo.*

1.4 Estratégias dos agentes da ordem estabelecida para evitar a ação organizada e a práxis transformadora do sistema social

Do ponto de vista dos defensores do *status quo* e da ordem estabelecida, uma questão pode se colocar dentro de uma política autoritária e conservadora: como evitar que as crescentes contradições entre os mitos institucionalizados no setor e na organização e a prática organizacional gerem uma práxis impulsionadora de transformações concretas no sistema social?

O trabalho de Roberto da Matta (1987) mostra que

> uma das formas do *status quo* evitar a transformação do sistema social é impedindo que os atores sociais, descontentes com a percepção das excessivas contradições do sistema mais amplo, transforme essa insatisfação em práxis (ou seja, em ação organizada destinada a mudar o próprio sistema), rompendo, assim, com a dialética da transformação.

E, para tanto, a demarcação pelo *status quo* de espaços de manifestação ou a tolerância aos ritos sociais temporários de crítica ou de *inversão simbólica da ordem* é uma estratégia adotada nesse sentido.

Da Matta (1987) mostra que o carnaval é um desses rituais sociais cujas manifestações foram toleradas pela ditadura militar com esse fim. O carnaval, ao apresentar-se como uma das formas de "evasão" e servindo como "válvula de escape" para expressão das insatisfações, frustrações e alívio do sofrimento através da inversão simbólica e da euforia, permitia aos grupos sociais menos favorecidos "aguentarem" as injustiças e contradições do sistema durante o resto do ano, aliviando a tensão acumulada pela própria percepção dos paradoxos e contradições excessivas de uma sociedade autoritária e desigual. Este era apenas um dos ritos sociais, entre outros, que possibilitava um extravasamento temporário das tensões, permitindo o "esvaziamento" destas e garantindo a diminuição das reações e a manutenção da ordem social, evitando-se a práxis.

Além da tolerância com o próprio rito social, outra estratégia é a demarcação, pelos agentes da ordem estabelecida, de espaços onde os atores sociais são "autorizados" a, temporariamente, extravasar suas tensões, frustrações, reações defensivas etc., decorrentes da percepção do aumento excessivo das contradições existentes no sistema social, tendo em vista a grande distância entre os modelos pregados como os melhores e àqueles efetivamente praticados. Trata-se de uma estratégia de permitir o extravasamento temporário de tensões para tornar possível a contínua tolerância com o sistema no sentido de impedir a ação coletiva organizada para a transformação do sistema e a criação de uma nova ordem a partir da anterior.

Ainda existem situações nas quais esses espaços sociais de expressão de insatisfações e reações aos paradoxos e contradições podem não ser "criados" ou "autorizados" explicitamente pelo sistema. Eles podem "emergir" de forma natural e serem "parcialmente tolerados" pelo *status quo*, por meio da estratégia do *overlooking* (Meyer e Rowan, 1991), ou estratégia de "fechar os olhos" ao descumprimento da regra. Os atores sociais representantes da ordem podem identificar que esses espaços sociais emergentes servem a uma estratégia de *Voice* (Hirschmann, 1970), que permite aos atores sociais exprimirem o seu descontentamento, e, por aliviarem as tensões, recuperarem-se, para, no cotidiano "aguentarem" a ordem estabelecida. Na verdade, como no caso do carnaval brasileiro, esses espaços organizacionais mesmo emergentes, permitem que não haja mudança, mas apenas a simulação e a representação desta, *quando parece que tudo muda e nada muda.* Do ponto de vista dos agentes da ordem estabelecida, esses espaços podem ser vistos como rituais supostamente "irracionais", mas que se tornam funcionais para o sistema ao permitirem aos atores sociais "tolerarem melhor" "as regras corretas a serem seguidas". Eles são, pois, complementares ao *status quo.*

Em alguns casos, esses espaços sociais "saem do controle" e podem tornar-se focos de mobilização para ação coletiva e *práxis* social, para transformação do sistema maior. Mas, como vimos, espaços sociais onde aparentemente surgem "contestação" e "insubordinação" podem ser, na realidade, espaços sociais de "esvaziamento" de tensões fruto da percepção das contradições do sistema maior e, consequentemente, uma forma de tentar bloquear a práxis e a transformação organizacional "subversiva".

Apresentaremos, a seguir, a metodologia e o estudo de caso cujo objetivo é o de ser um estudo exploratório, apenas com o intuito de lançar essa discussão, ilustrando o tema levantado anteriormente.

1.5 Metodologia de pesquisa

1.5.1 Metodologia etnográfica e interacionismo simbólico fenomenológico: princípios gerais

A etnometodologia trabalha com o conceito de interação social, objeto também do interacionismo simbólico. Segundo Berger e Luckmann (1989), os indivíduos apreendem os significados e se relacionam com os outros por meio de esquemas tipificados ou papéis sociais, verdadeiros *scripts* e códigos de conduta. Os papéis regulam a interação entre os indivíduos e lhes fornecem expectativas recíprocas tendo em vista os diversos contextos sociais que vivenciam em sua vida cotidiana (Berger e Luckmann, 1989).

Esse paradigma considera que os papéis tornam habituais certos tipos de comportamentos em determinadas situações e interações sociais. Os atores tendem a agir de acordo com certos padrões preestabelecidos socialmente e por eles incorporados em sua socialização primária. Esses padrões preestruturam a sua ação, mas não a determinam, de acordo com o paradigma weberiano que embasa essa corrente. Os atores sociais identificam o tipo de contexto social vivido em sua experiência atual, interpretam a situação e procuram em seu repertório qual o tipo papel, código de conduta e linguagem adequados ao cenário em questão, agindo em função desse referencial (Goffman, 1953). Esse autor também faz referência à existência de padrões comuns que tornam possíveis a convivência de diferentes estratos da sociedade, formando um sistema social mais amplo.

A etnometodologia considera que cada grupo ou subgrupo social tem a sua forma particular de interagir, debater e negociar, criando um verdadeiro "mundo ou minimundo cultural" que lhe é próprio. Cada mundo social possui práticas e hábitos sociais particulares e também formas de luta e negociação política características (Goffman, 1953).

Segundo essa corrente, a organização, lugar de intersecção entre vários mundos sociais distintos, é uma verdadeira arena política complexa, onde podemos observar diversas formas de debate e ação.

Segundo Peter Berger (1989), o estudo das organizações permite observar os conflitos entre visões de mundo e interesses divergentes e os processos políticos característicos desse fenômeno. Para Berger (1989, p. 50),

> O pesquisador não deve apenas investigar quais são os mundos sociais que estão representados nesta arena mais larga (a organização), mas também quais são os segmentos pertencentes a cada um destes mundos sociais (...) A compreensão da evolução, da mudança e do funcionamento de uma organização exige um exame das relações

enraizadas nestes mundos e mini-mundos sociais ou em suas intersecções. Certas organizações, sem dúvida a maior parte, devem ser vistas como arenas onde os membros dos diversos mundos sociais têm interesses diversos, buscam objetivos diferentes e lutam, propondo ou desfazendo alianças políticas a fim de atingir seus objetivos. Uma teoria das organizações ignorando estas preocupações pode nos conduzir a conclusões equivocadas.

O pesquisador, baseando-se no interacionismo simbólico e na etnometodologia, questionará de forma apropriada sobre: quais são esses diferentes mundos sociais particulares da organização a ser estudada; qual é a sua origem; como se formam os padrões culturais e a visão de mundo de cada grupo organizacional; como eles se constituem enquanto grupo a fim de colaborar com os outros segmentos da organização; quais são os conflitos entre os diversos grupos; quais são as razões possíveis e prováveis desses conflitos e as soluções e formas de negociação buscadas pelos diversos grupos. Devem-se desvendar, em suma, as diversas formas de identidade social encontradas na organização e o seu inter-relacionamento na arena política organizacional.

O pesquisador deve tentar esclarecer as formas de regulação do sistema social da organização que estuda. Ele deve tentar elucidar, entre outras, as seguintes questões:

- Quais são os critérios organizacionais de legitimidade e de autoridade?
- Qual é o tipo de ameaça mais frequentemente sofrida pela organização, tendo em vista o uso da força e de outros meios coercitivos? Quais são os aspectos comportamentais que mais se buscam reprimir na organização estudada?
- Quais são os valores que prevalecem na organização, ou seja, qual é a cultura dominante na mesma? Qual é a cultura do grupo dirigente?
- Como as culturas e interesses dos outros grupos se relacionam com a visão de mundo predominante na organização?
- Qual é a forma de percepção, representação da realidade e os critérios de decisão e ação (ou seja, a forma de *enactement*) predominante no sistema? Pode-se tentar descrever esse processo?
- Quais são as outras formas de enação (*enactement*) existentes na organização, próprios de outros grupos?

- Como se originam os diversos papéis e expectativas de papéis tendo em vista a cultura organizacional?
- Quais são as principais formas de controle social na organização a ser estudada? E as reações dos diversos grupos a essas formas de controle?

Essas são algumas das questões principais, entre outras que podem surgir no processo de pesquisa.

Peter Berger e Thomas Luckmann (1989) também definem os papéis como forma de controle organizacional.

> Desde que os comportamentos dos atores sociais são tipificados em determinados papéis, a obediência ou a não obediência aos tipos de papéis socialmente definidos deixa de ser opcional, ainda que, é claro, a severidade das sanções possa variar segundo cada caso. Os papéis representam a ordem institucional. É somente através das representações dos atores ao executar seus papéis que a instituição se manifesta na experiência real. A instituição, com o seu conjunto de ações programadas, é como o roteiro não escrito de uma peça de teatro. A direção da peça depende da execução reiterada dos seus papéis prescritos por atores vivos. Os atores encarnam os papéis e realizam o drama interpretando-o em uma dada cena. Nem a peça e nem a instituição existem empiricamente fora deste contexto (Berger e Luckmann, 1989, p. 70).

Goffman (1953) define papel social no mesmo sentido que Peter Berger e Thomas Luckmann, denominando "papel social" a atualização dos direitos e deveres relacionados a dado *status*. Para esses autores, o "papel social", na verdade, refere-se a um conjunto de papéis (modelos de ação preestabelecidos que são desenvolvidos durante uma representação).

Segundo o interacionismo simbólico, a construção de tipologias de papéis é um correlato necessário à institucionalização da conduta. As instituições são incorporadas na experiência individual através dos papéis. Estes, objetivados linguisticamente, constituem um elemento essencial do mundo disponível em toda sociedade de forma objetiva. Representando esses papéis, o indivíduo participa de um mundo social. Interiorizando-os, o mesmo mundo se torna, para ele, subjetivamente real.

No interior do estoque comum de conhecimento relativo a um grupo social, existem tipos de papéis que são acessíveis a todos os membros da sociedade, ou ao menos, aos atores potencialmente aptos a representá-los. A origem dos papéis é similar ao processo de rotinização e objetivação da realidade que constitui a origem das instituições. Toda conduta institucionalizada implica a existência de papéis. Dessa forma, estes, como as instituições, são uma forma de controle e regulação do comportamento humano em sociedade.

Dependendo dos papéis que representa, o indivíduo é levado a interiorizar certos modos específicos de conhecimento e acumular certas informações, não somente do ponto de vista cognitivo, mas também emocional. Ele incorpora certos tipos de emoção, ética, valores e normas característicos dos papéis que desempenha e que interiorizou. Isso implica uma distribuição social do conhecimento.

O estoque de conhecimentos de uma sociedade é estruturado em termos do que é pertinente ou do que não é pertinente para certos tipos de papéis específicos correspondendo a certo tipo de ator social. Dessa maneira, para se compreender as organizações por meio do paradigma do interacionismo simbólico, o pesquisador deve estudar o sistema político, as negociações e as estratégias de cada grupo e os processos de transmissão de dado universo simbólico (como a cultura predominante na empresa ou a ação ideológica do grupo dirigente, por exemplo).

O interacionismo simbólico conduz a uma pesquisa de caráter etnográfico (Burrell e Morgan, 1994).

1.5.2 A atitude do pesquisador na pesquisa de campo

A primeira atitude do pesquisador deve ser do questionamento geral da realidade a partir de uma posição de exterioridade.

Sainsaulieu diz a esse respeito que, após ter,

> em um primeiro momento, adotado uma posição de recuo a fim de salvaguardar sua autonomia e seu "olho novo" ou seja, seu olhar crítico em relação ao campo estudado, o pesquisador deve, em um

> segundo momento, concentrar-se inteiramente no estudo de campo, a fim de se colocar no lugar dos diferentes atores sociais e reconstruir por ele mesmo a lógica das diversas situações vivenciadas por estes últimos. Em um terceiro momento, após ter "mergulhado na interioridade" da organização, o pesquisador poderá e deverá reconquistar sua exterioridade, confrontando e comparando as múltiplas racionalidades contingentes por ele observadas (Sainsaulieu, 1977, p. 55).

Quando utiliza o método proposto anteriormente, o pesquisador deve estar consciente de que a experiência concreta dos atores sociais é o seu principal instrumento de pesquisa. Privilegia-se, pois, nesse tipo de estudo, a técnica de entrevista como o meio principal para se obter informações sobre a organização. Para serem úteis, as entrevistas devem fornecer ao pesquisador essa "imersão" na experiência dos entrevistados.

O processo de pesquisa lida com paradoxos. Em cada entrevista, reproduz-se a tensão entre os polos interno e externo, entre a interioridade e a exterioridade. O pesquisador deve procurar entender a subjetividade do seu interlocutor, porém sem se envolver, reconhecendo padrões e lidando com os elementos subjetivos captados na interação. O campo é para o pesquisador, um terreno desconhecido, que ele deve explorar, e, para tanto, deve ter uma atitude aberta ante ao seu interlocutor, mostrando o seu interesse pelo que o entrevistado tem a dizer, e, por meio de questões abertas, permitir a esse último falar de seu trabalho, descrever a situação segundo sua própria interpretação etc.

A passividade não é uma atitude desejável nesse paradigma. O pesquisador deve ter uma atitude de "escuta ativa", demonstrando a seu interlocutor que ele é um ouvinte atento, devendo, para tanto, colocar questões e esclarecer suas dúvidas.

Uma crítica possível a essa atitude do pesquisador é o fato de que o material por ele coletado mediante entrevistas não refletirá a realidade "objetiva", mas a visão subjetiva do entrevistado. Berger e Luckmann dizem a esse propósito:

> O mundo da vida quotidiana não é considerado somente como um dado da realidade objetiva pelos membros de uma sociedade, tendo

em vista a sua busca de sentido em suas vidas. Este mundo (o da vida quotidiana) também se origina em seus pensamentos e em suas ações e é mantido como realidade através deles. O pesquisador deve tentar esclarecer a origem do conhecimento na vida quotidiana, ou seja, as objetivações dos processos subjetivos e das significações que constroem o mundo do senso comum intersubjetivo (Berger e Luckmann, 1989, p. 35).

Segundo Linda Smircich (1983b), o conhecimento gerado por essa metodologia pode ser classificado como "conhecimento subjetivo". Nesse tipo de método, o que caracteriza a ciência positivista, ou seja, as relações do tipo sujeito/objeto, é substituído por relações do tipo sujeito/sujeito, em que o pesquisador foca sua atenção nos significados partilhados intersubjetivamente. Esse método tem como prcssuposto que o conhecimento não é independente do sujeito cognoscente. O fato do pesquisador analisar e interpretar dados e do trabalho final ser a expressão da mediação da realidade feita por ele confirma esse aspecto. Esse método dá origem a um trabalho interpretativo, que não pretende ser neutro.

Busca-se a abordagem interativa. O pesquisador apreende as significações das ações do grupo mediante a sua interação com os membros da organização. Desse modo, ele terá uma visão global dos significados e imagens sobre a organização partilhadas pelos membros do grupo organizacional. Ele obtém essa visão por meio da análise dos dados coletados com várias fontes de informação: entrevistas, documentos, observação participativa, desenhos etc. Deve-se elaborar os temas-chave a serem estudados e criar as categorias de análise e pesquisa.

É muito importante ressaltar-se que um estudo de caso traz informações válidas em si, permitindo aprofundar certos aspectos de uma teoria ou refutá-la, mas, logicamente, por não obedecer a técnicas estatísticas, não se podem fazer afirmações genéricas correspondentes às organizações em geral. Podem-se observar tendências, através do discurso, mas não se fazer generalizações quantitativas (Smircich, 1983b). Esse trabalho foi realizado em um laboratório de alta tecnologia, no qual são criados redes de comunicação e softwares, localizado em Nice, no sul da França, pertencente a uma grande empresa norte-americana, com subsidiária nesse país, que produz grandes sistemas de informação (*mainframes*) e presta serviços de consultoria na montagens de sistemas de TI e manutenção destes. Por razões de anonimato, vamos chamá-la empresa "B". Foram entrevistadas 33 pessoas que pertenciam ao laboratório de pesquisa estudado: dois diretores e 20 engenheiros de desenvolvimento de software, que trabalhavam nos setores de teste, codificação e validação de softwares e sistemas de TI. Todas as entrevistas foram realizadas a partir de questões semiestruturadas e o anonimato foi garantido.

Foram feitas observações participantes e análise de documentos, e a pesquisa foi realizada entre fevereiro e setembro de 1996.

1.6 Apresentação do estudo de caso

A empresa "B" é uma grande companhia de TI e sistemas de informação norte-americana que possui filiais na França e em toda a Europa. Tendo sido uma das líderes mundiais do setor de TI até o fim dos anos 1980, a empresa sofreu um período de crise financeira no começo dos anos 1990, tendo perdido bastante dinheiro nesse processo (dezenas de milhões de dólares).

Na realidade, o surgimento da microinformática e dos "sistemas abertos", como o Unix, ou seja, sistemas intercambiáveis que permitiam ao cliente escolher entre vários sistemas possíveis, obrigou-a a se adaptar a um mercado sensível aos preços de venda dos sistemas de informática. Devemos dizer que durante mais de 40 anos a empresa "B" dominou o mercado com a sua tecnologia proprietária, com fidelização da clientela, o que permitiu à companhia construir uma marca de muito prestígio e, graças à fidelização da clientela (os sistemas abertos não existiam), cobrar preços muito altos tanto pelos *mainframes* quanto pelos contratos de manutenção de equipamentos e sistemas. Com a vinda dos sistemas abertos, interoperáveis, a clientela, mesmo que comprasse um *mainframe* – grande sistema – de uma marca, poderia comprar softwares e contratar a manutenção de outra marca. Os clientes passaram a dar preferência para a compra de sistemas interoperáveis para poder escolher o fornecedor e não serem obrigados a assinar contratos de manutenção de sistemas de valor muito alto, cobrados pela empresa até então.

Pois, tendo em vista que anteriormente os clientes não tinham escolha, eram obrigatoriamente fidelizados pela compra de sistemas proprietários e a empresa fixava os preços unilateralmente com relação à manutenção desses sistemas. Com essas transformações, a concorrência aumentou e a empresa "B", ao perder a fidelização da clientela e fazer face à guerra de preços, entrou em crise.

No fim de 1995, a companhia apresentou resultados positivos, após implementar, no começo dos anos 1990, um processo de restruturação profundo por meio do qual o diretor presidente foi substituído (1992) e 45% da mão de obra foi despedida. Assim, em 1991, a empresa possuía 600 mil funcionários no mundo todo e, em 1997, apenas 330 mil trabalhadores.

O advento da internet e das *Information Highways* privilegiaram novamente os grandes sistemas (*mainframes*), trazendo novamente a valorização destes.

Nossa pesquisa foi realizada no laboratório de pesquisa e desenvolvimento da empresa "B". que é especializado no desenvolvimento de novos produtos de comunicação e redes de informação (*networking*). Sua importância estratégica para a empresa "B", globalmente falando, vinha do fato de que ela utilizava as tecnologias desenvolvidas ali para a prestação de serviços ligados à internet e às *Information Highways*.

Em 1996, o laboratório passou por uma reestruturação a partir da qual o número de funcionários foi reduzido de 1.600 para 1.000.

Existiam basicamente dois grupos na organização:

a. o grupo técnico (pesquisadores P&D), composto pelos engenheiros programadores de software e técnicos de alto nível dedicados à pesquisa e desenvolvimento;
b. os "administradores" ou "burocratas" composto por executivos e gerentes, responsáveis inclusive por setores específicos como Programas de Qualidade Total e implementação de padrões e procedimentos.

Esses dois grupos viviam em conflito, entre dois polos de tensão: o primeiro grupo, que trabalhava diretamente com P&D, tinha dificuldade em aceitar a imposição de controles burocráticos e normas, nas quais não via sentido. Os "burocratas", segundo eles, não tinham conhecimento técnico para impor padrões autoritários e não falavam "a sua linguagem", logo, não tinham legitimidade de fato para enquadrá-los. Claramente, para esse gurpo, a legitimidade da autoridade deveria vir do conhecimento e da habilidade em relação à técnica.

Para o segundo grupo, existiam normas e regras formais a serem seguidas e, assim, cabia ao grupo de técnicos se conformar com esses padrões.

Os engenheiros de "desenvolvimento", "integração" e "teste" entrevistados ressaltaram o fato de que desde a implementação das normas ISO 9001 no laboratório, os níveis de formalismo e de burocratização na organização haviam aumentado, levando-se em conta que a empresa " B" já possuía sistemas organizacionais extremamente burocratizados, mesmo antes da implementação da ISO 9001.

A cultura organizacional da empresa, em especial no laboratório em questão, era extremamente baseada no controle burocrático, na hierarquia e em um estilo de gerência autoritário. Os engenheiros codificadores de software que trabalhavam com pesquisa e desenvolvimento tinham dificuldades em se adaptar a esse ambiente, dada a própria natureza de seu trabalho, ligado à inovação tecnológica.

No decorrer dos anos, no entanto, esses engenheiros tiveram de ceder pouco a pouco à crescente burocratização de processos e procedimentos da organização; porém sempre existiu um polo de tensão entre esses dois grupos: a busca por maior autonomia e liberdade de expressão por parte dos engenheiros e a crescente imposição de controles burocráticos por parte dos gerentes e administradores.

Eram inúmeros os "relatórios sem sentido", as "avaliações formais" às quais os técnicos deveriam se submeter, não necessariamente ligadas à sua produtividade ou à qualidade técnica de seu trabalho. Além disso, os procedimentos para implementação da ISO 9000 eram vistos como excessivamente controladores, não adaptado ao trabalho realizado no laboratório. Embora os gestores fizessem promessas de redução dos controles burocráticos, segundo os técnicos, estes aumentavam incessantemente.

Como nos foi dito em uma entrevista com um engenheiro de "integração" de sistemas: "A cada três meses surgia um novo tipo de relatório, um novo tipo de avaliação, treinamento ou procedimento sem sentido, visando apenas legitimar a existência de cargos burocráticos e empregos que não fariam a menor diferença para o *core business* da empresa se desaparecessem".

O ambiente organizacional era assim "pesado" e "controlador", baseado na ameaça e sanção de aplicação da regra por parte dos gerentes, segundo os técnicos entrevistados, que diziam só se sentir bem "entre eles". Havia, nesse caso, uma dicotomia básica: os técnicos eram o grupo responsável pelo trabalho principal no laboratório, ligado à inovação, porém, na visão destes, os gerentes utilizavam regras, a cultura burocratizada da empresa, e existência formal de inúmeros controles burocráticos, para regular esses primeiros ganhando mais *status* no sistema e implementando, segundo os primeiros, uma cultura baseada no controle e no medo. Utilizavam-se das regras para "negociar" o "alívio" e a suspensão de certos controles, algo que nunca acontecia. Os técnicos sentiam que ficavam presos a promessas formais de "melhoria" do sistema, no entanto, na prática, o contrário ocorria, apesar da restruturação da empresa. Esse sistema gerava acúmulo de frustrações, descrença e perda de credibilidade com relação aos gestores.

Uma das consequências desse conflito foi o surgimento de uma organização informal entre os engenheiros de pesquisa e desenvolvimento a partir do uso dos fóruns de debate técnico na "intranet" da empresa. A princípio, esses fóruns serviam apenas para debates sobre novas técnicas ligadas às atividades de inovação tecnológica entre os engenheiros do laboratório francês e os do laboratório de Raleigh, Estados Unidos. Cada fórum tinha um "censor", um pesquisador com conhecimento técnico que servia de mediador nos debates e que deveria assegurar que os engenheiros não tratassem de outros assuntos que não fossem relativos ao debate de novas técnicas ligadas à codificação de softwares.

Rapidamente, no entanto, os debates se diassociaram das questões técnicas e assumiram um caráter político. Os pesquisadores reclamavam do excesso de autoritarismo; do demasiado controle burocrático ao qual tinham de submeter-se; do ambiente de trabalho "pesado", contrário ao que seria adequado à sua atividade, ligada à inovação; trocavam informações sobre a hierarquia, faziam sugestões de ações a serem tomadas etc.

Nesses fóruns de debate, os pesquisadores que mais conquistavam o respeito dos debatedores eram aqueles que mostravam conhecer melhor os procedimentos técnicos e a organização. Ou seja, a liderança dos fóruns, independentemente da idade, hierarquia ou senioridade na empresa, era conquistada por aqueles que demonstravam maior competência técnica e conhecimento, o que caracterizava uma inversão de lógica relativa à burocracia formal. Nem sempre o pesquisador mais ouvido e respeitado nos debates era o que ocupava uma posição mais alta em termos hierárquicos.

Os "censores" aderiram ao debate e "fecharam os olhos" para o fato de que os fóruns ganharam um caráter político de contestação da hierarquia vigente. Mostraremos a seguir, alguns trechos de entrevistas com pesquisadores que ilustram bem a dinâmica descrita anteriormente.

Segundo um engenheiro de software responsável pela "integração" de códigos:

> A crise financeira vivida por nossa empresa nos últimos cinco anos não se deve ao fato de que a empresa se transformou em um enorme "dinossauro", como propôs a imprensa especializada. A crise vivida por nossa companhia deu-se principalmente devido à má gestão decorrente do excesso de burocracia e às informações relevantes que ficavam "presas" com a gerência média e não chegavam ao topo, atrapalhando a eficiência do sistema como um todo. Uma reação a isso, à excessiva burocracia, foi a possibilidade de utilizar o sistema de comunicação intranet, para questionar esses procedimentos burocráticos, trocar informações, além de desenvolver trabalho de natureza técnica. Estes fóruns de debate, antes de sermos "pegos", foram uma solução tanto para nos ajudar a suportar os excessivos controles burocráticos, como permitiram às informações fluírem de forma livre e solta. Nós criamos uma verdadeira "organização paralela". A crise econômica vivida por nossa empresa foi mais do que um problema de mercado, mas um problema de gestão e controles excessivamente burocratizados. Essa organização "paralela" mostrou como as pessoas estavam insatisfeiras com este excessivo controle e como trabalhavam mal neste ambiente.

Vários entrevistados nos explicaram como se constituía essa organização informal "emergente", estabelecida a partir dos fóruns de debate. Segundo um engenheiro de desenvolvimento de softwares:

> Em 1991, o diretor presidente da empresa "B" declarou que a estrutura hierárquica rígida da organização provocara uma reação contrária: os executivos que ocupavam cargos de gerência média bloqueavam e filtravam as informações que os seus subordinados lhes transmitiam, em função de seus interesses pessoais. Assim, as informações da base não chegavam ao topo e vice-versa. Nessa época, ele descobriu os fóruns eletrônicos de debate sobre a chamada ("a organização emergente") e a sua utilização para fins de organização e contestação, uma ativi-

dade considerada "subversiva" pelos gerentes. Ao tomar conhecimento da existência desses fóruns de debate, o diretor presidente tomou uma decisão inesperada: resolveu não "punir" ninguém; ao contrário: "abriu" oficialmente a rede para debates de todos os tipos. Antes, as regras eram claras: debates sobre salários, críticas, opiniões políticas, opiniões sobre a empresa, troca de informações que não fossem estritamente técnicas eram proibidos. A partir da decisão do diretor presidente, durante 15 dias todo mundo foi autorizado a debater o que quisesse nos fóruns de debate, os quais acessados por mais de 30 mil pessoas. A ideia dele presidente era depois mandar fazer um levantamento das principais queixas e respondê-las oficialmente. Segundo as discussões e sugestões dos membros da rede, era necessário quebrar a estrutura hierárquica rígida da empresa e reduzir o poder da hierarquia *apparatchik* (própria à ditadura comunista).

É verdade que, para a hierarquia, esses fóruns de debate eram "subversivos". No entanto, ao tomar a decisão de "abrir" o debate sobre todos os assuntos para todos durante 15 dias e depois fazer um recenceamento das informações e dar respostas oficiais às principais questões, não punindo os transgressores, o diretor presidente conseguiu "oficializar" a organização emergente durante certo espaço de tempo, tirando o seu caráter "subversivo" e, ao "abrir" para todos o debate, "diluiu" a antiga organização emergente, destruindo-a. Após esses 15 dias, ele voltou a proibir os debates políticos nos fóruns, instalando procedimentos mais pesados de controle e prometendo que algumas vezes por ano os abriria para debate, sob controle oficial, levando em conta as informações e sugestões recebidas.

Os fóruns, durante os "bons tempos", permitiam discussões entre a maioria dos engenheiros de Nice e os de Raleigh, laboratório-irmão nos Estados Unidos. Ao descobrirmos que outras pessoas na mesma organização, que ocupam o mesmo tipo de função que nós ocupávamos, com o mesmo tipo de formação, no outro lado do mundo, se ressentem dos mesmos problemas, possuem as mesmas frustrações, vivem as mesmas dificuldades cotidianas, isso alivia as nossas tensões, pois percebemos que o problema "não somos nós", mas é sistêmico, é o sistema que gerava. Compartilhar essas percepções e se ver apoiado por outros criava uma rede de solidariedade e troca de experiências que permitia "suportar" melhor os controles e o despotismo gerencial.

1.7 Análise do estudo de caso e conclusões

Esta "organização emergente" da qual falam os técnicos mostrou ser, na realidade, não uma organização virtual subversiva, mas uma forma de evasão que lhes permitia esvaziar as tensões provocadas por um sistema excessivamente burocratizado, com fortes controles por parte da hierarquia, baseados em ameaças de aplicação da regra. Ou seja, porque podiam dedicar certo espaço de tempo ao debate de questões pertinentes de sua organização, que afetava a todos. Através da organização virtual, os engenheiros de P&D podiam tolerar melhor os controles burocráticos que não podiam evitar em seu cotidiano, pois sentiam que "não estavam sozinhos" na percepção das contradições, dificuldades e na vontade de mudar a organização.

Na prática, a organização virtual servia mais para troca de informações e como uma "válvula de escape" do que para a organização de ações pontuais de insubordinação ou ação organizada contra a hierarquia. Em uma organização extremamente rígida, "falar", "trocar ideias e informações", já constituía ato de insubordinação considerável. Os técnicos se sentiam constantemente vigiados pela hierarquia e utilizaram mesmo a metáfora da "KGB" (antiga polícia comunista que vigiava as atividades dos cidadãos) e, diante desse sistema, " a simples troca de informações nos fóruns" já era "um grande ato de rebeldia".

A organização estava sofrendo do que Merton classificou de problemas relativos à excessiva "personalidade burocrática", quando os gerentes aplicam a regra pela regra, porque ela está lá, por hábito e tradição, porque isso foi incorporado à sua personalidade, mesmo que o seguimento cego da regra vá contra a eficiência da organização (Merton, 1949).

Os pesquisadores que trabalhavam com inovação, a principal atividade da empresa, realmente percebiam e se posicionavam como vítimas dessa síndrome já relatada por Merton nos anos 1940. Os gerentes de setores técnicos, percebendo os problemas que afetavam o seu pessoal, "fecharam os olhos" para esses debates, tolerando-os, pois percebiam que os fóruns não acarretariam maior consequência em termos de ação coletiva contra o *management*, mas tinham a função psicológica essencial de permitir falar sobre a possibilidade da mudança, simulá-la, discutir novas possibilidades, permitir uma nova forma de racionalidade, que caracterizava esse grupo, de "existir", e ver suas questões reconhecidas por outros, mesmo que, na prática, as mudanças não fossem ocorrer, ou ocorressem apenas de forma superficial.

A esse respeito, Hirschmann (1970) em seus trabalhos, mostra que existem três estratégias de ação possíveis para o ator organizacional: *Voice*, *Exit* ou *Loyalty*. Ou seja, ou o ator organizacional é leal à cultura dominante e às regras, durante determinado período, identificando-se com elas e as defendendo (*Loyalty*), ou ele não consegue adaptar-se a elas de forma alguma e acaba saindo da organização (*Exit*) ou ainda adota a estratégia do *Voice*: utiliza o seu espaço organizacional para tentar mudar procedimentos à sua volta, ou, ao menos, reclamar e discutir sobre estes, mas "continua" no sistema, tolerando-o após algum extravasamento. Essa última estratégia lhe permite continuar no sistema, mesmo que este o incomode em aspectos fundamentais. Assim, os atores organizacionais encontram formas de evasão e "válvulas de escape" para permanecer no sistema, apesar de sua intolerância aos procedimentos e discrepâncias deste.

Se os atores sociais encontram formas de evasão que, na realidade, lhes ajudam a tolerar o *status quo*, e não a mudá-lo, podemos concluir que esse tipo de organização virtual emergente, quando não é utilizada de forma mais ousada para a organização de ações estruturadas para modificar o *status quo*, na verdade, ajudam a mantê-lo.

Como colocam os autores citados na primeira parte deste trabalho, nenhum sistema organizacional é totalmente harmônico e coerente. O *Decoupling* – as contradições e separação entre teoria e prática, até certo nível, é algo normal e até desejável para permitir flexibilidade. Mas, além de certo nível, essas contradições, quando excessivas, podem trazer desconforto psicológico, estresse, anomia etc., e, movidos pelo desconforto psicológico, os atores sociais se organizam para mudar o sistema que os incomoda.

No caso em questão, esses fóruns de debate tiveram a mesma função social que a do carnaval no Brasil, conforme descrito por DaMatta (1987): em uma sociedade extremamente hierarquizada e desigual, o carnaval permitia, mais ainda na época da ditadura militar, a inversão social no imaginário do povo. Durante os quatro dias de carnaval, os pobres que habitam as favelas do Rio de Janeiro desfilam na "Avenida" (atual Sambódromo), vestidos de reis, rainhas, vedetes, com roupas coloridas e ricamente adornadas, ocupando uma posição central na cidade. Os ricos e a classe média pagam ingressos bem caros para vê-los desfilar nesses dias e, assim, os "últimos se tornam os primeiros" durante determinado período, quando "dominam a cidade" com suas roupas coloridas, música, alegria e tradições. Os habitantes da "zona sul" do Rio e estrangeiros vindos do "Primeiro Mundo" pagam preços altos para admirar a arte e a beleza das mulatas dançando; das roupas elaboradas por costureiras que moram nas favelas, e que ficam o ano todo trabalhando para confeccionar essas fantasias; os carros alegóricos construídos por marceneiros; a música composta por compositores populares e o batuque ritmado da bateria, composta por músicos de origem humilde, porém especialistas em tocar a música afro-brasileira.

Trata-se de um momento de evasão, júbilo e glória para essas classes sociais menos favorecidas, que ocupam posições centrais no desfile, seja no próprio desfile, seja na preparação deste, sentindo-se assim valorizados e obtendo reconhecimento simbólico da comunidade.

Em nossa análise, a organização virtual descrita no estudo de caso teve a mesma função social que o carnaval carioca: quando tudo parece mudar, nada muda. Discute-se a mudança, as razões desta, trocam-se informações, cria-se uma rede de solidariedade no sofrimento, criam-se novas formas de regulação social que não as burocráticas, mas a realidade cotidiana sempre presente, com seus controles e seu "peso", inclusive na maioria das horas de trabalho, permanece presente. Essas "redes de debate", controladas, mostram-se, nesse caso, funcionais, ao menos durante dado período. A expressão limitada da "irracionalidade", tendo em vista o *status quo*, permite a tolerância do "sistema racional" dominante. Como no caso do Programa de Círculos de Qualidade, que em muitas organizações foram uma "pausa não taylorista" em uma organização eminentemente taylorista, e não mais do que isso. Na realidade, aliviou-se um pouco os controles, mas nada mudou.

Esse tipo de estratégia, a demarcação consciente de espaços de expressão simbólica para alívio de tensões, sob controle, ou ainda a tolerância velada, sob observação dos dirigentes, de organizações emergentes aparentemente "fontes de insubordinação", podem ser, na verdade, uma forma de manter as reações de insubordinação e crítica ao sistema sob controle, impedindo a ação organizada (práxis), transformadora do sistema. Nesse momento, adia-se ao menos a transformação e as contradições deixam de ser a força motora propulsora das mudanças, como previsto no modelo dialético hegeliano.

Assim, a despeito do excessivo *decoupling* e da erosão sofrida pelo sistema social, tendo em vista a grande separação entre teoria e prática, a transformação do sistema organizacional, nesse caso, foi bloqueada e não ocorreu da forma proposta no modelo de Seo e Creed (2002).

Este estudo de caso, exploratório, permitiu elaborar a seguinte hipótese para teste em futuros estudos: quando os representantes do *status quo*, atentos ao fato de que o excessivo *decoupling* entre os mitos profundamente enraizados na organização (alto grau de *embeddedness*), e a prática organizacional, quando esse excessivo *decoupling* está intensificando as contradições percebidas pelos atores organizacionais em alguns setores, gerando focos de resistência e insatisfação, e, logo, podendo provocar ação organizada e mudança transformacional, uma das estratégias possíveis é a delimitação de espaços organizacionais (virtuais ou não), onde seja possível a discussão das insatisfações e expressão por parte das pessoas de seu descontentamento e de seus protestos (*Voice*), mas sob monitoração, com o objetivo de "esvaziar" as tensões e permitir a melhor tolerância das regras oficiais. Nesse caso, o aumento das contradições e o alto nível de *decoupling*, diante de uma política deliberada destas, não deverá gerar as transformações propostas pela dialética, pois, assim que o grau de descontentamento atinge um nível mais alto, as tensões, que seriam o motor da mudança, são esvaziadas por meio dos fóruns e espaços de debate e discussão, porém a mudança de fato nunca ocorre.

Em dado momento, "cansados" de discutir a mudança, propor a mudança e simulá-la, e não terem condições de fato de que esta ocorra, os atores sociais acabam adotando uma atitude conformista e se adaptam às regras existentes.

Nesse caso, pois, as contradições e paradoxos percebidos não conduzem à práxis transformadora, porque a ação do *management* buscará impedir as mudanças emergentes, quando estas não ocorrerem na direção desejada.

Estimulamos estudos nessa linha, mostrando como espaços aparentemente contestadores e libertatórios podem ser, na verdade, ambientes de controle e preservação da ordem instituída.

Nesse caso, os paradoxos não são fonte de transformação conforme proposto.

Referências bibliográficas

ALVESSON, M.; SKOLDBERG, K. *Reflexive methodology, new vistas for qualitative research.* Londres: Sage, 2000.

ARGYRIS, C. *Integrating individual and the organization.* New York: Wiley, 1997.

______.; SCHÖN, D. *Organizational learning: A theory of action perspective. Reading,* Mass.: Addison-Wesley, 1995.

______. *On organizational learning.* New York: Basicbooks, 1995.

BATESON, G. *Mente e natureza.* Rio de Janeiro: Ed. Francisco Alves, 1986.

BENSON, J. K. Organizations: A dialectic view. *Administrative Science Quartely,* v. 22, n. 1-22, p. 1-21, 1977.

BERGER, P. *Perspectivas sociológicas:* Uma visão humanística. Petrópolis: Vozes, 1989.

______.; LUCKMANN, T. *A construção social da realidade.* Petrópolis: Vozes, 1989.

BROWN, A. D.; STARKEY, K. Organizational identity and learning: a psychodynamic perspective. *The Academy of Management Review,* v. 25, n. 1, p. 102-120, 2000.

BURREL, G.; MORGAN, G. *Sociological paradigms and organizational analysis.* Londres: Ashgate Publishing, 1994.

CAMERON, K. S Effectiveness as paradox, management science, v. 32, p. 539-553, 1986.

DA MATTA, R. *Carnaval, malandros e heróis.* Rio de Janeiro: Zahar, 1987.

DAVIS, A. S. et al. The paradoxical process of organizational transformation: propositions and case study. *Research in a organization change and development,* p. 275-314, 1997.

DEHLER, G. E. G. Through paradox: a pedagogical strategy for exploring contradictions and complexity. *Journal of Management Education,* v. 24, p. 708-725, 2003.

EISENHARDT, K. M. Paradox, spirals, ambivalence: the new language of change and pluralism. *The Academy of Management Review,* v. 25, n. 4, p. 703-706, 2000.

FESTINGER, L. *A theory of cognitive dissonance.* New York: Prentice-Hall, 1957.

GARFINKEL. *Studies in ethnomethodology.* Englewood Cliffs, NJ: Prentice-Hall, 1967.

GEERTZ, C. *A interpretação das culturas.* Rio de Janeiro: LTC, 1989.

GOFFMAN, E. *The presentation of self in everyday life.* Nova York: Doubleday, 1953.

HERACLEOUS, L.; BARRETT, M. Organizational change as discourse: communicative actions and deep structure in the context of information technology implementation. *Academy of Management Journal.* v. 44, p. 755-799, ago. 2001.

HIRSCHMANN, A. *Exit, voice and loyalty.* Cambridge, Mass.: Harvard University Press. 1970.

HUBER, G. P. The nature and design of post-industrial organizations. *Management Science,* v. 30, n. 8, p. 928-951. Aug. 1984.

JAFFEE, D. *Organizational theory:* tensions and change. Cambridge: Thompson Learning, 2001.

KETZ DE VRIES, M. F. R. *Organizational paradoxes:* clinical approaches to management. Nova York: Routledge, 1995.

KOOT, W. et al. Epilogue. In: KOOT, W. et al. *Contradictions in context*: puzzling over paradox in contemporary organizations. Amsterdã: University Press, p. 208-212, 1996.

LEONARD-BARTON, D. Core capabilities and core rigidities: a paradox in managing now product development. *Strategic Management Journal*. Summer Special Issue, v. 13, p. 111-125, 1992.

LEWIS, M. W. Exploring paradox: toward a more comprehensive guide. *The Academy of Management Review*, v. 25, p. 760-776, 2000.

MACHADO-DA-SILVA, C. L.; BARBOSA, S. Competitividade organizacional: eficiência operacional na conformidade na formulação de estratégias. In: Enanpad, 2002. *Anais...*, 2002.

MARTIN, J. Telematic society: The challenge for tomorrow. Englewood Cliffs, NJ: Prentice-Hall, 1983.

MCKINLEY, W.; SCHERER, A. G. Some unanticipadet consequences of organizational restructuring. *The Academy of Management Review*, v. 25, n. 4, p. 735-752, 2000.

MERTON, R. K. *Bureaucratic structure and personality', in social forces*, v. XVIII, p. 560-568, 1949.

MEYER, J. W.; ROWAN. B. Institutional organizations: formal structure as myth and ceremony. *The American Journal of Sociology* 83, p. 340-363, 1977.

MEYER, J. W.; SCOTT, R. W. *Organizational environments*: Ritual and rationality. Beverly Hills: Sage, 1991.

MORGAN, G. *Images of organization*. Thousand Oaks: Sage, 1986.

______. The schismatic metaphor and its implications for organizational analysis. *Organizational studies*, v. 2, p. 23-44. 1981.

POOLE, M. S.; VAN DE VEN, A. H. Using paradox to build management and organization theories. *Academy of Management Review*, v. 14, p. 562-578, 1989.

POWELL, W.; DIMAGGIO, P. *The new institutionalism in organizational analysis*. Chicago: Chicago University Press, 1991.

PUTNAM, L. L. Contradictions and paradoxes in organizations. In: THAYER, L. (ed.). *Organizational behavior*: The state of sciences. Norwood, NJ: Ablex Publishing, p. 109-167, 1986.

QUINN, R. E.; CAMERON, K. S. *Paradox and transformation:* toward a theory of change in organization and management. Cambridge, MA: Ballinger, 1988. p.1-18.

SAINSAULIEU, R. *L'Identité au Travail*. Paris: Presses de la Fondation Nationale de L'Institut d'Etudes Politiques, 1977.

SCOTT, W. The Adolescence of Institutional Theory. *Administrative Science Quarterly*, v. XXXII, p. 493-511, 1987.

SCOTT, W. R. *Institutions and organizations*. Londres: Sage, 1995.

SEO, M. G.; CREED, D. Institutional contradictions, praxis, and institutional change: a dialectical perspective. *The Academy of Management Review*, v. 27, n. 2, p. 222-247, abr. 2002.

SIMON, H. A behavioral model of rational choice. *Quarterly Journal of Economies*, v. LXIX, p. 99-118, 1955.

SMIRCICH, L. Organizations as shared meanings. In: PONDY, L. (eds.). *Organizational symbolism*. Greenwich: Connecticut Al Jal Press Inc., 1983a, p. 55-65.

______. Studing organizations as cultures. In: MORGAN, G. (eds.). *Beyond method strategies for social research*. Bervely Hilís: Sage, 1983b.

VAN de VEN, A.; POOL, M. S. Paradoxical requirements for a theory of organizational change. In: QUINN, R.; CAMERON, K. Paradox and transformation: Toward a theory of change in organization and management. Ballinger, 1986.

WEICK, K. Educational organizations as loosely coupled systems. *Administrative Science Quartely*, mar. 1976, p. 35-52.

ZUCKER, L. Institutional theories of organizations. *Annual Review of Sociology*, v. 13, p. 443-464, 1987.

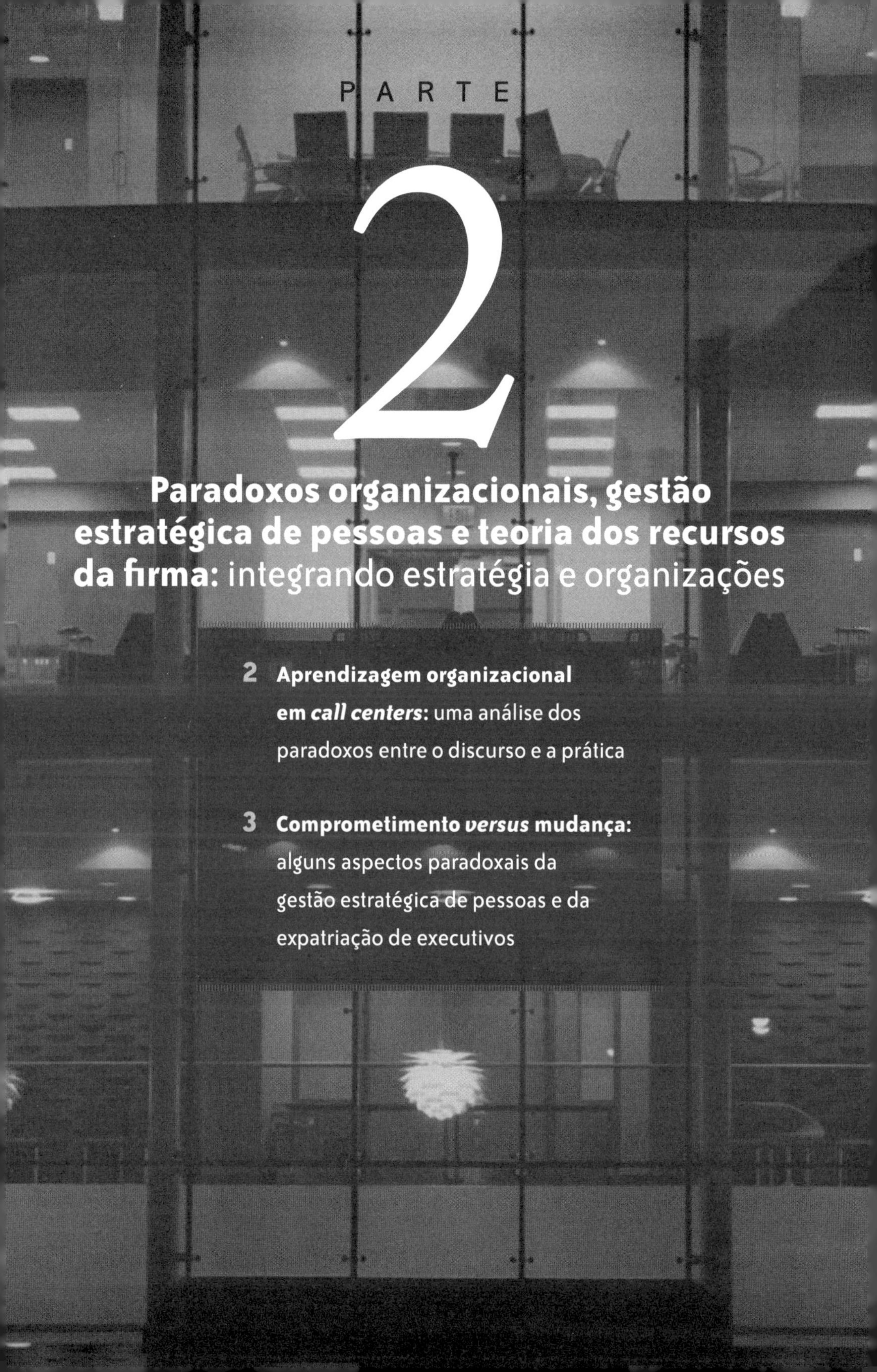

PARTE 2

Paradoxos organizacionais, gestão estratégica de pessoas e teoria dos recursos da firma: integrando estratégia e organizações

2 **Aprendizagem organizacional em *call centers*:** uma análise dos paradoxos entre o discurso e a prática

3 **Comprometimento *versus* mudança:** alguns aspectos paradoxais da gestão estratégica de pessoas e da expatriação de executivos

Capítulo 2

Aprendizagem organizacional em *call centers*: uma análise dos paradoxos entre o discurso e a prática

Isabella Francisca Freitas Gouveia de Vasconcelos

André Ofenhejm Mascarenhas

Introdução

No capítulo anterior, mostramos algumas definições de paradoxos e mudança. Agora, vamos debater sobre a interface entre paradoxos e estratégia, aplicando princípios da teoria dos recursos da firma (*Resource Based View* – RBV) e suas interfaces com mudança organizacional.

A teoria dos recursos se apresenta atualmente como uma forte teoria em estratégia, que trata também de inovação, e o tema mudança organizacional e paradoxos da mudança se integram a essa proposta, sendo esta a justificativa da importância deste tema e deste capítulo.

Para tratar dessas questões, introduziremos, na sequência, a teoria sobre paradoxos organizacionais, teoria dos recursos da firma e gestão estratégica de pessoas e, em seguida, apresentaremos um estudo de caso.

2.1 Paradoxos e mudança: aspectos teóricos

Segundo Andrew H. Van de Ven e Maschall Scott Poole (1988), em seu artigo "*Paradoxical requirements for a theory of organizational change*", uma boa teoria sobre mudança organizacional deve incluir alguns pontos fundamentais:

a. a teoria deve permitir estabelecer relações entre o aspecto estrutural do sistema organizacional (ação coletiva – grupo organizacional como um todo) e a ação de indivíduos e grupos menores, ou seja, entre o nível microssociológico e o nível macrossocial;
b. a teoria deve identificar e explicar as fontes de mudança que se encontram dentro da organização (por exemplo, aspectos paradoxais que conduzam a uma dialética de mudança dentro do sistema organizacional) e aspectos que emergem do meio ambiente e de outras organizações e que influenciem a mudança;
c. a teoria deve explicar estabilidade (pressões busca de unidade, consenso, ordem) e mudança (pressões na direção do conflito, pluralismo e ruptura);
d. a teoria deve analisar a evolução e a história da organização desta, com o passar do tempo.

Em se tratando de paradoxos e mudança, dizem os autores, que existem várias maneiras de se lidar com o conceito de paradoxos. Um paradoxo ou antinomia, segundo definição dos autores adotada neste trabalho, é uma contradição entre afirmações igualmente bem embasadas. Quando considerados separadamente, os argumentos que dão base as proposições paradoxais parecem ter lógicas próprias. No entanto, quando analisadas em conjunto, os argumentos não têm lógica própria.

Um paradoxo famoso é o do rei Liar, em 400 a.C. cuja formulação era "sempre minto". Se essa afirmação é uma verdade, quem a formula não mente sempre. Se é uma mentira, ele sempre diz a verdade etc. Trata-se de uma formulação paradoxal, como nos mostram Van de Ven e Scott Poole.

Os autores propõem dois modos de lidar com afirmações paradoxais:

a. aceitar que o paradoxo é insolúvel e "viver" teoricamente com ele;
b. tentar resolvê-lo. No caso "b", ao tentar resolvê-lo, existem dois métodos que os autores ressaltam:
   b.1 situar o paradoxo no tempo e conviver por um período com este, de forma lógica e clara; ou
   b.2 estabelecer a que nível de referência cada lado do paradoxo se refere – se ao aspecto microssocial do sistema, ou ao caso macrossocial, refira à parte do sistema, ao sistema visto como totalidade etc. Para anali-

> sar o sistema dessa forma, deve-se especificar, claramente, que aspecto contraditório está situado em que nível e qual a relação entre esses diversos níveis.

No Capítulo 1, nosso exemplo mostra uma empresa que está criando uma *joint venture* com outra e propõe em todos os discursos oficiais criar um sistema cujos processos-chave serão elaborados aproveitando-se 50% dos padrões de cada companhia fundadora, igualmente, tranquilizando assim os funcionários. Mas, na prática, durante o seu primeiro ano de funcionamento implementa apenas os processos-chave de uma das organizações, "ignorando" a outra e provocando ceticismo em atores sociais-chave, que ameaçam deixar a empresa. Essa situação se trata de um paradoxo.

O discurso reiterado propõe mudança, transformação e igualdade nos processos de criação de um novo sistema social. Na prática, no primeiro ano de vida da organização, apenas os sistemas-chave de uma das empresas são implementados na constituição da nova *joint venture*, e não se aproveita nada dos sistemas organizacionais da outra companhia.

Trata-se de um paradoxo discurso-prática. Na teoria, propõe-se "A". Na prática, implementa-se "não A". Isso provoca dissonância cognitiva e descrença nos atores sociais e ações de resistência que podem atrapalhar a mudança. Como resolver isso?

O que se propõe aqui, utilizando-se essa solução, é situar cada aspecto em seu nível de análise. Assim, as promessas de constituição de um novo sistema social – *joint venture* – a partir das duas empresas anteriores, pode ser verdadeira e pode ser a intenção dos dirigentes em médio prazo. Em curto prazo, no entanto, implementam-se apenas os processos-chave da instituição Alpha, para depois implementar somente os processos-chave da instituição Beta e, por fim, na resultante, ter-se o equilíbrio prometido no discurso. Situa-se, dessa forma, cada aspecto paradoxal em seu nível – aqui, no caso, em seu tempo adequado.

A afirmação relativa à igualdade de utilização dos *inputs* é verdadeira, mas ela o será apenas em médio prazo. Trata-se do plano. A ação em curto prazo é oposta a essa afirmação: foco em apenas um sistema. Porém, no fim do processo de mudança, o paradoxo desaparece. Situar cada aspecto da proposição em seu nível pode permitir aos atores sociais conviverem com o paradoxo – o discurso de igualdade e a prática desigual – enquanto for necessário, sabendo-se que essa situação é temporária e que se trata de fases da mudança. Esse tipo de esclarecimento evita ações de resistência organizacional e processos de dissonância cognitiva, pois situa cada aspecto em seu plano.

Assim, uma forma de resolver o paradoxo é situá-lo no tempo: cada aspecto contraditório pode situar-se em um momento específico e sem que exista a necessidade de conviverem, como aqui proposto.

Apresentaremos a seguir um estudo que trata de paradoxos, teoria dos recursos da empresa e gestão de pessoas, e situaremos a análise dos paradoxos encontrados no raciocínio exposto anteriormente.

2.2 A teoria dos recursos da firma e a gestão estratégica de pessoas: aspectos teóricos a serem utilizados no estudo de caso

Apresentaremos neste capítulo a teoria dos recursos (*Resource Based View*), segundo a qual o desenvolvimento contínuo das competências dos funcionários de uma empresa pode ser fonte de criação de valor e vantagem competitiva sustentável. Nesse sentido, a aprendizagem organizacional é vista como fundamental e um modelo de gestão de competências que promova aprendizagem e inovação é defendido como o ideal, bem como a adoção de ferramentas de TI que informatizem e não só automatizem os processos de trabalho nas organizações.

Mostraremos que, muitas vezes, as organizações adotam esses padrões em seu discurso, porém, na prática, não investem no desenvolvimento das competências de seus funcionários, nem utilizam a tecnologia para gerar aprendizado e inovação, principalmente nas centrais de atendimento. Isso constitui aparentemente um paradoxo discurso-prática, como discutido anteriormente.

Realizamos dois estudos de caso para verificar se, nas organizações estudadas, essa dicotomia entre os modos de gestão pregados como ideais e a prática organizacional existia, e quais os seus efeitos. Constatamos que uma organização não investia em aprendizado ou no desenvolvimento dos funcionários, segundo a visão destes, mas também não adotava um discurso que prometia esse desenvolvimento. Os funcionários, no entanto, sentiam-se incomodados com essa realidade e mobilizavam-se para mudá-la, não por pressões internas (não porque havia um paradoxo discurso-prática em seu interior), mas porque suas práticas estavam em desconexão com as atitudes e com o discurso de gestão de pessoas atual, e isso incomodava os funcionários, que a pressionavam para a mudança das práticas. Como elas não ocorriam, o *turnover* era alto e os funcionários deixavam a organização. Aqui, as pressões do discurso do meio ambiente de negócios era a fonte para a mudança dentro do sistema organizacional da primeira empresa estudada.

No caso da segunda empresa, observou-se a mesma transparência organizacional entre discurso e ação que na primeira, porém no sentido inverso: a companhia tinha um discurso e executava práticas atualizadas com o discurso do mercado, e, logo, não haviam pressões para mudança e o *turnover* não era tão alto. Os melhores funcionários desenvolviam um plano de carreira na empresa. Não havia paradoxo ou dissonância cognitiva. Trata-se de um estudo comparativo que permite entender melhor essas questões e analisá-las.

Vamos passar, agora, ao discurso dominante no mercado envolvendo o desenvolvimento de competências e a gestão estratégica de pessoas. É a teoria aprendida nas faculdades de administração e apresentada pela mídia, claro que em diferentes níveis de complexidade e análise. Da revista *Você S/A* aos cursos mais complexos, essas ideias são apresentadas em diferentes graus de complexidade, que influenciam as empresas, os funcionários das diversas companhias e geram expectativas de um modelo de aprendizado, inovação e desenvolvimento de competências. As pessoas entrevistadas mostraram que se baseiam nesses padrões para julgar as empresas nas quais estão inseridas e desenvolverem expectativas.

2.2.1 Paradoxos organizacionais, gestão estratégica de pessoas e teoria dos recursos da firma: integrando estratégia e organizações

Penrose (1959) argumenta que as organizações devem ser entendidas como estruturas administrativas, que unem e coordenam atividades individuais e grupais, e como uma coleção de recursos produtivos, que podem ser divididos em físicos e humanos.

Ao definir as organizações contemporâneas como um aglomerado de recursos, autores como Barney (1991) desenvolveram uma teoria sobre competitividade – *Resource Based View* – que abarca essa concepção de organizações proposta por Penrose (1959). Para Barney (1991), a vantagem competitiva desfrutada por uma organização no presente pode deixar de ser uma vantagem competitiva, caso outros consigam copiá-la, a não ser que a instituição desenvolva vantagem competitiva sustentável e que possua características difíceis de serem praticadas pelos competidores.

E, para conquistar uma vantagem competitiva sustentável, Barney (1991) argumenta que os recursos que compõem a companhia devem ser divididos em quatro categorias: capital financeiro, físico, humano e organizacional e seguir alguns critérios:

- o critério do valor – os gestores deveriam verificar se os recursos da organização adicionam valor pela sua capacidade de explorar oportunidades e neutralizar ameaças;
- o critério da raridade – o fato das outras empresas possuírem ou não o recurso valioso;
- o critério da imitabilidade – o fato de as empresas sem determinados recursos se depararem com uma desvantagem de custo para obtê-los ao se comparar com as empresas que já os possuem;
- a organização – se a empresa está organizada para explorar, em sua totalidade, o potencial competitivo de seus recursos ou não.

O trabalho desenvolvido por Barney (1991) na teoria dos recursos *(Resource Based View)* se associa com o desenvolvido por Prahalad e Hamel (1990) na medida em que esses últimos defendem que a competitividade da organização deve pautar-se no desenvolvimento de competências essenciais (*core competences*), que devem seguir os critérios de difícil imitabilidade, oferecer reais benefícios aos clientes e prover acesso a diferentes mercados, estimulando um ambiente de aprendizado rápido que deve ser colocado em prática antes que os concorrentes o façam.

Para Prahalad e Hamel (1990), o sucesso competitivo não advém simplesmente das escolhas do presente e sim da construção de *distinctive capabilities*, ou capacidades distintivas, durante um período significativo de tempo (Boxall, 1992). Assim, a vantagem competitiva não depende mais de um modelo de posicionamento de mercado estático, mas sim de um modelo dinâmico que englobe o caminho de desenvolvimento da organização ao longo do tempo e que contemple uma visão complexa do presente, para estruturar seu futuro à medida do possível, uma vez que atualmente a incerteza é grande.

Nesse sentido, Boxall (1992) retoma a ideia de um modelo de gestão de pessoas baseado em competências. Na hora em que as competências essenciais que dão vantagem competitiva para a organização mudam, seja pela ruptura tecnológica (criação de novas tecnologias), pela concorrência ou outros fatores, as competências dos indivíduos também deverão mudar no tempo, no que se refere ao desenvolvimento de suas habilidades e conhecimento. Logo, a manutenção de vantagem competitiva está ligada ao conceito de aprendizagem e inovação.

2.3 As capacidades dinâmicas e o aprendizado

Nesse sentido, a *Resource Based View* evoluiu para um conceito que envolve capacidades dinâmicas. A tentativa emergente de entendimento de novas fontes de vantagem competitiva e a capacidade organizacional de integrar, construir e reconfigurar as competências internas e externas para lidar com o rápido ambiente de mudança podem ser chamadas *dynamic capabilities* (Leonard-Barton, 1992). Em outras palavras, esse conceito é a capacidade da organização em se renovar e adaptar suas competências centrais ao longo do tempo. Uma forma de inovação é a recombinação das atuais capacidades para gerar produtos e serviços inovadores (Teece, 1997).

Pelo conceito de capacidade dinâmica é possível entender que não basta às organizações disporem de um acúmulo de recursos raros, difíceis de imitar e assim por diante, para obter vantagem competitiva. É necessário ainda que possuam uma

> capacidade de resposta no tempo, assim como inovação rápida e flexível de produtos, associadas à capacidade gerencial de efetivamente coordenar e realocar competências internas e externas. (...) O termo capacidade enfatiza o papel chave do gerenciamento estratégico em apropriadamente adaptar, integrar e reconfigurar as habilidades, os recursos e as competências organizacionais internas e externas aos requerimentos de um ambiente em mudança (Teece, 1994, p. 53).

Pelo fato da vantagem competitiva estar atrelada não somente ao conceito estrito da perspectiva da teoria dos recursos, mas também ao conceito de capacidade dinâmica, o papel da aprendizagem organizacional torna-se extremamente relevante, uma vez que, dentro dessa visão, a organização deve melhorar seu conjunto de capacidades de maneira contínua para garantir sua sobrevivência, lucratividade, crescimento e manter sua capacidade competitiva (Prahalad e Hamel, 1990).

Por aprendizagem organizacional entende-se a capacidade do grupo organizacional de criação, aquisição e transferência de conhecimento, a partir de uma mudança em seu comportamento para possibilitar a reflexão desses novos conhecimentos (Garvin, 1993, apud Markhija e Ganesh, 1997). Para que essa aprendizagem ocorra, a empresa deve enfatizar sua habilidade de utilizar informações e conhecimentos novos ou existentes de uma forma criativa, de modo que essa habilidade permita à organização predizer e interpretar as mudanças no ambiente, para que possa sustentar sua competitividade. Assim sendo, a "capacidade de interpretar rapidamente as informações complexas, dar sentido a elas e agir passa a ser fonte de criação de valor" (Castells, 1999), contribuindo, dessa forma, para um dos critérios – valor – de sustentação da competitividade defendidos por Barney (1991).

Vemos, então, que as competências essenciais mudam com o tempo e logo as organizações lidam com processos de aprendizagem e inovação dessas mesmas competências.

No Brasil, esses conceitos de gestão de pessoas são aplicados no desenvolvimento de um modelo nacional. Fischer (1998) estudou essa evolução em seu trabalho *A constituição do modelo competitivo de gestão de pessoas no Brasil.* Albuquerque (1987) mapeou desde cedo o começo da visão de recursos humanos em termos de estratégicos no Brasil. Os estudos recentes desses autores, no entanto, mostram que o discurso de um modelo competitivo baseado na aprendizagem foi incorporado, mas, apesar de adotarem o discurso, poucas organizações brasileiras adotam esse modelo competitivo na prática (Fischer, 2002; Fischer e Albuquerque, 2001; Tonelli e Lacombe, 2004).

2.3.1 Aprendizagem, inovação e cultura organizacional: uma visão contigencial

O modelo da teoria dos recursos da firma está baseado em uma visão contingencial da realidade, ou seja, que leva em consideração os aspectos únicos de história, recursos e capacidades desenvolvidos por uma organização em seu processo evolutivo. Trata-se, pois, de uma visão de que esses recursos são criados a partir de um aprendizado heurístico (por ensaio e erro) no qual o grupo organizacional, para sobreviver, retém os elementos que favorecem o seu sucesso e elimina os valores e competências que não contribuam para o seu sucesso financeiro em dado mercado. Dessa forma, a organização, nesse processo evolutivo de luta pela sobrevivência, ao adotar certo modelo de negócios que funciona, tende a permanecer utilizando-o, enquanto esse modelo de negócios, recursos e competências estiver ajudando a organização em seu sucesso (Schein, 1995).

O processo de aprendizagem trata então do aprimoramento das competências existentes e desenvolvimento de novas habilidades responsáveis pelo sucesso da instituição, daí a capacidade do grupo organizacional em repensar continuamente os modelos e competências existentes, verificando se elas continuam se adequando para a organização, ou, caso contrário, tentar desenvolver novas competências, produtos, tecnologias e/ou um novo modelo de negócios. O modo "questionamento" do sistema atual, a comparação com a realidade externa e a inovação (criação de novos modelos) passam a ser importantes nesse processo.

A inovação pressupõe o conceito da aprendizagem de circuito duplo (*double loop learning*) desenvolvido por Argyris e Schön (1978) e Argyris (2002). Segundo esses autores, a aprendizagem de circuito duplo envolve o acesso às informações, que permitem comparar o que existe no mercado, a competitividade, os modelos de negócio dos concorrentes, e a estrutura organizacional vigente, para em seguida questionar-se essa estrutura e propor ações corretivas, de modo a inserir mudanças na estrutura antiga, se for o caso, aprimorando-se competências, desenvolvendo-se um novo modelo de negócios e mudando a tecnologia, se necessário.

2.4 A inovação contínua e a tecnologia

Chris Argyris (1995) diz que o aprendizado em circuito duplo é a base da organização em aprendizagem, onde a mudança deve ser "desdramatizada" e vista como uma realidade contínua, o que é compatível com a visão estratégica das capacidades dinâmicas, evolução da teoria dos recursos da firma, como vimos anteriormente.

As organizações deveriam assim implementar a aprendizagem em circuito duplo, ou seja, além do crescente aprimoramento de seus processos internos, o questionamento contínuo sobre a necessidade de redesenhá-los e reconfigurá-los. Segundo Argyris (1995), após certo tempo, os processos internos, procedimentos, modos de produção e até produtos, mesmo que aprimorados ao máximo, não permitem à organização obter os resultados desejados, então esses mesmos processos e procedimentos devem, nesse caso, ser reconfigurados e redesenhados radicalmente, inovando-se.

Será visto agora o papel da tecnologia nesse processo de aprendizado. Essa revisão de literatura mostra que muitos consideram que ela traz em si a inovação. Porém, essa visão é restrita. Zuboff (1994) mostra que a tecnologia pode ter mero papel de automatizar procedimentos, fazendo que as pessoas continuem a desenvolver o seu trabalho dentro de uma organização burocratizada e taylorista que não gera aprendizado para essas pessoas (como será o caso de uma das organizações apresentadas nesse estudo). Não é apenas a tecnologia que se deve observar, mas o desenho organizacional e gestão de pessoas associada à TI, que devem ser propícias ao questionamento e a inovação. Como mostra Zuboff (1994), para produzir inovação, a TI deve estar associada a uma política de gestão de pessoas adequada, que promova a aprendizagem organizacional e desenvolva as competências dos funcionários, além de conceder autonomia e participação nas decisões. Como diz Zuboff (1994, p. 86), "os indivíduos devem todos trabalhar para uma máquina inteligente, ou a empresa vai ter pessoas inteligentes em torno de uma máquina?".

Segundo a autora, a resposta para essa pergunta é fundamental para desenvolver aplicações tecnológicas e inovações organizacionais que deem suporte às empresas. Nesse contexto, diz Zuboff (1994, p. 87):

> pessoas inteligentes são membros das organizações que podem contribuir e aprender com os sistemas de TI através dos quais executam seus trabalhos. Por outro lado, uma estratégia que enfatiza a automação concentra-se apenas na máquina inteligente. Uma estratégia informatizante reconhece o valor e a função da máquina inteligente, mas somente no contexto de sua interdependência com pessoas inteligentes.

A tecnologia teria assim a função apenas automatizadora, quando não gera a capacitação dos indivíduos, que continuam a operar a máquina sem, por isso, desenvolverem suas competências. A tecnologia tem apenas uma função informatizadora quando, além da automatização, permite a capacitação dos indivíduos e a aprendizagem organizacional.

A gestão estratégica de pessoas desenvolve continuamente as competências do grupo organizacional em maior ou menor grau, mas em todos os níveis, permitindo o alinhamento contínuo desta com as competências essenciais da organização, que também evoluem. Assim, a organização evolui – mas os indivíduos nela, em seus diversos níveis, também veriam suas competências desenvolvidas.

2.5 A tecnologia promove aprendizado ou apenas automatiza?: os *call centers* (ou centrais de atendimento)

Segundo Matozo (2000), o *call center* ou central de atendimento é a associação dos meios de telecomunicações com os bancos de dados de uma empresa ou organização, de modo a permitir que seus clientes possam dispor de um centro de atendimento rápido, eficiente e completo. Do lado tecnológico, o *call center* utiliza os recursos de CTI *(Computer Telephony Integration)*, que é o conjunto de aplicações que exige a mais completa e funcional integração de computadores e telecomunicações. Exemplos: atendimento automático, correio e processamento simultâneo de voz e dados e o próprio *call center* do ponto de vista tecnológico. Ainda segundo Matozo (2000), esta central é a associação dos meios de telecomunicações com os bancos de dados de uma empresa ou organização, de modo a permitir que seus clientes possam dispor de um centro de atendimento rápido, eficiente e completo.

Conforme Caldas e Azevedo (2003), ao longo das últimas décadas, temos assistido às mudanças profundas no funcionamento das organizações. Novos discursos apresentam as características necessárias para as empresas vencerem dentro de um novo ambiente competitivo. Esses discursos propõem que, em geral, a inovação tecnológica estaria propiciando o nascimento de organizações "modernas" e que essas novas empresas estariam substituindo organizações "ultrapassadas", não adequadas para atuar no novo cenário. Essa empresa flexível demandaria um novo tipo de trabalhador com diferentes requisitos e responsabilidades. O antigo trabalhador industrial e braçal estaria sendo substituído por um "trabalhador do conhecimento" (Senge, 1990).

Tal modelo substituiria a estrutura industrial tradicional, trazendo "organicidade" às organizações tayloristas/fordistas, em que as tarefas são fixas e simplificadas, deixando para trás um ambiente intensamente supervisionado e sem autonomia. No entanto, ao observar-se mais de perto a realidade, vê-se um cenário pouco diferente. Ao mesmo tempo em que o discurso gerencialista do momento enaltece o nascimento e a crescente hegemonia dessa organização flexível e orgânica, pode-se constatar, em diversos contextos organizacionais, a permanência e o aprimoramento de modelos organizacionais tradicionais (Caldas e Azevedo, 2003).

O ambiente de *call center* é um segmento que tem sido profundamente afetado por mudanças tecnológicas. Dentro dessas centrais, a utilização de avanços tecnológicos tem alterado radicalmente sua forma de funcionamento. Nesses ambientes, o desenho do trabalho tem sido modificado na direção de maior fragmentação e rigidez da tarefa de atendimento.

Caldas e Azevedo (2003) mostram assim que *call centers* modernos são ambientes cujo funcionamento é baseado em tecnologias das áreas de informação, computação e telecomunicações. O progresso tecnológico levou a um entrelaçamento cada vez maior dessas três áreas e, em particular, propiciou o desenvolvimento e consolidação dessas centrais. Em razão do seu ambiente de funcionamento, são locais que se caracterizam pela mudança tecnológica constante. Embora o termo seja relativamente recente, os *call centers* não são um fenômeno novo; suas precursoras foram as antigas centrais de atendimento.

Caldas e Azevedo (2003) e Matozo (2000) analisam o fato de que o tipo de atividade desenvolvida dentro dos *call centers* não necessita, em geral, que os funcionários tenham experiência prévia na função. A estrutura de tarefas, normalmente simples e repetitiva, faz que conhecimentos específicos não sejam um fator importante, uma vez que o trabalho é incessante, repetitivo e sem fim. A monitoração do trabalho é intensa, e existe pressão contínua para melhoria do desempenho. De fato, ao focar-se a estrutura do trabalho dos antecedentes de *call center*, percebe-se que as mudanças tecnológicas têm permitido uma flexibilização de "onde" realizar o trabalho, mas não necessariamente de "como" esse trabalho deve ser executado. Quando se analisa o desenho do trabalho, dizem Caldas e Azevedo (2003), o que se percebe é que as inovações na área de informática e telecomunicações têm sido aplicadas de forma a aumentar a fragmentação e a rotina, simplificando a tarefa de atendimento.

A conclusão da pesquisa de Caldas e Azevedo (2003) foi de que, na maioria das centrais de atendimento pesquisadas, o discurso fala em aprendizado e inovação trazida pela tecnologia, porém, na prática, os funcionários não aprendem uma vez que realiza tarefas repetitivas, mecanicistas, em que não treinam o pensamento e a cognição. Isso mostra que a tecnologia por si não traz inovação ou aprendizagem de circuito duplo, apesar do discurso empresarial muitas vezes prometer isso. Encontramos assim um paradoxo típico discurso-prática no *call center*.

Vasconcelos e Vasconcelos (2004) mostram que, quando existem contradições fortes entre o discurso oficial e a prática, entre os modelos professados e os que são efetivamente praticados, os indivíduos que acreditam no discurso oficial de que poderão aprender e desenvolver novas competências a partir da tecnologia, mas, na prática, sentem-se "emburrecendo" pelo desempenho de tarefas repetitivas e mecânicas. Esses indivíduos desenvolvem alto grau de frustração que os leva a não "suportar mais" o trabalho nas centrais de atendimento depois de certo tempo, o que explicaria o alto *turnover* ou rotatividade nessas centrais.

Realizamos dois estudos de caso, em duas das maiores centrais de atendimento do país, para verificar se nestas o discurso prometia aprendizado ou não; e que tipo de aprendizado[1]. Verificamos também se esse aprendizado ocorria ou não, na visão dos entrevistados, e, caso não ocorresse, quais são os efeitos do paradoxo discurso-prática para os entrevistados.

2.6 Metodologia

O delineamento de pesquisa utilizado neste trabalho foi o estudo de caso. O método considerado foi um tipo de análise qualitativa (Goode e Hatt, 1969), buscando-se respostas para as questões que permitem enfocar diretamente o tópico do estudo de caso. O método de análise utilizado neste estudo de caso (Einsenhardt, 1989) considera quatro técnicas analíticas dominantes: adequação ao padrão, construção da explanação, análise de séries temporais e modelos lógicos de programa.

Neste estudo, foram observadas as seguintes validades referentes às informações coletadas nas entrevistas focais: validade teórica – os métodos de coleta de dados têm validade teórica quando seus procedimentos são justificados em termos de teorias estabelecidas no referencial teórico; validade interna – corresponde ao estabelecimento de relações causais e resulta de estratégias que objetivem eliminar a ambiguidade e a contradição, embutidas nos detalhes e do estabelecimento de fortes conexões entre os dados; validade consultiva – refere-se à possibilidade de se consultar os envolvidos no processo de pesquisa: entrevistadores, observadores, respondentes, entrevistados – para obter informações sobre sua precisão, completude, relevância, entre outros dados obtidos (Sykes, 1990).

[1] Esta análise foi parcialmente baseada em trabalho de TCC orientado pela autora Isabella Freitas Gouveia de Vasconcelos, envolvendo o trabalho dos alunos Adriano Policarpo Zambelli, Carolina Ferreira Arantes, Daniela Rocha Vilela e Graziela Mennitti.

As unidades de pesquisa foram as empresas Alpha (com funcionários e supervisores) e Beta.

O objetivo da pesquisa foi verificar em que medida existiu uma contradição ou paradoxo entre o discurso de aprendizagem e inovação nas empresas estudadas e a prática gerencial, na percepção dos funcionários entrevistados, e quais as consequências dessas contradições. Segundo Yin (2001), o modelo de estudo de caso deve ser passível de julgamento de sua qualidade, o que pode ser feito por quatro técnicas. A primeira refere-se à validade de construção do estudo. As técnicas para o aumento da qualidade são o uso de múltiplas fontes de evidência, o estabelecimento de uma cadeia de evidências e a utilização de informantes críticos para rever o relatório preliminar de estudo de caso. Neste estudo, foram analisados dados oriundos de vários indivíduos, posicionados em diferentes esferas das organizações, permitindo que se possa compreender o fenômeno estudado por diversos ângulos. Assim, puderam ser identificadas diversas subculturas em cada organização. Neste capítulo, foram utilizadas várias fontes de evidências, como a entrevista, o questionário e a observação, que se reforçam mutuamente, evitando a utilização de informações tendenciosas ou equivocadas. Além desses fatores, a cadeia de evidência é estabelecida a partir do relacionamento entre os quadros de referências e as fontes de informações, e o relatório preliminar de estudo de caso é lido e discutido pelos informantes críticos identificados.

A validade interna e a validade externa são também técnicas usadas para o julgamento da qualidade do estudo de caso. A validade interna é um teste de qualidade utilizado em modelos de estudo de caso que se baseiam em inferências, isto é, estudos de caso preocupados com relações causais, e refere-se ao risco de haver um fenômeno não previsto que interfira na relação causal encontrada, distorcendo as conclusões do estudo. A utilização do teste da validade externa, por sua vez, visa saber se as descobertas de um estudo podem ser generalizadas além do estudo de caso em questão, o que é exatamente o ponto dessa metodologia mais sujeita a críticas.

Entretanto, em um estudo de caso baseado na generalização analítica, os dois testes descritos anteriormente não assumem importância crucial. A generalização analítica é a tentativa de se estender um conjunto particular de resultados a alguma teoria mais abrangente. Esse tipo de generalização difere-se da estatística por não se tratar de amostragem facilmente generalizável, isto é, o caso não é escolhido a partir da lógica da amostragem. Na generalização analítica, uma teoria previamente desenvolvida como modelo é utilizada para a comparação com os resultados empíricos dos casos. Os resultados empíricos podem ser considerados mais fortes se mais de um caso sustentar a mesma teoria, quando se tem uma replicação (Yin, 2001).

A quarta técnica de julgamento da qualidade do estudo de caso relaciona-se à sua confiabilidade. Essa técnica visa garantir que outro investigador obtenha os mesmos resultados caso repita a mesma análise. A tática para garantir a confiabilidade neste estudo é a utilização do protocolo de estudo de caso e a documentação do caso.

2.7 A empresa Alpha

A Alpha é uma empresa de médio porte que foi fundada em 1991 para atender à crescente demanda das transações do setor financeiro brasileiro para que fossem realizadas eletronicamente. A partir de então, vem investindo cada vez mais, aumentando seu faturamento e conhecimento. Sua receita operacional líquida (R$ mil/funcionário), em 1996, era de R$ 186.609 e, em 2001, foi para R$ 600.264. O número de clientes cresceu de 16.912, em 1996, para 53.625, em 2001. A empresa está presente em todos os setores da economia e, desde 1994, assumiu a liderança nacional, detendo, atualmente, quase 50% de participação de mercado, de acordo com relatório do IDC. Inserida no mercado de gestão de relacionamentos eletrônicos entre parceiros comerciais, ela é uma empresa do segmento B2B que faz EDI *(Eletronic Data Interchange)* – troca de dados eletrônicos. Durante todo esse tempo, tem participado ativamente no desenvolvimento e regulamentação do mercado brasileiro de EDI, recebendo vários prêmios como reconhecimento por sua atividade empresarial e também por sua colaboração acadêmica. Sua missão é garantir a sustentação e o crescimento de seus clientes, mediante o retorno econômico compatível com a dinâmica de valorização das empresas de *e-business*, em linha com as expectativas dos acionistas.

Em seu discurso oficial, afirma ter orientação para os resultados, estar voltada para evolução e inovação permanentes, possuir ética em todas as relações e buscar qualidade em todas as suas atividades. Alguns de seus clientes são: Supermercados Sonda, CBD (redes do Grupo Pão de Açúcar), Nestlé, Galaxy, General Motors, quase todos os bancos comerciais, entre outros.

O *call center* da Alpha é composto por computadores de última geração, PABX e URA (unidade de resposta audível), que permite transmitir automaticamente uma mensagem ao cliente, e, enquanto ele aguarda, o encaminha para a área de sua dúvida. Há vários softwares que facilitam e agilizam o atendimento, pois, quando um cliente liga, basta ele dar o número de seu CNPJ ou uma identificação própria da empresa, que o atendente pode visualizar imediatamente o histórico de ligações, o que foi feito anteriormente, o que deverá ser feito, quais os problemas que ele tem etc.

Ainda contam com um sistema que facilita o trabalho dos supervisores, porque todos os dados a respeito de agentes logados, agentes em pausa, data, hora, tempo de espera e número de pessoas na fila ficam visíveis 24 horas por dia em um monitor. Os supervisores, ou qualquer outra pessoa, desde que autorizada, pode entrar na linha e acompanhar a ligação para verificar se o atendente está sendo educado, se está fazendo bem o seu trabalho. Nem o atendente nem o cliente percebem a interferência.

Há 30 funcionários no *call center*, sendo dois supervisores. Ele funciona no regime 24/7, ou seja, 24 horas nos sete dias da semana. Há três turnos por dia, com dez atendentes em cada. Todos cumprem uma jornada de seis horas de trabalho e 15 minutos de intervalo.

Das 0 horas às 6 horas, as ligações são desviadas para outra área da empresa, que, caso não consiga resolver o problema, deixa o chamado em aberto para que, no dia seguinte, outra pessoa retorne ao cliente. As dúvidas mais frequentes encontram-se na *intranet*, o que possibilita o atendimento mais rápido, pois lá se pode ver como solucioná-las e a quem recorrer, caso a dúvida ou o problema ainda persistam.

Não há um *script* exato a ser seguido, somente a apresentação: "Alpha, Daniel, bom dia, em que posso ajudá-lo?". Como os problemas a serem resolvidos são inúmeros, acredita-se que o *script* deixaria o atendente muito preso, sem ação própria, atrasando o trabalho.

Quando um atendente começa a falar com um cliente, já sabe se ele é da área financeira, mercantil ou de arrecadação, porque é feita uma triagem enquanto o cliente aguarda, a qual ocorre da seguinte forma: o cliente liga e é atendido por uma mensagem gravada que pede para que a pessoa digite o número x, se for da área financeira, y, se for da mercantil e assim por diante. "Todos os atendentes têm nível superior e estão com a idade entre 18 e 25 anos", sendo a maioria estagiários. A empresa só contrata estagiários que façam cursos ligados à informática, que estejam no segundo ou terceiro ano da faculdade e de universidades como PUC, Mackenzie, São Judas e USP.

A remuneração dos estagiários varia de acordo com a época do estudo do curso. Por exemplo, para quem está no segundo ano, o salário é de R$ 535,00; para o terceiro, R$ 642,00; e, para o quarto, R$ 771,00. Além do salário, todos recebem vale-transporte, vale-refeição de R$ 11,00 por dia, férias remuneradas de dez dias, após um ano de trabalho, e décimo terceiro salário.

Os funcionários têm os mesmos benefícios, mais a participação nos lucros e assistência médica, e o salário fica em torno de R$ 1.000,00. Além das seis horas de trabalho por dia, eles precisam cumprir uma jornada de oito horas, ou seja, um sábado por mês. Para que os atendentes não fiquem estressados, há uma sala de descompressão, com sofás, DVD, rádio, televisão etc., que é utilizada quando alguém está com algum problema, ou nos quinze minutos de intervalo.

2.7.1 Resultados das entrevistas

Foram entrevistados oito funcionários. A grande maioria dos atendentes, como vimos antes, é de estagiários. A Alpha é considerada no mercado como uma das empresas que oferecem melhores condições de trabalho aos funcionários, bons salários, vale-transporte, vale-refeição, ambiente de trabalho agradável, férias remuneradas, privilégios estes raros nesse setor.

Ela não possui um discurso oficial que prometa aprendizagem. A empresa, na visão de alguns, não "se dá a esse trabalho". Contrata, em sua maioria, estudantes que necessitam fazer horas de estágio obrigatório para suas faculdades. Para essa mão de obra qualificada (universitários), o aprendizado das técnicas e rotinas básicas da empresa é fácil e simples. Na visão dos estagiários, o aprendizado se resume a isso: dominar rotinas e procedimentos das máquinas. Ou seja, o aprendizado limita-se, assim, a algumas técnicas "tayloristas" de um trabalho mecânico em torno de uma tecnologia sofisticada. Nada mais. Boa parte desses estagiários está na empresa para "cumprir tabela", ou seja, fazer o estágio que a faculdade impõe, ganhando o máximo possível.

A companhia conta com alto nível de rotatividade de seus funcionários, mas não se preocupa, pois existem vários estagiários disponíveis atraídos pelas boas condições de trabalho, salários e benefícios elevados que a Alpha oferece em relação a outros estágios.

Não ocorre a aprendizagem de circuito duplo proposta por Argyris (1995), base da inovação ou, ainda, os indivíduos não têm oportunidade de desenvolver novas competências que, de fato, "façam a diferença em suas carreiras". A organização não se dá ao trabalho de estruturar um plano de carreira ou prometer aos indivíduos que eles desenvolverão competências para inovação. Por isso, a maioria dos estagiários não vê perspectiva de carreira na empresa, a não ser ficar na companhia em caráter temporário.

Como estágio, trata-se de um "bom negócio", na opinião dos estudantes, mas nada além disso. Depois de algum tempo, eles não querem mais permanecer na organização por terem suas perspectiva de crescimento limitada. Como não conseguem transformar a organização preferem não permacecer nela. E, também, porque o discurso de gestão de pessoas e de estratégia que ouvem "fora" dela é contrário e constitui uma força que faz pressão para que saiam da empresa, tendo em vista o discurso e prática desta, que constituem um paradoxo com relação ao discurso do "dever ser" dominante no mercado. Assim, o "discurso predominante no mercado" como "o modelo a ser seguido" e "o discurso e práticas organizacionais da empresa Alpha" constituem os dois lados de um paradoxo. Para resolver o dilema, os indivíduos deixam a instituição e toleram esse paradoxo apenas temporariamente, enquanto necessitam. De fato, o mercado propõe um modelo de aprendizado, inovação e gestão estratégica de pessoas, enquanto a empresa Alpha aplica um modelo taylorista muito estrito.

A seguir, colocamos algumas declarações dos estagiários no sentido do que foi exposto:

> Pretendo ficar nesta empresa pelo menos até março para cumprir com o total de horas obrigatórias de estágio que a faculdade exige. Depois, vou procurar outra coisa, pois acho que aqui não tenho oportunidade de crescimento profissional. (Entrevistado 1)

> Ainda estou aqui porque esta é uma empresa de médio porte e uma das melhores em seu ramo de atividade. Ela também oferece muitos benefícios que considero importantes, como vale-transporte,

> vale-refeição, férias remuneradas, décimo terceiro salário. Estou aqui ainda apenas enquanto não surge uma oportunidade melhor de trabalho. Pois, como ouvimos por aí, temos de nos desenvolver, aprimorar nossas competências e evoluir, e aqui isso não é possível, não existem perspectivas. (Entrevistado 2)
>
> Pelo menos eles não mentiram. (Entrevistado 8)

Dado o fato de que a organização está globalmente na contramão do discurso e da prática, mesmo para o setor, como veremos a seguir, os indivíduos convivem com o paradoxo o mínimo de tempo que podem e depois saem. Sua maneira de resolver o paradoxo é situá-lo em diferentes esferas de atuação – conforme explicado no início deste trabalho – o "dever ser" e o discurso externo, e a esfera interna da empresa, e conviver com o fato de seu trabalho estar em contradição com o mercado apenas por um período, buscando depois outra colocação onde essa contradição não ocorra, e, nesse momento, diminuir suas frustrações com essa situação.

2.8 A empresa Beta

A Beta é subsidiária de uma multinacional de grande porte. Foi fundada, no Brasil, em 1917. Sua história faz parte do próprio desenvolvimento tecnológico brasileiro. Desde o início de suas atividades, atuou com competência, respeito e seriedade, postura esta que lhe garantiu o reconhecimento no mercado nacional. Seu portfólio é extremamente complexo e variado, englobando de hardwares e softwares até uma gama enorme de modalidades de prestação de serviço. Sua carteira de clientes também é bastante diversificada, uma vez que a empresa atua tanto no segmento B2C quanto no B2B, porém, de modo geral, pode-se dizer que seu negócio principal é a tecnologia da informação.

Sua missão é identificar as necessidades do mercado de informática e desenvolver respostas tecnológicas com a maior qualidade e nível de serviço, oferecendo preços competitivos e buscando sempre aumentar a satisfação dos clientes, funcionários, fornecedores, acionistas e das comunidades onde opera. Tem como visão ser reconhecida pelo mercado como um dos melhores provedores de produtos, serviços e soluções, tanto em tecnologia de informática como em telecomunicações. Seus valores são: (a) dedicação ao sucesso de cada cliente; (b) inovação que faz a diferença – para a própria companhia e para o mundo; (c) confiança e responsabilidade pessoal em todos os relacionamentos. Alguns de seus clientes, no segmento B2B, são: Banco do Brasil, Caixa Econômica Federal, Itaú, Bradesco, Petrobras, Volkswagen, Carrefour, entre outros. Já no B2C são vistas como clientes quaisquer pessoas que tenham o desejo ou a necessidade de adquirir produtos, serviços ou soluções de alto valor agregado e a um preço justo, tanto em tecnologia de informática como em telecomunicações.

O *call center* da empresa é composto pelos mais modernos computadores dos modelos Netivista, Main-Frames (utilizados como servidores de rede), aparelhos PABX e URA (unidade de resposta audível). Essa última, assim como na Alpha, transmite uma mensagem automática e ao cliente enquanto ele espera para ser atendido, encaminhando-o, então, para a área pela qual o seu problema será resolvido. Além disso, tendo em vista a máxima eficiência no atendimento, são utilizados softwares que fazem uma espécie de triagem com o cliente. Por exemplo, é só o cliente fornecer o número, o tipo e a série de sua máquina, que o atendente já pode visualizar seu cadastro e seu contrato, proporcionando-lhe, assim, um atendimento mais adequado. Há ainda, um sistema que facilita o trabalho dos supervisores, mostrando 24 horas por dia, em um monitor, todos os dados a respeito de atendentes conectados, atendentes em pausa, data, hora, tempo de espera e número de pessoas na fila. Os supervisores medem, de tempos em tempos, o nível do serviço prestado. Eles fazem isso acompanhando, despercebidamente, uma ligação. Ali são prestados serviços para os clientes internos e externos da companhia. Esse fato faz que os atendentes sejam divididos, treinados e supervisionados em grupos particulares, de acordo com a finalidade da operação desempenhada. Há 150 pessoas atendendo e seis supervisores. E como na Alpha, o regime de trabalho é 24/7, ou seja, 24 horas nos sete dias da semana. Cada atendente tem que trabalhar durante seis horas e fazer intervalos de 30 minutos ou uma hora, dependendo do horário em que trabalhou. Esses são definidos conforme a fila de clientes.

Todos os tipos de operações atendem os clientes 24 horas por dia. Além do mais, registram a abertura de chamadas, fornecem suporte e alocam, se necessário, um técnico para solucionar algum problema.

Não há um *script* exato a ser seguido, somente a apresentação: "(nome), bom dia (boa tarde/boa noite)", pois a URA já direciona o cliente para o departamento pelo qual ele será atendido e, a partir daí, todo o serviço é "personalizado".

Quase em sua totalidade, os atendentes ou já concluíram ou estão cursando o nível superior. As idades variam, mais ou menos, de 18 a 35 anos, e há funcionários efetivos, temporários e estagiários.

Assim como na Alpha, a preferência é por uma pessoa que tenha cursado ou esteja cursando alguma faculdade ligada à informática ou à administração.

O salário dos estagiários é fixo, proporcional às horas trabalhadas, e independe da função exercida, do tempo de serviço ou de qualquer outro fator. Para eles, o único benefício oferecido é um tipo de vale-refeição, válido apenas para o restaurante da própria empresa, recebido no dia do pagamento. Já para os funcionários temporários e efetivos, além do salário, que varia conforme a função exercida e é proporcional às horas trabalhadas, há também os benefícios do vale-refeição (idêntico ao dos estagiários), do vale-transporte, planos de saúde e odontológico, além do direito a férias remuneradas após um ano de trabalho e décimo terceiro salário. Há uma sala de descanso, com sofás, mesas de jogos, DVD, rádio, televisão, entre outras formas de entretenimento. Essa sala visa não só o descanso ou a distração dos atendentes, como também é um importante meio de interação entre as pessoas. Em geral, ela é usada pelos atendentes nos seus períodos de intervalo, porém, caso alguma pessoa não esteja se sentindo bem e deseje dirigir-se para lá, o acesso é liberado. É feito também um trabalho regular de fisioterapia, com exercícios diários para evitar a LER (lesão por esforço repetitivo).

2.8.1 Análise das entrevistas

A análise das entrevistas mostra que essa empresa multinacional oferece aos seus funcionários do *call center* a possibilidade de desenvolvimento e de carreira. Ou seja, os atendentes da central de atendimento sabem que se mostrarem competência em sua função, podem evoluir, saindo de um trabalho onde não aprendem "tanto" para um cargo mais atrativo, no qual tenham direito a fazer cursos, treinamentos e "ir subindo" na organização. Assim, mesmo se o cargo de atendente for, a princípio, limitado, onde se aprende apenas procedimentos mecânicos, há treinamento para desenvolvimento de novas competências, o que permite que, após passar certo tempo nesse trabalho mais simples, os estagiários desenvolvam novas competências e "subam gradativamente" na organização. Para os entrevistados, vale a pena entrar na organização pela "porta de entrada" do *call center*, mesmo que o trabalho no início seja meio restrito, porque, depois, o desenvolvimento é garantido.

A organização se preocupa, no entanto, em desenvolver as competências de seus funcionários e os contrata para uma "trajetória" na empresa, na qual o cargo de atendente da central de atendimento seja apenas um começo para galgar muitos outros cargos. Essa "esperança" de desenvolvimento posterior na organização faz que os atendentes se dediquem a fazer um bom trabalho, com a finalidade de se desenvolver. Percebe-se, em seus discursos, comprometimento com a organização e a percepção de que "se o aprendizado não é para agora, ele virá logo depois". Observa-se, assim, que para os entrevistados o fato da instituição "ser honesta" e "cumprir o prometido" é muito importante.

Como consequência do comprometimento observado nos atendentes da central de atendimento, a rotatividade é muito baixa, nada comparada com a Alpha.

No caso da Beta, segundo os funcionários, e conforme definição de Zuboff (1994), a tecnologia é utilizada em níveis superiores para informatizar, ou seja, promover aprendizado, e não apenas automatizar.

Observa-se na organização Beta um modelo de gestão de pessoas por competências e a preocupação em desenvolver as competências dos funcionários de modo estratégico, como relata a teoria dos recursos da empresa (Barney, 1991), descrita na revisão de literatura.

A seguir, colocamos alguns trechos de entrevistas que relatam o que foi descrito anteriormente:

> Eles foram bem sinceros. Disseram que existiam chances para a promoção de cargos, que dependeria de cada um de nós estarmos dispostos a aprender, demonstrar interesse e capacidade para crescer. (Entrevistado 7)
>
> Houve época em que não aprendíamos nada de útil, pois era um procedimento "mecânico", todos os dias fazendo as mesmas coisas.

Porém, com o passar do tempo, tendo ótimos resultados operacionais, sempre mostrando interesse em querer aprender, em crescer na empresa, tive a oportunidade de ser promovida para outra função, na qual passei a aprender mais. Sendo assim, acho que todos têm oportunidade de promoção de cargo, basta ter a chance e a vontade de crescer. (Entrevistado 1)

2.9 Comparação das duas organizações

A revisão de literatura mostrou que o discurso de um modelo competitivo baseado na aprendizagem foi incorporado pela maioria das organizações brasileiras de determinado porte, mas, apesar de adotarem o discurso, poucas organizações brasileiras fazem uso desse modelo competitivo na prática (Fischer, 2002; Fischer e Albuquerque, 2001; Tonelli e Lacombe, 2000).

O mesmo acontece com o discurso que defende a incorporação de novas tecnologias da informação onde, em teoria, se defende a aprendizagem e a inovação e, na prática, isso muitas vezes não ocorre, ficando esses aspectos "para inglês ver", como colocam Caldas e Azevedo (2003) em seu trabalho.

Nas duas organizações estudadas, notou-se um mesmo fenômeno organizacional: a preocupação com a "transparência" e a "coerência" entre discurso e prática.

A Alpha não investe em treinamentos ou no desenvolvimento dos funcionários da central de atendimentos. Contrata, na sua maioria, estagiários de universidades que "têm de" cumprir o estágio durante pelo menos o período de um ano para receberem o diploma. A empresa paga salários e oferece benefícios ao estagiário muito acima da média das empresas do setor, fazendo que "seja um bom negócio" fazer estágio em sua central de atendimento. Porém, a companhia trabalha com a perspectiva de possuir alta rotatividade de funcionários, pois considera que o público estagiário que emprega (universitários) aprende rápido a função e que a alta rotatividade não oferece problemas na prática. Trata-se, assim, de um contrato "honesto", no qual não se promete nada mais além da aprendizagem das rotinas próprias à função de atendente.

As entrevistas mostram que os estagiários "se frustram" um pouco com esse trabalho mecanicista, mas possuem o compromisso pessoal de, em um futuro próximo, assim que terminarem o estágio, procurarem um "emprego melhor", onde realmente "possam se desenvolver".

Nota-se, com isso, que o desenvolvimento de competências especiais desses atendentes não é importante para que eles "gerem valor" para o cliente, na perspectiva da teoria dos recursos da empresa. Sendo assim, a empresa não investe no seu desenvolvimento, mas também não gera falsas expectativas nesses atendentes, o que faz que ela continue sendo procurada por estagiários de várias faculdades como um trabalho temporário desejável.

No entanto, para os estagiários, há um aspecto com o qual é difícil de lidar: apesar de aparentemente ser um contrato "justo" e "honesto", eles ouvem na mídia especializada, na faculdade etc. que devem se preocupar com o desenvolvimento de suas competências e aprendizado e trabalhar em uma empresa que aplique as políticas descritas na primeira parte deste trabalho, sob pena de estarem "emburrecendo" e perdendo tempo e as chances de maior qualificação no mercado de trabalho. Como vimos, o discurso (mesmo nesse setor) é o de maior aprendizado do que eles têm na empresa em questão. Logo, o "fardo" de terem como modelo um ideal, que constitui um paradoxo com o discurso e a prática da empresa Alpha, passa a "pesar", e sua maneira de solucionar esse paradoxo é o de situá-lo em diferentes esferas – o que é o ideal "lá fora" e o que vivemos "aqui dentro", conviver com "o sofrimento", enquanto "necessitam" e depois buscarem um local mais adequado ao seu desenvolvimento e consequentemente tido como "melhor".

No caso da Beta, a situação é totalmente diferente. A organização é uma importante multinacional que possui um modelo de gestão de pessoas baseado no modelo de competências descrito na revisão teórica deste trabalho, dentro de uma visão estratégica compatível com a teoria dos recursos da empresa. A empresa deixa explícito na contratação dos atendentes que esta é apenas uma "porta de entrada" e que se eles se mostrarem competentes e comprometidos, podem "fazer carreira" na empresa e, aí, ter acesso a treinamentos, planos de desenvolvimento de competências, cursos etc. e, de fato, aprender.

Os atendentes observam vários colegas "subirem" de cargo na empresa a partir da posição de atendente e notam que a empresa "cumpre o prometido". Assim, os atendentes, em sua maioria, possuem uma boa imagem da organização e "se animam" a investir em sua carreira na empresa. Com isso, eles toleram as dificuldades do posto de atendente, mostrando eficiência, a fim de evoluir na carreira. Nesse caso, não há paradoxo.

Nos dois casos, mostrou-se fundamental para a manutenção da boa imagem das empresas perante seus funcionários, mesmo no caso da primeira empresa, da percepção de que os funcionários não foram enganados e que o que lhes foi prometido inicialmente fora cumprido. Mas, no primeiro caso, o fato de existir o paradoxo entre os modelos professados como ideais no meio ambiente de negócios e a prática e o discurso organizacional serem totalmente opostos a essa dimensão, trouxe consequências negativas tanto para os estagiários quanto para a organização envolvida.

A tecnologia, por si só, não promove o aprendizado e a inovação, como afirma Zuboff (1994). Ao lado dela, é necessário um estilo de gestão de pessoas que invista no desenvolvimento de competências e na aprendizagem de circuito duplo, base da inovação.

A Beta procura realizar isso. A Alpha não investe nesse sentido. O problema, no caso do paradoxo vivido na organização Alpha, é que os estagiários "cumprem tabela" e não aprendem ou desenvolvem competências válidas em seu primeiro contato com o mundo do trabalho.

Essas frustrações iniciais com o trabalho podem gerar nos estagiários uma má imagem de si na organização e levá-los a se decepcionar muito cedo com suas possibilidades de aprendizagem.

Além disso, as faculdades de administração devem ficar mais atentas quanto às chances de aprendizado real de seus alunos, supervisionando as empresas nas quais os seus alunos vão atuar para que esses estágios para "cumprir tabela" e "explorar mão de obra barata" não se tornem uma realidade na vida de seus alunos.

Referências bibliográficas

ALBUQUERQUE, L. *O papel estratégico de recursos humanos.* São Paulo, 1987. Tese (de livre docência). Faculdade de Economia, Administração e Contabilidade da Universidade de São Paulo.

ARGYRIS, C. Actions science and organizational learning. *Journal Managerial Psychology*, v. 10, n. 6, p. 20-26, 1995.

______. Double – loop learning, teach and research. *Academy management learning and education*, v. 1, n. 2, p. 206-218, 2002.

______.; SCHÖN, D. *Organizational learning*: a theory of action perspective. Reading, MA: Addison-Wesley, 1978.

BARNEY, J. Firm resources and sustained competitive advantage. *Journal of Management*, v. 17, n. 1, p. 99-120, 1991.

BOXALL, P. Strategic human resource management: beginnings of a new theoretical sophistication? *Human Resource Management Journal*, v. 2, n. 3, p. 60-79, 1992.

CALDAS, M. P.; AZEVEDO, M. C. *O discurso evolucionista e a prática involutiva*: um estudo empírico exploratório sobre o impacto de mudanças tecnológicas sobre o desenho do trabalho em *Call Centers*. São Paulo: Anais da Enanpad, 2003.

CASTELLS, Manuel. *A sociedade em rede*. São Paulo: Paz e Terra, 1999.

DUTRA, J. *Administração de carreiras*: uma proposta para repensar a gestão de pessoas. São Paulo, 1993. Tese (de doutoramento). Faculdade de Economia, Administração e Contabilidade da Universidade de São Paulo.

EINSENHARDT. K. M. Building theories from case study research. *Academy of Management Review*, v. 14, n. 4, p. 532-550, 1989.

FISCHER, A. L. *Um resgate conceitual e histórico dos modelos de gestão de pessoas*. In: Fleury, M. (org.). As pessoas na organização. São Paulo: Editora Gente, 2002.

______. *A constituição do modelo competitivo de gestão de pessoas no Brasil* – Um estudo sobre as empresas consideradas exemplares, São Paulo, 1998. Tese (de doutoramento). Faculdade de Economia, Administração e Contabilidade da Universidade de São Paulo.

FISCHER, A.; ALBUQUERQUE, L. Tendências que Orientam as Decisões dos Formadores de Opinião em Gestão de Pessoas no Brasil. Campinas: *Anais do Enanpad*, 2001.

FLEURY, M. (Org.). *As pessoas na organização*. São Paulo: Gente, 2002.

GOODE, W. J.; HATT, P. K. *Métodos em pesquisa social*. 3. ed. São Paulo: Cia. Editora Nacional, p. 422, 1969.

LEONARD-BARTON, D. Core Capabilities and core rigidities: a paradox in managing now product development. *Strategic Management Journal*, edição especial de verão, v. 13, p. 111--125, 1992.

MARKHIJA, M. V.; GANESH, U. The relationship between control and partner learning in leaning related joint ventures. *Organization Science*, v. 8, n. 5, p. 508-527, set./out. 1997.

MATOZO, L. *Call Center modismo ou realidade?* Rio de Janeiro: Record, 2000.

MOTTA, F. P.; VASCONCELOS, I. F. G. *Teoria geral da administração*. São Paulo: Thomson, 2004.

PENROSE, E. *The theory of the growth of the firm*. Oxford: Blackwell, 1959.

PETTIGREW, A. Is corporate culture manageable? *Annual Strategic Management Society Conference*, Cingapura, out. 1996.

PRAHALAD, C.; HAMEL, G. The core competence of the corporation. *Harvard Business Review*, v. 68, n. 3, p. 79-91, 1990.

SCHEIN, E. *Organizational culture and leadership*. São Francisco: Jossey-Bass, 1995.

SENGE, P. *The fifth discipline*: the art and practice of the learning organization. New York: Doubleday Currency. 1990.

SYKES, V. Validity and reliability in qualitative marketing research: A review of literature. *Journal of the Market Research Society*, v. 32, n. 3, jul. 1990.

TEECE, D. Competition, cooperation and innovation: organizational arrangements for regimes of rapid technological progress. *Journal of Economic Behavior and Organization*, v. 1, p. 1-25, 1992.

______.; PISANO, G.; SHEN, A. Dynamic capabilities and strategic management. *Strategic Management Journal*, v. 18, n. 7, p. 509-533, ago. 1997.

TONELLI, M.; LACOMBE, B. O discurso e a prática: o que nos dizem os especialistas e o que nos mostram as práticas das empresas sobre os modelos de gestão de Recursos Humanos. In: *Encontro anual da Associação Nacional dos Programas de Pós-Graduação em Administração.* Anais, 2000.

VAN DE VEN, SCOTT POOLE, M. *Paradoxical requirements for a theory of organizational change.* In: QUINN, Robert; CAMERON, Kim S. (Orgs.). *Paradox and transformation, toward a theory of change in organization and management.* Ballinger, Cambridge, MA, 1988.

VASCONCELOS, F. C. & VASCONCELOS, I. F. F. G. *Paradoxos organizacionais:* uma visão transformacional, 1. ed. São Paulo: Thomson Pioneira, 2004.

YIN, R. *Estudo de caso*: planejamento e métodos. Porto Alegre: Bookman, 2001.

ZUBOFF, S. Automatizar/informatizar as duas faces da tecnologia inteligente. *Revista de Administração de Empresas*, v. 34, n. 6, p. 80-91, 1994.

Capítulo 3

Comprometimento *versus* mudança: alguns aspectos paradoxais da gestão estratégica de pessoas e da expatriação de executivos

Isabella Francisca Freitas Gouveia de Vasconcelos

Leni Hidalgo Nunes

Introdução

Apresentação da proposta do estudo exploratório

Este trabalho permite uma discussão sobre que tipo de experiência "coloca os atores sociais à prova" para que aprendam a lidar com polos de tensão e dimensões paradoxais. Conviver com paradoxos e encontrar formas de lidar com estes são competências que podem ser adquiridas por meio da experiência e do aprendizado, como propomos neste trabalho.

Discutiremos alguns aspectos teóricos a seguir, apresentando o estudo, e, depois, forneceremos a revisão teórica, a metodologia e o estudo exploratório, além das conclusões.

Tratando-se de gestão estratégica de recursos humanos ou "gestão por competências", existe uma corrente que defende o seguinte raciocínio, baseado na teoria dos recursos da firma *(resource based view)* e na teoria das capacidades dinâmicas (*dynamic capabilities*):

a. a firma conseguirá vantagem competitiva enquanto os seus recursos forem valiosos, raros e difíceis de imitar (modelo VRIO – *Value, Rarety, Imitability, Organization*);

b. aos recursos da firma correspondem certas capacidades financeiras, organizacionais, mercadológicas etc. que garantem à companhia vantagem competitiva;
c. cada firma empresa possui um conjunto de competências essenciais (*core competences*) em torno das quais se organiza;
d. as competências essenciais responsáveis pelo sucesso da firma empresa hoje não serão as mesmas do futuro;
e. para que uma firma empresa desenvolva uma vantagem competitiva sustentável, precisará criar e produzir continuamente novos produtos ou reconfigurar os seus recursos existentes, de forma que estes permaneçam valiosos, raros e difíceis de imitar;
f. para inovar continuamente, a firma necessitará de um grupo organizacional que saiba atualizar continuamente as suas competências e que seja capaz de aprendizado de circuito duplo (*double looping learning*), como mostramos no Capítulo 2. A firma, para inovar, deve se organizar de acordo com os princípios das organizações em aprendizagem (*learning organizations*), desdramatizando a mudança, que é parte natural do processo de inovação;
g. a gestão estratégica de recursos humanos deve, pois, treinar e desenvolver os indivíduos para que possam desenvolver as suas competências, evoluindo em conjunto com a firma empresa;
h. competências, em uma de suas definições, podem ser vistas como um conjunto de conhecimentos (conjunto de conteúdos técnicos), habilidades (*know-how* ou capacidade de gerar bons resultados operacionais) e atitudes (propensão psicológica a agir de certa forma – no caso, aprender a adquirir conhecimento, aceitar se reciclar, trocar informações, trabalhar em equipe).

De acordo com essa argumentação, a empresa que recrutar indivíduos com um bom conjunto de conhecimentos, habilidades e com uma atitude favorável à mudança, ao trabalho em equipe e que estejam dispostos a aprender a aprender terá mais facilidade em inovar continuamente e em desenvolver vantagem competitiva sustentável.

Esse conjunto de argumentos está bem definido teoricamente em diversos trabalhos que consultamos. No entanto, existem diversas críticas a esse modelo, feitas por diversos autores:

a. O conjunto de argumentos que embasa as organizações em aprendizagem (*learning organizations*) e a gestão estratégica de pessoas é um conjunto de argumentos que não considera suficientemente as questões de poder envolvidas nos processos de mudança organizacional e inovação, ou seja, o discurso sobre organizações em aprendizagem (*Learning Organizations*) é um discurso utópico, sem a variável poder (*powerless discourse*). Assim, a capacidade de ação estratégica, ou seja, a capacidade dos indivíduos em refazerem as suas alianças estratégicas, inserindo-se em novos jogos de poder e políticas que acompanham a mudança organizacional e a inovação, é uma variável que deve ser mais considerada nesta análise.
b. As questões paradoxais em gestão de pessoas não costumam ser suficientemente consideradas. Entre elas, a questão do "comprometimento – estabilidade" *versus* "volatilidade-mudança". Assim, coloca-se a questão: "o discurso da inovação contínua não traz um paradoxo?". Como conciliar as mudanças contínuas e a história da organização; as dimensões comprometimento com os valores tradicionais e essenciais da empresa; e a perenidade e a mudança constante, quando se tem a sensação de que "tudo o que é sólido se desmancha no ar"?

A resposta da maioria das teorias consultadas tem sido: cabem à liderança e aos dirigentes saber gerir a mudança, reinterpretando o passado e reconstruindo o sentido, preservando os valores de base da organização, mas sabendo inserir o novo na história. Dessa maneira, é possível fazer uma síntese das dimensões da mudança e da estabilidade. Cabe à liderança também ler contextos e desenvolver competências onde lidem com jogos de poder e conflitos.

As teorias tratam da formação de facilitadores da mudança em agentes de transformação. Como formar esses agentes de mudança? A expatriação de executivos tem sido uma ferramenta utilizada para treinar executivos, e, quando eles voltam, utilizá-los como agentes de mudança.

Nesse sentido, a expatriação pode ser vista como uma forma de treinamento na qual o indivíduo é testado em sua capacidade de ação estratégica, pois deixa o seu país de origem e deve se inserir na organização de destino, estabelecendo novas alianças estratégicas, formas relacionais e desenvolvendo a contento a sua missão. O expatriado deve, em sua vida e carreira profissional, lidar com as dimensões construção e desconstrução do sentido; estabilidade e mudança, entre outras. Em nosso estudo exploratório investigamos a ideia de que se o expatriado tem sucesso em seu processo de expatriação, na sua volta, estará pronto a gerir processos de mudança organizacional e lidar com as dimensões paradoxais destes. É esta a proposta que embasa este trabalho.

Apresentaremos a seguir três etapas:

a. apresentação da teoria dada anteriormente resumida de forma mais aprofundada;
b. apresentação de nosso estudo exploratório com expatriados;
c. conclusão.

3.1 Revisão de literatura

3.1.1 A teoria dos recursos da firma (*Resource Based View*)

A teoria dos recursos da firma (*Resource Based View* – RBV) é baseada no entendimento de que a fonte de vantagem competitiva está fundamentada nos recursos (físicos, financeiros e também intangíveis e invisíveis) e nas competências desenvolvidos pela firma empresa, na qual os fatores de mercado têm peso apenas secundário (Barney, 1991).

Analisando essa tendência, Teece (2000) pontua que, para a RBV, o que uma firma pode fazer não é apenas função das oportunidades que ela encontra, mas depende também, e prioritariamente, do que ela pode controlar e desenvolver internamente.

Penrose (1959) argumenta que as organizações devem ser entendidas como estruturas administrativas, que unem e coordenam ações individuais e grupais e como uma coleção de recursos produtivos, que podem ser divididos em físicos e humanos.

Considerando-se as organizações contemporâneas como um aglomerado de recursos, a RBV abarca essa concepção de organização proposta por Penrose (1959), uma das primeiras a defender a firma como um conjunto de recursos, e não como uma função abstrata e transformação de insumos em produtos.

Seguindo nessa linha, Barney (1991) frisa que a vantagem competitiva de uma organização no presente pode deixar de sê-la no futuro, caso outros consigam copiá-la, a não ser que a organização desenvolva uma vantagem competitiva sustentável, a partir de características difíceis de serem praticadas pelos competidores. E para conquistar uma vantagem competitiva sustentável, Barney (1991) argumenta que há quatro categorias de recursos fundamentais: capitais financeiro, físico, humano e organizacional. Esses recursos devem seguir alguns critério, como vimos nos Capítulos 2 e 3:

- critério do valor – os gestores deveriam verificar se os recursos da organização adicionam valor pela sua capacidade de explorar oportunidades e neutralizar ameaças;
- critério da raridade – é relevante o fato das outras empresas possuírem ou não o recurso valioso;
- critério da "imitabilidade";
- e organização – um ponto importante é avaliar se a empresa está organizada para explorar, em sua totalidade, o potencial competitivo de seus recursos ou não.

Barney (1991) mostra que a cultura e a estrutura organizacionais e a política de gestão de pessoas podem ser recursos diferenciais da firma empresa, que obedeçam aos critérios expostos anteriormente, e que sejam responsáveis pelo desenvolvimento de vantagem competitiva. O autor menciona o caso da Southwest, companhia de transportes aéreos norte-americana que, no decorrer de sua história, em seu processo de adaptação ao ambiente e integração interna, desenvolveu uma cultura organizacional forte, voltada para o trabalho em equipe, bem como formas de gestão de pessoas únicas, que privilegiavam a estabilidade no trabalho e o conceito de comunidade organizacional. Dadas as pressões de sua história e ao seu processo adaptativo, a Southwest desenvolveu características singulares e fez da sua política de gestão de pessoas um diferencial difícil de ser imitado. O mesmo ocorreu em dado momento com a 3M, que desenvolveu uma estrutura diferenciada de gestão de pessoas e políticas favoráveis à inovação únicas, obtendo assim vantagem competitiva temporária. Desse modo, formas de gestão de pessoas são, segundo os autores da RBV, capacidades organizacionais fundamentais que, ao serem diferenciais raros, que agregam valor, difíceis de imitar, permitem às empresas o desenvolvimento de vantagem competitiva ao menos temporária.

O trabalho desenvolvido pelos teóricos do *Resource Based View* relaciona-se com o desenvolvido por Prahalad e Hammel (1990) na medida em que esses últimos defendem que a competitividade da organização deve pautar-se no desenvolvimento de competências essenciais (*core competences*) as quais devem seguir os critérios de difícil "imitabilidade", oferecer reais benefícios aos clientes e prover acesso a diferentes mercados, estimulando um ambiente de aprendizado rápido que deve ser colocado em prática antes que os concorrentes o façam.

Como argumenta Teece (2000), no entanto, para ter vantagem competitiva sustentável, não basta desenvolver uma política de gestão de pessoas que obedeça às características do modelo VRIO por um período apenas. As políticas organizacionais de gestão de recursos humanos e as competências do grupo organizacional devem ser continuamente aprimoradas para o desenvolvimento dessa vantagem. Essa percepção levou ao desenvolvimento de uma nova abordagem no tratamento da vantagem competitiva, ou seja, a teoria das capacidades dinâmicas.

3.1.2 A teoria das capacidades dinâmicas

Como vimos nos Capítulos 2 e 3, retomamos aqui a ideia de que a *Resource Based View* evoluiu para um conceito que envolve "capacidades dinâmicas". Segundo Teece (2000), a teoria das "capacidades dinâmicas" apresenta-se como uma resposta à questão da competitividade em ambientes de alta complexidade e mudança, na qual o diferencial da firma é a sua capacidade de acumular e combinar novos recursos em novas configurações, mais do que o seu estoque de recursos atuais. Essa capacidade depende da habilidade de aprendizagem da organização.

Pelo conceito de capacidade dinâmica é possível entender que não basta às organizações disporem de um acúmulo de recursos raros, difíceis de imitar e assim obterem vantagem competitiva temporária. É necessário que estas possuam uma capacidade de resposta no tempo adequado, que gere inovações rápidas, associadas à aptidão gerencial de coordenar e realocar, de forma efetiva, as competências internas e externas da empresa.

3.2 A teoria das capacidades dinâmicas e o processo de aprendizagem

3.2.1 Aprendizagem coletiva

Nesse mesmo sentido, Crozier (1994) fala de uma nova lógica que domina as organizações, na qual a capacidade de inovar e de se transformar torna-se mais decisiva que a capacidade de racionalizar que dominava os modelos anteriores. A lógica "consumo de massa-produção" perde seu domínio para a lógica "alta tecnologia-serviços", em que a qualidade do serviço é que fará a diferença. Essa qualidade não depende apenas de inovações tecnológicas, mas primordialmente da capacidade de mobilização dos diversos parceiros da organização.

Crozier e Friedberg (1981) fundamentam suas ideias no que chamam de um "novo" conceito de ação coletiva, segundo o qual a habilidade de mudança – que está no cerne do processo de aprendizagem – se dá em função da capacidade de as pessoas cooperarem de forma eficaz e de gerarem transformação. Segundo Crozier e Friedberg (1981), a mudança nas organizações é uma questão sociológica, pois são as pessoas que mudam, mas não passivamente e sim dentro da coletividade e enquanto coletividade, e não individualmente. Para Crozier (1994), a criação do futuro do desenvolvimento das organizações é antes de tudo baseado na transformação das pessoas que a compõem, o que se dá a partir do aprendizado dessas pessoas. Ele entende essa aprendizagem não só como um processo que se dá pelos métodos formais, mas também como um processo de ensaio e erro.

Crozier (1994) entende que a aprendizagem implica em uma mudança não só nas regras do jogo, mas na própria natureza do jogo dentro do tecido social que configura as organizações. Esse tecido social é composto por relações, interações e trocas organizadas, no qual a aprendizagem se dá de forma coletiva e se efetua no cotidiano das relações.

No entanto, Crozier e Friedberg (1981) reconhecem que a mudança – base da inovação – não é um processo natural. Na verdade, ela se constitui um problema para as organizações, exatamente por seu caráter coletivo. Para esse autor, a aprendizagem só pode ser compreendida como um processo de criação coletiva, por meio do qual os membros de dada coletividade – por ensaio e erro – inventam e fixam novas formas de jogar o jogo social da cooperação e do conflito. Trata-se, pois, de um processo de aprendizagem que não pode ser individual, e é este o ponto que leva à sua dificuldade. Cada um dos participantes desse "jogo" pode aprender rapidamente as novas formas que ele adquire, mas o dificultador é a aprendizagem de grande parte dos atores organizacionais, esta sim fundamental para processo de inovação de que depende a evolução das organizações preconizada pela teoria das capacidades dinâmicas. Essa aprendizagem de todos os atores implica na aquisição de novos modelos relacionais.

3.2.2 Aprendizagem e inovação

Reinventar as regras do jogo coletivo como base da aprendizagem organizacional vai além da simples mudança de comportamentos. Implica um questionamento muito profundo dos padrões cognitivos e técnicos vigentes, uma análise crítica de procedimentos organizacionais que permite a criação de um novo conjunto de referências.

Podemos associar essa capacidade de aprendizagem àquela definida por Argyris (1997) como a aprendizagem de circuito duplo (*double loop learning*).

Para Argyris (1977), a aprendizagem se dá quando erros são detectados e corrigidos, ou quando ocorre a coincidência entre a intenção das ações e suas consequências. Há, para autor, duas formas de correção de erros: uma baseada na simples mudança de comportamentos (*single looping learning*) e outra baseada na mudança do que ele chama de "programa mestre" que os indivíduos usam para produzir suas *ações (double looping learning*) ou *aprendizagem em circuito duplo.* Esses "programas mestres", segundo Argyris (1977), podem ser entendidos como teorias de ações concretas que informam aos atores sociais sobre as estratégias que devem usar para alcançar suas intenções.

Argyris (1977) pontua que as teorias de ação concreta são conduzidas por um conjunto de valores que delineia o arcabouço das ações. Ele identifica duas dessas teorias: aquela que o indivíduo assume, suas crenças, valores e atitudes, e aquela que o indivíduo realmente emprega – a teoria em uso. O processo de aprendizagem em circuito duplo está associado à mudança nesses padrões, crenças e pressupostos, e não apenas nos comportamentos.

Do ponto de vista do indivíduo, esse processo de mudança é mais facilmente obtido, como ressaltam Motta e Vasconcelos (2002), quando envolve valores e padrões desenvolvidos a partir da socialização secundária, aquela desenvolvida a partir das relações do indivíduo com a sociedade, e com os quais as pessoas possuem um grau de identificação menor do que com aqueles desenvolvidos a partir da socialização primária (que ocorre na primeira infância) e que preestruturam a percepção e integram a personalidade de cada um.

Do ponto de vista das organizações, a aprendizagem de circuito duplo envolve o acesso às informações que permitem comparar o que existe no mercado, a competitividade, os modelos de negócio dos concorrentes e a estrutura organizacional vigente, para em seguida questionar essa estrutura e propor ações corretivas, de modo a inserir mudanças na estrutura antiga, se for o caso, aprimorando competências, desenvolvendo um novo modelo de negócios. Isso significa, segundo Argyris (1997), corrigir erros primeiro mudando os valores subjacentes e só então as ações, o que demanda uma ruptura. No entanto, no seio das organizações, o processo de aprendizagem em circuito duplo demanda uma mudança que desestrutura determinado sistema de ação concreta para reconstruir outro; daí a ruptura.

De acordo com Argyris (1977), o processo de aprendizagem não acontece quando os indivíduos aceitam os jogos vigentes e omitem os erros organizacionais, o que para ele é o mais comum nas instituições. Portanto, Argyris (1977) comunga da visão de Crozier e Friedberg (1981) sobre a dificuldade inerente aos processos de mudança. Confrontar padrões de forma mais profunda pode levar a conflitos, que normalmente são evitados pelos próprios jogos organizacionais. Argyris (1977) comenta até a existência de certos jogos que se prestam exatamente ao papel de ocultar outros, dificultando assim os questionamentos mais profundos que levariam ao processo de aprendizagem em circuito duplo.

Em resumo, fazendo uma relação entre as posições de Argyris (1977) e Crozier e Friedberg (1981), chegamos à seguinte conclusão: os indivíduos vivem nas organizações em sistemas de ação concreta onde estão configuradas certas técnicas e tecnologias (vistas como as melhores no sistema) e certas formas de gerência, práticas sociais próprias à gestão de pessoas (formas de trabalho, comportamento, alianças estratégicas etc.). Assim, em uma organização, podem predominar formas de trabalho individualistas, nas quais os indivíduos tenham muito apego à regra e às normas e trabalhem em torno de uma tecnologia específica.

Quando mudam as tecnologias (quando ocorre a inovação de produtos e serviços) muitas vezes mudam também as formas de gestão da organização. O que era visto como positivo anteriormente passa a ser visto como inadequado, obsoleto etc. A organização pode implantar novos softwares, formas de serviço, e, para tanto, adotar novas formas de gestão e exigir dos indivíduos novas formas de comportamento (trabalho em equipe, autonomia etc.). Esses, habituados aos padrões de comportamento anteriores que "davam certo", poderão ter, muitas vezes, dificuldades de se adaptar às novas formas de relacionamento e adotar os novos comportamentos exigidos pelo novo sistema organizacional (ou seja "sistema de ação concreta").

Portanto, como dizem Crozier e Friedberg (1981), tratando-se de inovação, a aprendizagem não é só técnica, como é também relacional – aprendizagem de novas formas de interação social, adoção de novas formas de comportamento e novas alianças estratégicas. Um indivíduo, que antes trabalhava bem de maneira isolada, pode ter dificuldades em se adaptar a um novo modo de trabalho em equipe. A constituição de um novo sistema de ação concreta acompanha o processo de inovação.

Se a mudança é difícil, pois implica ruptura, a construção de um novo sistema organizacional, dizem esses autores, só se faz a partir das competências e das práticas anteriores, pois mesmo que a mudança envolva, por exemplo, despedida em massa de funcionários, muitos dos atores sociais deverão permanecer, e estes deverão reciclar seus conhecimentos e desenvolver novas competências, para continuarem no novo sistema. Aqui entra o papel da gestão estratégica de pessoas, ou gestão de competências, no sentido de prover treinamentos e desenvolvimento de competências estratégicas adaptado às *core competences* e aos interesses estratégicos gerais da firma.

Há dificuldades, no entanto, no aprendizado de novas competências. Segundo Crozier e Friedberg, os atores sociais que detém o conhecimento de certa técnica fundamental para a organização, por meio da qual esta ganha dinheiro, detém o controle do que se costuma chamar "zona de incerteza pertinente". Assim, uma *expertise* ou conhecimento técnico difícil de ser adquirido e que garanta o sucesso financeiro da organização proporciona aos atores sociais, que detêm esse conhecimento, mais poder e prestígio no sistema organizacional, enquanto esse conhecimento for fonte de ganho financeiro para a firma. Quando se inovam produtos e serviços, mudam-se as competências essenciais da companhia e, consequentemente, as zonas de incerteza pertinente (as competências fundamentais que fazem diferença para a organização). Na maioria das vezes, os antigos grupos organizacionais, detentores das antigas competências, que exerciam o controle a partir destas antigas zonas de incerteza pertinente, perdem poder, e novos grupos organizacionais, detentores do novo conhecimento útil para a organização, ganham poder, pois passam a controlar as novas zonas de incerteza pertinente. Fenômenos de resistência à mudança são, portanto, normais, pois os atores sociais perderão poder e prestígio devido à inovação. Novas articulações políticas e alianças estratégicas deverão ser feitas em torno das novas competências válidas para o sistema.

Os atores sociais detentores dos antigos conhecimentos válidos no sistema anterior poderão adquirir novos conhecimentos válidos no novo sistema organizacional e se articularem em torno das novas competências técnicas válidas no novo sistema, passando também a controlar as novas zonas de incerteza pertinentes, como faziam no passado. Isso, porém, exige esforço para adquirir as novas habilidades, bem como articulação política e negociação com os novos grupos emergentes no sistema. Cabe à gestão estratégica de pessoas promover os arranjos organizacionais necessários à transformação do sistema, atuando como facilitadora desses processos e extinguindo focos de resistência à mudança.

Essas zonas de incerteza são as que os indivíduos procuram dominar na busca de suas estratégias, e podem estar relacionadas ao domínio exclusivo de diferentes tipos de recursos, como pontuam Crozier e Friedberg (1981):

- ao domínio de competências específicas;
- ao domínio de relações com parceiros sociais críticos;
- ao domínio das informações e dos processos de comunicação;
- ao domínio das regras organizacionais fundamentais.

Dominar uma zona de incerteza, seja ela de qual natureza for, é fundamental no jogo de poder das organizações. Logo, podemos depreender que é da natureza dos atores organizacionais buscarem a perpetuação de suas zonas de incerteza como forma de dominar os jogos a seu favor. Essa conclusão reforça a dificuldade de mudança que vimos anteriormente, e pode limitar a capacidade de aprendizagem e inovação. Como colocam Crozier e Friedberg (1981), a dificuldade da mudança está intimamente relacionada ao fato de os atores sociais serem "prisioneiros" dos sistemas de ação que dominam e que lhes garantem o controle sobre determinadas zonas de incerteza.

3.2.3 A aprendizagem de novas competências

Há diferentes abordagens para o conceito de competências e para o processo que gera seu aprendizado. Como descreve Dutra et al. (2000), há uma linha de definição norte-americana, que entende competência como um conjunto de qualificações, entendidas como conhecimentos, habilidade e atitudes, que permitem ao indivíduo atingir um desempenho superior. De acordo com essa linha de pensamento norte-americana, as competências podem ser previstas ou estruturadas de forma a permitir um padrão de avaliação, e são desenvolvidas fundamentalmente por processos de treinamento que é aqui entendido como a forma de aquisição de padrões superiores de desempenho, que, de acordo com Moura e Bitencourt (2006), ocorre por intersecção de três elementos:

- saber: incorporar conhecimentos;
- saber fazer: adquirir habilidades;
- saber agir: desenvolver atitudes.

Em contraposição a essa visão norte-americana, surgem autores europeus como LeBortef (1997) e Zarifian (2001), que entendem que a competência é, na verdade, a expressão prática de um conjunto de conhecimentos, habilidades e atitudes. É capacidade do indivíduo mobilizar seus recursos para dar uma resposta prática às situações com as quais se depara.

Zarifan (2001) deixa claro que a competência é uma "inteligência prática", apoia-se nos conhecimentos previamente adquiridos e os transforma em função das demandas de maior complexidade com que a pessoa se depara em novas situações. Assim, o conjunto de conhecimentos, habilidades e atitudes preexistente, formado a partir de experiências anteriores, constituem a base para que o indivíduo busque novas respostas quando se depara com situações imprevistas. Fortalecendo essa linha de raciocínio, LeBortef atesta que competência é a capacidade de colocar em prática aquilo que se sabe, em uma circunstância nova. Concluindo o raciocínio dos autores europeus, só faz sentido falar-se em *competência em ação*, vinculada ao *saber ser* e ao *saber mobilizar* conhecimentos em diferentes contextos (Dutra, 2000).

O aprendizado de novas competências, fundamental no contexto das capacidades dinâmicas para a construção de vantagem competitiva sustentável pela firma empresa, implica, pois, aplicar conhecimentos, habilidades e atitudes em um novo contexto, diferente dos contextos de domínio anterior, com maior complexidade e menor previsibilidade. Esta é a base para o desenvolvimento da habilidade de ação estratégica preconizada por Crozier e Friedberg (1981). Dessa forma, em resumo, a companhia, para inovar e desenvolver vantagem competitiva sustentável, necessita de indivíduos que, além da capacidade de desenvolver novos conhecimentos técnicos e habilidades distintas, sejam capazes de desenvolver novas alianças estratégicas e diferentes e inovadoras formas relacionais em torno das novas zonas de incerteza pertinente, surgidas ao redor das novas competências fundamentais para o sucesso da organização, oriundas do processo de inovação. A expatriação de executivos pela firma pode ser uma forma de desenvolver a capacidade de ação estratégica de futuros gerentes/líderes de processos de inovação e mudança.

3.3 Objetivo do estudo exploratório

O objetivo deste estudo exploratório foi o de saber, se na opinião dos entrevistados que viveram processos de expatriação de ao menos dois anos de forma bem-sucedida, atingindo as metas requeridas pela sua empresa, se, no fim de sua experiência, eles consideravam que tinham aprendido a lidar em maior profundidade com as dimensões paradoxais estabilidade/mudança, tanto em suas vidas pessoais como profissionais, estando assim mais preparados para gerir processos de mudança organizacional em suas empresas, servindo como agentes e facilitadores da mudança.

3.4 Procedimento metodológico: a técnica etnográfica e a narrativa

Entrevistamos oito executivos, quatro franceses, expatriados no Brasil, e quatro brasileiros expatriados na França, de uma multinacional francesa, em um estudo exploratório a fim de verificar a relevância dessas ideias na experiência desse grupo para posterior aprofundamento em estudos mais sistematizados. Compreendemos, pois, a limitação do método no que se refere a possíveis generalizações de nossas descobertas, que não podem ser generalizadas, sendo as conclusões válidas apenas para o grupo em questão.

A etnometodologia, que trabalha com o conceito de interação social (identificado nos estudos de Berger e Luckmann, 2003), é um método apropriado para estudos de comparação entre diferentes culturas, como defendem Alvesson e Sköldberg (2000).

De acordo com Berger (2000), o estudo das organizações permite observar os conflitos entre diferentes visões de mundo e interesses. Para ele, o pesquisador não deve apenas investigar quais são os mundos sociais que estão representados na organização, mas também quais são as esferas pertencentes a cada um desses mundos sociais. A compreensão da evolução, da mudança e do funcionamento de uma organização exige um exame das relações. Berger (2000) entende que certas empresas devem ser vistas como "arenas" onde os membros dos diferentes mundos sociais têm interesses diversos, buscam objetivos específicos e lutam, propondo ou desfazendo alianças políticas, a fim de atingir esses objetivos.

Uma teoria das organizações que ignore essas preocupações pode nos conduzir, de acordo com esse autor, a conclusões equivocadas.

O pesquisador, baseando-se no interacionismo simbólico e na etnometodologia, deve desvendar as diversas formas de identidade social encontradas na organização e o seu inter-relacionamento na arena política organizacional, deve estudar o sistema político, as negociações e estratégias de cada grupo e os processos de transmissão de dado universo simbólico.

Ele começa sua investigação de campo com um tema e algumas premissas e ideias, mas não com hipóteses fechadas. A construção da teoria e a confirmação ou não das hipóteses se faz progressivamente, à medida que ele vai observando novos fatos e criando o seu diário de pesquisa (Garfinkel, 1967).

Czarniawska (1997), por sua vez, ressalta a importância da etnometodologia, mas entende que ela tenha dificuldade em explicar as conexões entre as diversas regras de responsabilidade (*accountability*) inseridas na ação a humana. Para ela, a maneira de compreender a ação humana é colocando-a na narrativa da história do indivíduo que, por sua vez, deve estar inserida na narrativa da história de seu contexto social, o que leva a conexões que segundo ela, não são totalmente tratadas na etnometodologia. Utilizamos, pois, as duas (etnometodologia e narrativa) como complementares nesse estudo.

Realizamos oito entrevistas semiestruturadas, no período de novembro de 2004 a fevereiro de 2005, nas quais deixamos os entrevistados discorrerem livremente sobre suas experiências ("suas histórias"), buscando compreender os conflitos e fases pelas quais eles e suas famílias passaram na adaptação à cultura estrangeira e o que dificultou ou facilitou o processo de expatriação.

Entrevistamos pessoas da mesma empresa (aqui denominada empresa X) que tiveram um período de expatriação superior a dois anos, todas com a mesma formação básica (nível superior) e que exerciam, no momento da expatriação, uma posição equivalente, no mínimo, ao primeiro patamar da hierarquia de nível superior da companhia.

A empresa X é francesa, do ramo químico, de origem estatal, hoje privatizada, tem mais de cem anos de existência em seu país de origem e mais de 80 anos no Brasil. Ao longo de sua história, sempre investiu em processos de expatriação, como forma de promover a troca de conhecimento, o desenvolvimento de seus talentos internos e o alinhamento de padrões de gestão.

A distribuição das oito entrevistas foi a seguinte:

- quatro entrevistas com franceses que foram ou estão expatriados no Brasil (identificados como: EO1, EO2, EO3 e EO4);
- quatro com brasileiros que foram expatriados na França (identificados como EO5, EO6, EO7 e EO8), entendendo-se que estes representam o que denominamos, em nossas hipóteses, os que fizeram o movimento da periferia do poder (subsidiária brasileira) para ao centro do poder (matriz francesa).

3.5 Análise das entrevistas: franceses expatriados no Brasil

Os franceses que vieram ao Brasil tinham uma missão clara: eram os representantes da empresa para, de alguma forma, "transformar" a subsidiária brasileira e introduzir novas metodologias de trabalho. Em outras palavras, eram representantes do poder da matriz para executar as modificações necessárias na filial brasileira. Tiveram todos uma preparação para essa missão.

É unânime a afirmação dos entrevistados de que, como vieram intervir na subsidiária brasileira, sendo representantes do poder constituído pela matriz, no que se refere aos aspectos pessoal e relacional não tiveram nenhum problema de adaptação, pois todos os receberam muito bem. Um entrevistado francês imputa o fato de ter sido tão bem recebido e acolhido pelos brasileiros ao fato de ele ser "chefe" e representante do poder; logo, estar bem com ele era "estar bem com a chefia", e, assim, "interessava às pessoas serem simpáticas". Todos os quatro entrevistados vieram em posições de chefia e por essa razão, os outros três não consideraram que haviam sido bem recebidos devido ao cargo, mas sim porque "os brasileiros são simpáticos e cordiais por natureza".

De qualquer forma, para os franceses, houve uma questão unânime: em suas vidas pessoais, o choque das dimensões estabilidade *versus* mudança não foi tão grande. Porém, na vida profissional sim, pois vieram como representantes do poder para interferir nas instituições. A seguir, alguns extratos de entrevistas:

EO1:

Sobre a missão de intervir na subsidiária:

[ao ser convidado para vir ao Brasil por um dos responsáveis na matriz na França] "procuramos alguém para ir ao Brasil e ser o responsável pela área química, e pensei em você";

Quando cheguei ao país era o fim de uma era de liderança, conduzida por alguém muito forte, e o Brasil era isolado do resto da empresa, uma organização totalmente fechada, que não permitia aos franceses saber o que se passava aqui. Minha missão era 'abrir' a organização do Brasil, e fazê-la se inserir no contexto do grupo. Tratava-se de uma missão para gerir a mudança.

EO3:

Sobre sua missão de intervir na subsidiária:

Eu tinha um cargo de gerente geral da Divisão Têxtil (na França, em Lyon, eu era responsável da produção = fui para uma posição superior). Cheguei no Brasil para substituir o Sr. A , que futuramente veio a ser presidente da empresa no Brasil;

No meu caso, procuravam alguém de experiência para melhorar o nível geral de método de trabalho [no Brasil], tanto na pesquisa como nas usinas (= fábricas);

Na verdade, posso dizer que a nossa adaptação foi muito boa, e acho que um ponto importante foi [a] preparação na França [...].

Sobre sua missão de transferir metodologias de trabalho:

Especificamente foi para transferir alguns métodos de trabalho.

EO4:

Sobe a missão de intervir na subsidiária:

[ao receber o convite, disseram-me] "precisamos de [...] de você, para que vá ao Brasil, cuidar da América Latina a partir do Brasil". A missão, além de cuidar do negócio, era resistir à pressão da Empresa X no

Brasil, sem ser "comido" pelo presidente da Empresa X no Brasil (Sr. A, na época uma figura muito forte). Observação: O mesmo Sr. A, já mencionado por EO3.

Os expatriados franceses no Brasil avaliaram sua adaptação ao país como fácil e rápida, atribuindo essa facilidade ao fato de representarem o "poder" da matriz e falarem em nome dela. No caso dos franceses que foram expatriados aqui, eles vieram ser agentes de mudança, representando a matriz, e tinham a missão de mudar a subsidiária local. Todos se sentiram muito bem acolhidos, logo, não foi a expatriação que lhes permitiu lidar com a sua capacidade de ação estratégica e trabalhar melhor as dimensões paradoxais estabilidade *versus* mudança. Eles já vieram ao Brasil em uma fase mais madura da carreira, sendo representantes do poder da matriz, para serem agentes de mudança aqui. Logo, já tinham de ter desenvolvido essas competências e aprendido a lidar com as dimensões "estabilidade e mudança" antes, em suas experiências pessoais e profissionais, para terem sucesso em suas missões aqui.

É necessário, pois, distinguir os tipos de expatriação quanto se tem esse objeto como estudo na gestão estratégica de pessoas. A expatriação da matriz para o centro de poder é diferente da expatriação da periferia do poder para a matriz, como foi o caso dos brasileiros para a França.

3.7 Análise das entrevistas: brasileiros expatriados na França

A situação foi diferente no que tange os brasileiros expatriados na França. Estes não tiveram o mesmo preparo, não chegaram com uma missão definida, não encontraram receptividade por parte dos franceses e, para se estabelecerem, tiveram de tomar atitudes mais firmes com os nativos (com veremos em EO5) ou se inserir nos padrões locais, como podemos constatar nos seguintes trechos.

EO5:

Eles estavam me acolhendo porque a empresa no Brasil havia decidido formar brasileiros. Então, eu estava em formação. Para mim, eu não era alguém em formação, era alguém que estava lá para trabalhar. Então, houve um conflito enorme na minha chegada, enorme.

Na época um dos diretores (brasileiros) que estava na França me chamou para conversar, expliquei o contexto para ele que, então, passou a entender a dificuldade pela qual eu estava passando e as coisas começaram a mudar. A partir daí, comecei a ter uma função, passei a ter um trabalho decente, uma missão.

EO6:

[...] eu conseguia fazer o meu trabalho apesar de algumas pessoas... que deveriam estar me ajudando e, ao contrário, me atrapalhavam.

Pelo fato de o ambiente de *corporate* ser um ambiente político, ninguém que estava lá se sentia seguro, muito poucos estavam satisfeitos e se tratava de um ambiente muito instável. As pessoas viam todo mundo como uma ameaça.

[como lidava com o pessoal] Tinha de lutar, tinha de ser individual, porque cada um reagia de uma maneira. Para cada pessoa eu tinha uma estratégia de aproximação. Principalmente pelo fato de ser brasileiro, eu tinha que provar para mim mesmo o meu valor, para que, inclusive, passassem a reconhecê-lo.

EO7:

Do aspecto cidade/país, minha adaptação foi muito fácil [...] Do ponto de vista trabalho, já não foi a mesma coisa...

EO8:

Aí [após um estágio de alguns meses] comecei a trabalhar na sede, e iniciei uma fase durante a qual tive um choque de cultura, de estilo.

[para me adaptar] Procurei uma estratégia, se é que se pode dizer isso, tentei tecer alguns relacionamentos com os jovens, as pessoas de minha idade, mais ou menos no mesmo ponto de carreira, jovens talentos franceses. Ficamos amigos mesmo. Fui aprendendo como funcionava o *siège*, [...]

Quando viram [na França] que eu tomei a iniciativa própria de fazer o Insead, por minha conta, aí mudou [a receptividade, para melhor]. Pois, na França, as grandes *écoles* são importantes [...]

Eu não fiquei pedindo muito uma posição para trabalhar, fui lá e aceitei o que me ofereceram.

Os brasileiros eram considerados indivíduos ainda em formação, que tinham de provar o seu valor e capacidade, pois "vinham do Terceiro Mundo". A maioria sentia que deveria trabalhar mais e se esforçar mais para provar que "apesar disso" eram bons profissionais e conseguir serem aceitos do ponto de vista relacional e profissional. Um deles chegou a cursar uma escola internacional, muito bem renomada, mesmo que já tivesse um diploma na área, para "mostrar aos franceses que era tão capaz quanto eles e poderia ter acesso ao mesmo diploma" e, logo, ser mais aceito. A maioria dos expatriados provenientes da periferia – centro do poder (subsidiária-matriz), mostrou que tivera de lidar com as dimensões "desconstrução do sentido" – "reconstrução"; "mudança – construção de estabilidade em outro patamar" – mudança (na volta) – reconstrução de estabilidade em novo patamar, readaptação.

A maioria dos entrevistados considera que este foi um excelente treinamento, tanto pessoal quanto profissionalmente, para saber gerir e entender essas questões, e que, por ter conseguido, se encontra mais apta em sua volta para liderar com processos de mudança organizacional e ser agentes de mudança ou facilitadores, na ótica da organização.

Todos consideram que essas questões são profundas e "sérias" e que o "discurso fácil da mudança" não tem sentido; que "trocar" valores, crenças, padrões não é algo tão simples, que essa mudança consiste em processos cognitivos profundos e que os discursos "descartáveis" de consultores da área que "vendem milagres" devem ser desconsiderados e que as empresas devem buscar soluções mais consistentes. Mudar não é fácil, mas é possível. Conduzir processos de mudança organizacional, em sua visão, é possível, mas não da maneira milagrosa que muitos prometem.

Nesse sentido, nosso estudo exploratório permite levantar as seguintes hipóteses para teste futuro:

a. expatriação da matriz para a filial não cria competências próprias a facilitadores de processos de mudança. Trata-se de um processo de expatriação que normalmente já pressupõe que os expatriados sejam treinados nesse sentido, porque normalmente eles vêm implementar processos de transformação na subsidiária;
b. a expatriação da filial para a matriz normalmente é destinada a criar competências nos expatriados relativas a se tornar futuramente agentes de mudança na organização, quando voltarem ao seu país de origem;
   b.1 isso se deve ao fato de que, como o contexto da expatriação é mais difícil por não serem representantes "do poder" e sim virem "da periferia" do poder para a matriz, os executivos lidam de forma mais intensa com dimensões paradoxais e polos de tensão. Caso tenham sucesso na expatriação, é porque conseguiram desenvolver as competências de lidar com dimensões paradoxais e, logo, liderarem processos de mudança com sucesso no futuro.

3.8 Conclusão

Este foi um estudo exploratório e ilustrativo cujo único objetivo foi o de lançar algumas ideias para reflexão a fim de permitir o debate teórico e a realização de outros estudos futuros que possam testar essas ideias em alguns contextos e a partir de então validá-las ou não.

Nossa revisão bibliográfica mostrou que, muitas vezes, as organizações em aprendizado são apresentadas como uma forma institucional utópica e que, quando bem-sucedida, permite aos indivíduos trocarem informações e aprenderem em conjunto e em um ambiente de colaboração. Na verdade, a revisão de literatura procurou mostrar que as negociações políticas e a reconstrução de alianças estratégicas em torno da inovação são complexas e exigem dos envolvidos boa capacidade de ação estratégica, a qual pode ser desenvolvida por meio da expatriação.

Verificamos, no entanto, que a expatriação, quando o executivo vai do centro para a periferia do poder (da matriz para as subsidiárias) implicou, na experiência de nossos entrevistados, que estes já tivessem desenvolvido inserções importantes nos contextos da matriz, normalmente localizada em seu país de origem, no caso, a França. Esses executivos já tinham "provado o seu valor" na matriz, em seu país de origem, obtendo o reconhecimento de sua competência profissional e de sua capacidade de ação estratégica e política, sem a qual não teriam conseguido as inserções que lhes garantiram ser enviados ao Brasil em uma situação de controle e poder. Esse tipo de expatriação não desenvolveu, na experiência desses executivos, sua capacidade de ação estratégica, que, *a priori*, já tinham demonstrado essa habilidade para obter a posição em questão. Ou seja, as suas aptidões de ação estratégica foram desenvolvidas anteriormente, em suas carreiras como executivos na França. A expatriação para o Brasil foi um "prêmio" obtido depois de anos de carreira e a adaptação deles ao Brasil se deu facilmente, tendo em vista o fato de que chegaram em posições de comando e seus subordinados os receberam bem para "estar próximos ao poder".

Um caso diferente foi a expatriação dos executivos que foram da periferia para o centro do poder, da subsidiária para a matriz, no caso, do Brasil para a França. O objetivo desse tipo de expatriação, ao contrário da anterior, foi o de desenvolver as habilidades relacionais e políticas dos expatriados, que já tinham sido selecionados graças aos seus conhecimentos e aptidões técnicas, porém estavam sendo preparados, pela expatriação, para voltar ao Brasil mais tarde e desempenharem funções de alta gerência. Para isso, deveriam, no entanto, ainda provar a sua capacidade relacional e política, inserindo-se nos "jogos" de poder dos *headquarters* e desenvolvendo um trabalho de sucesso no exterior, após o qual galgariam posições de poder na organização. Nesse caso, por ter de conviver com maiores polos de tensão e dimensões paradoxais, os expatriados, ao aprenderem a lidar com esses aspectos e perseverarem em sua experiência, provavelmente desenvolveram as competências de aprimorarem a sua capacidade de ação estratégica para servirem na volta como facilitadores da mudança organizacional, sem subestimarem as dificuldades desse processo.

A expatriação de executivos que vão do centro para a periferia do poder normalmente é realizada na empresa em questão, no caso de executivos que já se encontram em outro patamar de sua carreira, já em fase mais madura. No caso da expatriação da periferia para o centro do poder, esse tipo de expatriação se aplica mais a jovens executivos promissores que ainda deverão "provar" o seu valor para a organização e esse tipo de expatriação é mais voltada para o treinamento dessas habilidades relacionais e políticas tão importantes para o processo de inovação nas organizações e para o desenvolvimento de vantagem competitiva sustentável.

A organização pode, assim, sem expatriar muitas pessoas, encontrar indivíduos multiplicadores de conhecimento que, após passarem pela experiência anterior, saberão levar a outros as lições aprendidas nesse processo, tornando-se gerentes ou líderes que poderão contribuir para a implementação efetiva da gestão estratégica de pessoas como diferencial para a inovação nas organizações.

Referências bibliográficas

ALVESSON, M.; SKÖLDBERG, K. *Reflexive methodology:* new vistas for qualitative research. London: Sage, 2000.

AMADO, G. *Angoisse et Creativité face aux Différences Culturelles, Lês Cahiers*, n. 9, p. 85-90, set. 1998.

ARGYRIS, C. *Double loop learning in organizations.* Harvard Business Review, n. 55, v. 25, p. 115. Sep/Oct. 1977.

______. Learning and teaching: a theory of action perspective. *Journal of Management Education.* Thousand Oaks, v. 21, n.1, p. 9-27. fev. 1997.

______. BARNEY, J. Firm resources and sustained competitive advantage. *Journal of Management,* v. 17, n. 1, p. 99-120, 1991.

BARNEY, Y. Firm resources and competitive advantage. *Journal of Management,* v. 17, n. 1, 99-120, 1991.

BERGER, P.; LUCKMANN, T. (2003). *A construção social da realidade:* tratado de sociologia do conhecimento. Petrópolis, RJ: Vozes, 23ª edição.

BOWMAN, C.; AMBROSINI, V. How the resource based and the dynamic capability vews of the firm inform corporate-level strategy. *British Journal of Management,* v. 14, p. 289-303, 2003.

CALIGIURI, P.; DI SANTO, V. Global competence: what is it, and can it be developed through global assignments? *Human Resource Planning,* v. 24, n. 3, p. 27, 2001.

CERDIN, J-Luc. *L'expatriation.* Paris: Éditions d'Organisation, 2002.

COLE, K. Globalization: understanding complexity. *Progress in Development Studies.* v. 3, n. 4, p. 323-338, 2003.

CROZIER, M. *L'Entreprise à l'Écoute.* France: InterEditions-Éditions du Seuil, 1994.

______.; FRIEDBERG, E. *L'acteur et le système.* Paris: Édition de poche Essais-Point, 1981.

CZARNIAWSKA, B. *Narrating the organization*: dramas of institutional identity. Chicago: The University of Chicago Press, 1997.

DUTRA, J. et al. Gestão de pessoas por competências: o caso de uma empresa do setor de telecomunicações. In: *RAC – Revista de Administração Contemporânea*, v. 4, n. 1, jan./abr., p. 161-176, 2000.

FREITAS, M. E. *Vida de executivo expatriado*: a festa vestida de riso ou de choro. In: XIV ENANPAD – Encontro Nacional de Associação Nacional dos Programas de Pós-Graduação em Administração. Anais... Florianópolis, 1999.

GARFINKEL. *Studies in ethnomethodology*. Englewood Cliffs, NJ: Prentice-Hall, 1967.

HARRIS, P. R.; MORAN, R. T. *Managing cultural differences*. Houston: Gulf, 1993.

JOLY, A. Alteridade: ser executivo no exterior. In: CHANLAT, J.-F. (coord.); TÔRRES, O. L. S. (org. da edição brasileira). *O indivíduo na organização*: dimensões esquecidas. v. 1. São Paulo: Atlas, 1992.

Le Boterf, G. (1997) *De la compétence à la navigation professionnelle*, Paris, Les Editions d'organisation.

LEWIS, K. G. Breakdown: A psychological contract for expatriates. *European Business Review*, v. 9. n. 6, p. 279-293, 1997.

MINTZBERG, H. et al. *Safári de estratégia*. Porto Alegre: Bookman, 2000.

MOTTA, F. C. P.; VASCONCELOS, I. F. G. *Teoria geral da adminsitração*. São Paulo: Thomson, 2002.

MOURA, M. C. C.; BITENCOURT, C. C. A articulação entre estratégia e o desenvolvimento de competências gerenciais. *RAE Eletrônica*, v. 5, n. 1, art.3 , jan./jun., 2006.

OSTORN, P. The international mobility of french managers. *European Management Review*, v. 15, n. 5, p. 584-590, out. 1997.

PAUTROT, J.; GIROUARD Y. *Expatrie*: Revê et Réalité. Rueil, Malmaison: Éditions Liaisons, 2004.

PENROSE, E. *The theory of the growth of the firm*. Oxford: Blackwell, 1959.

PRAHALAD C. K.; HAMMEL, G. The core competence of the corporation. *Harvard Business Review*, maio/jun. 1990.

PORTER, M. *Estratégia competitiva*. Rio de Janeiro: Campus, 1991.

RADENKOVIC, A. *L'Apprentissage de l'Interculturel*. Les Cahiers, n. 9, set. Paris, 1998.

STIGLITZ J. E. *A globalização e seus malefícios*. São Paulo: Futura, 2002.

SUUTARI, V. *Global leader development*: an emerging research agenda. Estados Unidos: Career Development International, v. 7, n. 4, p.218-233, US, 2002.

TALLMAN, S.; FALDMOE-LINDQUIST, K. Internationalization, globalization and capability-based strategy. *California Management Review*, v. 45, n. 1, outono de 2002.

TEECE, D. J. et al. *Dynamic capabilities and strategic management*. Oxford University Press, 2000.

RAMIREZ, R. et. al. *Agents of change, crossing the post-cultural divide*. Oxford: Oxford University Press, 2003.

SPENCER, L. M; SPENCER, S. *Competence at work.* New York: John Wiley, 1993.

VASCONCELOS, F. C.; CYRINO, Á. B. Vantagem competitiva: Os modelos teóricos atuais e a convergência entre estratégia e teoria organizacional. *Revista de administração de Empresas*, v. 40, n. 4, out./dez. 2000.

ZARIFIAN, P. *Objetivo competência*: por uma nova lógica. São Paulo: Atlas, 2001.

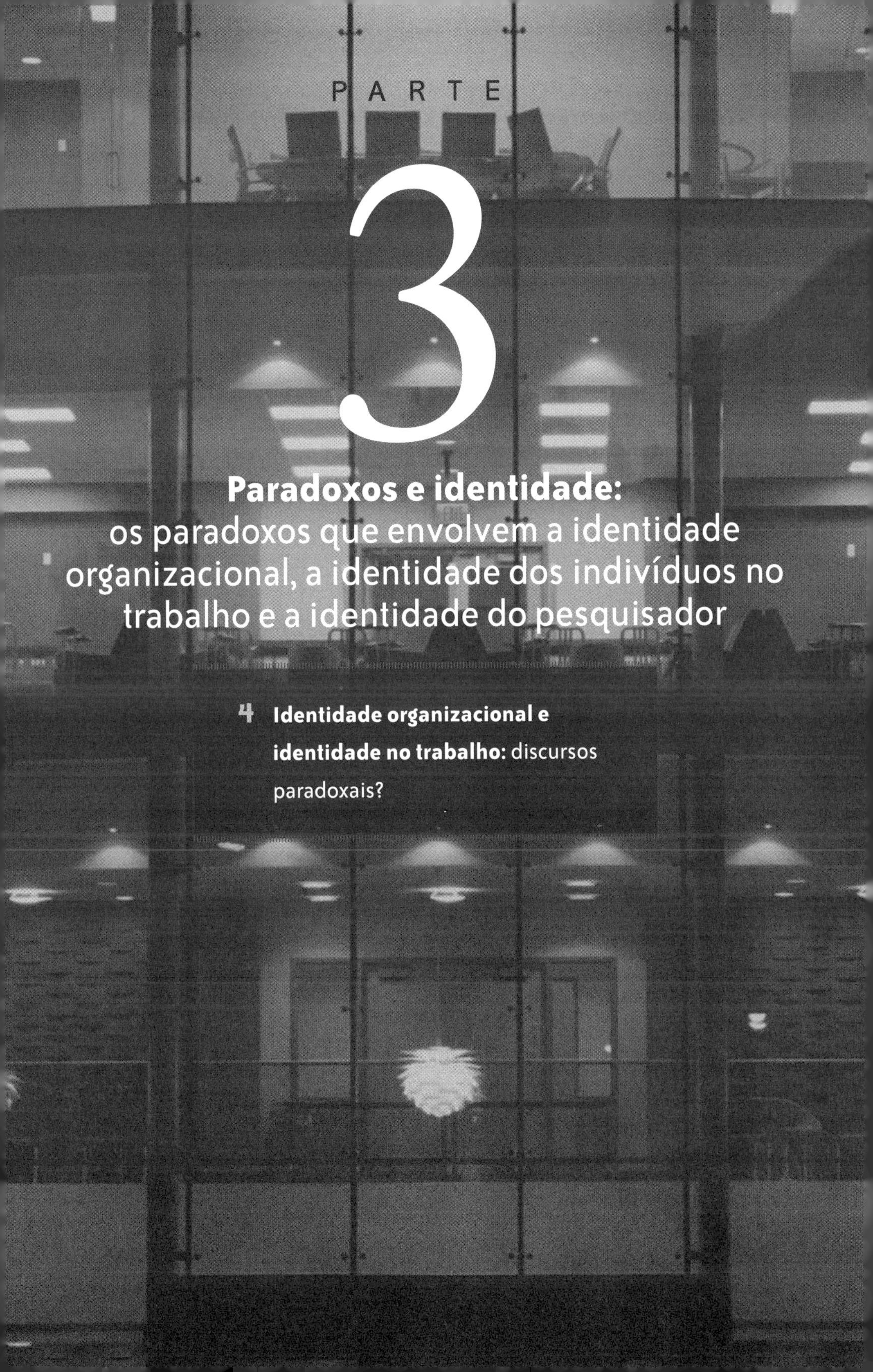

PARTE 3

Paradoxos e identidade: os paradoxos que envolvem a identidade organizacional, a identidade dos indivíduos no trabalho e a identidade do pesquisador

Capítulo 4

Identidade organizacional e identidade no trabalho: discursos paradoxais?

Isabella Francisca Freitas Gouveia de Vasconcelos

Flávio Carvalho de Vasconcelos

Introdução

Vários pesquisadores que realizam trabalhos sobre identidade organizacional a definem como as percepções compartilhadas pelos membros do grupo empresarial sobre as características que tornam a sua organização única e diferenciada das outras (Albert et al., 2000). A identidade organizacional responderia à questão: "Quem somos nós enquanto grupo organizacional?" (Albert et al., 2000). A identidade organizacional guia a ação do grupo organizacional. O grupo organizacional teria uma identidade central composta por valores oriundos de sua fundação, valores essenciais, que definiriam a sua essência e garantiriam a sua diferenciação com relação às outras organizações.

No entanto, à medida que a organização evolui, seus valores periféricos mudam e as mudanças seriam incorporadas aos valores essenciais, cabendo aos líderes da organização reinterpretarem a história desta, reconstruindo coerência e sentido para o grupo organizacional e essa nova visão representaria coerentemente a identidade da organização. A realidade, porém, mostra-se mais complexa. A identidade organizacional e as interpretações da realidade dificilmente representam a visão da maioria do grupo da firma, como propõe esse conceito, dadas as múltiplas identidades no trabalho formatadas pela organização, como nos mostra Sainsaulieu (1977).

De fato, estudiosos das organizações, dentro do paradigma sociotécnico, salientam que a organização cria diversos tipos de identidade de grupos e indivíduos. As condições de trabalho – rotinas, estruturas, horários, ou seja, a chamada organização do trabalho, induz a consolidação de diversos tipos de identidade dos grupos organizacionais.

Veremos que a organização não está toda bem articulada e coerente, como muitos autores, que propõem o conceito de identidade organizacional, pretendem que seja.

Podemos, então, afirmar que a organização possui essa "identidade organizacional" sólida e "inteira" como sugerem diversos especialistas da área? Ou a fragmentação encontrada na prática, ligada ao ethos profissional dos indivíduos na empresa e à organização do trabalho, impede a formulação do discurso unicista do conceito de identidade organizacional? Em que medida são discursos paradoxais?

Descreveremos a seguir o modelo do autor Renaud Sainsaulieu sobre a formação da identidade organizacional e do tipo de ação estratégica dos indivíduos. A estratégia da empresa, pode ser vista, na verdade, como o somatório das ações estratégicas dos indivíduos, considerando-se o fator poder: terão maior relevância e impacto na formulação da estratégia da empresa as ações dos indivíduos que detenham maior poder. Apresentaremos, em seguida, a nossa revisão de literatura e, depois, retomaremos o tema da identidade organizacional na conclusão.

4.1 O interacionismo simbólico e uma visão linear da conduta humana

Peter Berger e Thomas Luckmann, autores representativos do interacionismo simbólico, corrente que segue os pressupostos da fenomenologia (Berger e Luckmann, 1989) defendem uma visão linear da conduta humana. Para essa corrente, a socialização primária seria a base da construção da identidade do indivíduo e o fundamento de seus critérios de decisão. Segundo os pressupostos do interacionismo simbólico, o indivíduo age segundo suas crenças. Para esses autores, o momento básico da interiorização dos valores é a infância pós-eudipiana, mas a interiorização de normas e regras se prolonga durante toda a vida do indivíduo, tendo em vista a sua participação em novos universos de interação. O interacionismo simbólico concilia, assim, o pressuposto weberiano de liberdade de escolha humana com o modelo parsoniano, segundo o qual, o sistema de valores é anterior a todos os outros sistemas sociais: a interiorização de normas e as decisões tomadas pelos atores sociais seriam sempre reguladas pela preexistência de valores incorporados pelo indivíduo em sua socialização primária. Esses pressupostos levam a conceber o sistema de ação dentro de uma perspectiva cibernética, onde os valores preexistentes no sistema social, oferecem aos indivíduos, não só os seus objetivos, mas também, os meios sociais legítimos para atingi-los (regras e normas).

Assim, dentro dessa linha de argumentação, as crenças e valores dos indivíduos seriam os limites à sua capacidade de ação e à sua escolha. Porém, dentro desses limites, o homem é considerado um ser, em princípio, livre para decidir sobre o curso de suas ações ou resolver abster-se de agir. Isso vale principalmente no caso de ações que são consideradas voluntárias, isto é, que pertencem à esfera das relevâncias volitivas e não das impostas. O significado dessas ações surge exatamente em função de se "comportar de um modo e não de outro". Dessa forma, mesmo no domínio das situações impostas, as ações do homem não são inteiramente predeterminadas. Mesmo na situação mais coercitiva, um homem pode decidir não agir conforme lhe é ordenado, se estiver disposto a aceitar as consequências da desobediência (Schutz, 1943).

Peter Berger (1989, p. 56.) diz a esse propósito:

> Por um momento vê-mo-nos realmente como fantoches. De repente, porém, percebemos uma diferença entre o teatro de bonecos e nosso próprio drama. Ao contrário dos bonecos, temos a possibilidade de interromper nossos movimentos, olhando para o alto e divisando o mecanismo que nos moveu. Este ato constitui o primeiro passo para a liberdade.

Em resumo, esse paradigma conceitualiza a realidade social como fruto de uma construção humana, por meio da interação e da negociação dos diversos grupos sociais, que interpretam a realidade segundo critérios preexistentes, característicos de sua cultura. Ao agirem, no entanto, os indivíduos influenciam e transformam esses mesmos critérios e padrões, nos quais basearam sua ação, em um processo dialético de reinterpretação e reconstrução da realidade social.

Consequentemente, esse paradigma reconhece, ainda que de forma parcial, certo grau de liberdade ao ser humano, no que refere às suas escolhas e critérios de decisão. Os padrões culturais e valores têm, porém, um grande peso no processo decisório.

4.2 Uma visão não linear da conduta humana

Renaud Sainsaulieu (1977) em seu modelo sobre identidade no trabalho, de modo diverso do interacionismo simbólico, desenvolve uma argumentação na qual considera a ação humana, ainda menos determinada pelos valores incorporados na socialização primária.

Baseando-se nos trabalhos de Simon sobre a racionalidade limitada, segundo a qual a racionalidade ou lógica de decisão de um indivíduo, seria influenciada pelo seu presente e pelo seu passado, a partir do que Boudon chamou de um *efeito de posição* (a decisão depende da posição que o ator social ocupa em um contexto de ação específico e que condiciona o seu acesso às informações pertinentes) e de um *efeito de disposição* (a decisão depende das características mentais, cognitivas e afetivas do indivíduo que decide, características estas que são preformadas por sua socialização passada). Sainsaulieu mostra, em seu modelo, como os critérios de decisão de um ator social no momento presente são influenciados, sim, por sua socialização passada, mas dependem em muito também das influências, condições e problemas do "aqui e agora" (Boudon, 1991; Simon, 1955, 1956, 1957).

Algumas pesquisas deram suporte aos argumentos desenvolvidos por Sainsaulieu em seu modelo: "a teoria da escolha racional", elaborada a partir das pesquisas realizadas por autores clássicos como Allison (1971) e Gremion (1979), et Olsen, a partir do conceito de racionalidade limitada de Simon, tenta compreender uma decisão a partir da estruturação do campo cognitivo dos atores sociais, ou seja, tentando ver como essa estruturação condiciona a percepção dos problemas pelos indivíduos, à emergência de soluções possíveis e a adoção de uma dessas soluções por meio de uma decisão efetiva (Allison, 1971), (Gremion, 1979), (Cohen et al., 1972). Essa teoria mostra como a formação dos critérios de decisão de um indivíduo é contingente e variável de acordo com o tipo de personalidade, com o tipo de situação e opções a ele oferecidas, destacando o caráter incerto e dinâmico do comportamento humano.

Os trabalhos de Festinger sobre a dissonância cognitiva reforçam o argumento de não determinação da ação humana. Em seu livro publicado em 1957, o autor define o processo cognitivo como todo conhecimento, opinião ou crença do indivíduo a respeito de si mesmo, de seu comportamento ou dos fatos relativos a um contexto de decisão. Segundo ele, o indivíduo enfrentaria, em várias ocasiões, uma dissonância ou uma oposição entre várias cognições, encontrando-se em uma situação de impasse que provocaria uma sensação de "desconforto" psicológico, a qual ele tentaria reduzir através da adoção de várias estratégias possíveis: contestar os seus valores de base, adotando novos valores, ou conservar os antigos, mudando sua ação (Festinger, 1957).

Essa argumentação questiona o princípio parsoniano da anterioridade do sistema de valores sobre os outros sistemas sociais, mostrando, por meio dos estudos de Festinger e dos outros autores, que os valores não determinam o comportamento, assim como o comportamento não estabelece os valores. Essas duas variáveis não seriam explicadas por uma lógica linear causa-efeito, mas constituiriam um sistema. Os novos comportamentos de um indivíduo poderiam originar novos valores, fazendo-o questionar seus valores anteriores, ou poderiam, ao contrário, ter o efeito de reforçar ainda mais esses últimos.

Em suas reflexões teóricas sobre a teoria da tomada de decisão, autores como Elster, Hischmann, Lindblom, Cohen, March e Weick (Elster, 1983; Hirschmann, 1970; Lindblom, 1978), (Cohen e March, 1974; Weick, 1976, 1987) reforçam esses argumentos, mostrando que:

- as preferências de um indivíduo ao decidir não são precisas, coerentes e determinadas, mas ao contrário, são múltiplas, flexíveis e ambíguas (Cohen e March, 1974);
- essas preferências não são necessariamente claras para o indivíduo antes de sua ação, entretanto, podem ser descobertas ou se originam posteriormente, sendo criadas pela ação e por sua dinâmica (Hirschmann, 1970), (Lindblom, 1978), (Weick, 1969, 1976);
- os critérios de decisão e as preferências do indivíduo não são estáveis e independentes das condições da escolha, porém, ao contrário, eles são adaptativos e influenciados pelo contexto de decisão (Elster, 1983);
- os critérios de decisão e as preferências do indivíduo não são intangíveis, mas influenciados pela ação consciente ou inconsciente dos indivíduos que decidem (Elster, 1983).

Assim a ação humana não se limitaria nos objetivos que um indivíduo acredita possuir e nos quais ele acredita fundamentar a sua ação cotidiana. A ação humana seria influenciada por elementos incertos, novos, que vão além dos princípios e ideais nos quais as pessoas imaginam basear sua ação. O contato com novas culturas, normas de comportamento e sistemas modificam os critérios de decisão anteriores das pessoas (Sainsaulieu, 1983).

Segundo Hirschmann (1970), a não previsibilidade de nossas ações e o desconhecimento relativo dos riscos de muitas de nossas decisões, nos levam a adotar novos comportamentos. Cyert e March (1963) reforçam essa visão, afirmando que toda decisão é uma aposta em relação a um futuro incerto e os indivíduos correm os riscos inerentes a cada ação. A redução dessa incerteza seria negativa, pois, de acordo com o autor, é ela que permite a inovação e o surgimento de novas soluções e da mudança.

Em resumo, pode-se dizer que essas pesquisas, bem como as teorias de Festinger sobre dissonância cognitiva, permitem libertar o indivíduo do que Wrong chamou de uma concepção "hipersocializada" do ser humano, que busca unicamente no passado dos indivíduos, e em suas experiências de socialização marcantes, a explicação de seus comportamentos presentes (Wrong, 1977).

Pode-se concluir, assim, que a capacidade de ação estratégica, ou seja, a capacidade de se perceber as oportunidades de ação, prever as consequências e os riscos de cada alternativa e assumi-los, executando a decisão, varia de pessoa a pessoa, segundo a origem social e o meio cultural. E é fundamental para a construção da identidade do indivíduo a partir de suas interações em sua atividade cotidiana de trabalho. A capacidade de ação estratégica, dentro de uma visão não determinista da conduta humana, pode ser melhorada e exercitada por meio das interações com os outros indivíduos em diversos tipos de situação.

4.3 O desenvolvimento da identidade a partir do trabalho

Adotando, pois, o pressuposto teórico de não determinação da conduta humana pelo sistema de valores, como explicitado anteriormente, Sainsaulieu desenvolve o seu modelo de identidade, o qual apresentado a seguir baseia-se nos estudos de Erikson.

Para esse último, o sentimento de identidade é um sentimento caracterizado pela

> percepção da própria unidade e de uma continuidade temporal. Em relação ao seu aspecto subjetivo, a identidade é a percepção pelo indivíduo de que existem em si semelhanças consigo mesmo e uma continuidade nos procedimentos de síntese internos relacionados ao seu ego; existem também diferenças em relação aos outros que caracterizam o seu estilo individual enquanto pessoa (Erikson, 1972)[1].

A partir dessa visão, pode-se concluir que a identidade implica duas dimensões:

a. ***sameness*** – a dimensão da permanência – onde o ego conserva algumas características básicas durante o processo biológico e histórico ao qual o indivíduo é submetido em sua vida;
b. **coerência** – tendo em vista os processos social e biológico que envolvem o indivíduo, a tarefa de seu ego é de garantir uma função de síntese, um princípio de organização segundo o qual, o ser humano se mantém enquanto personalidade coerente cuja individualidade é percebida pelos outros, mesmo tendo em vista as transformações aos quais está submetido.

Assim, o conceito de identidade é utilizado por Sainsaulieu em seu modelo para expressar o sentimento de permanência e continuidade que o indivíduo experimenta em suas relações sociais, e que ele perde no caso de pressões extremas. Em relação à vida cotidiana, o conceito de identidade se refere ao esforço do indivíduo para realizar uma síntese de sua ação, equilibrando as forças internas e as externas que influenciam essa ação, a qual é fruto da inter-relação de sua realidade interior e da realidade externa construída pelo grupo social.

4.4 A importância do conflito e do reconhecimento social para a construção da identidade

Segundo Sainsaulieu, o reconhecimento dos outros é um dos elementos fundamentais na construção da identidade do indivíduo, que ocorre de modo dinâmico, a

[1] Tradução dos autores.

partir de suas interações sociais "aqui e agora". Christophe Dejours (1996, p. 52) reforça a importância do reconhecimento do grupo social na formação da identidade, dizendo que: "no mundo subjetivo, o sentido dado ao trabalho depende de jogos de identidade e participação: o que o indivíduo espera de seu trabalho é também uma retribuição moral: o reconhecimento".

Dejours destaca a importância do *reconhecimento de utilidade* (utilidade social, econômica e técnica das contribuições particulares e coletivas à organização) e do *julgamento de beleza* (validade ética, estética), ambos conferidos pela hierarquia, pelos pares ou pelo grupo social, e que influem na percepção que os indivíduos desenvolvem sobre o valor social de seu trabalho e no conceito que desenvolvem de si próprios (Dejours, 1993).

Sainsaulieu mostra como uma das forças motrizes da evolução da personalidade individual e da luta por reconhecimento social é a experiência do conflito nas interações humanas. É na experiência do conflito em sociedade, que o sistema social interage com o sistema individual da personalidade, que essas duas esferas se entrecruzam. O conceito de identidade designa a parte do sistema de personalidade do sujeito que reage permanentemente à estrutura do sistema social. A identidade exprime essa busca da força e de recursos que permitam a expressão do desejo individual em sociedade, ou seja, o sujeito busca permanentemente a possibilidade de obter o reconhecimento dos outros, do fato de que ele é alguém, detentor de um desejo individual e autônomo. O conceito de identidade designa dessa forma, a luta pela permanência dos meios sociais do reconhecimento de si e a capacidade do sujeito de atribuir sentido à sua experiência.

Bergamini, ao tratar de liderança, explica como a identificação de um líder e do sentido que este atribui à ação leva os indivíduos a adotar certos padrões de conduta. A autora mostra como a liderança é um processo de construção social da realidade, baseado no poder (Bergamini e Coda, 1997). Sainsaulieu desenvolve essa mesma linha de argumentação. Outros autores desenvolveram recentemente pesquisas que reforçam esses argumentos (Albert et al., 2000).

4.5 O modelo de Renaud Sainsaulieu sobre a construção da identidade no trabalho e uma releitura de Hegel e do reconhecimento de si no mundo social

Sainsaulieu (1977) baseia-se nos trabalhos de Hegel a fim de fundamentar seu modelo. Analisando a filosofia hegeliana, o autor salienta a interdependência entre o lado cognitivo (compreensão do mundo, acesso à racionalidade) e o lado afetivo (o jogo de relações entre os desejos). O indivíduo não é capaz de completar o processo de obtenção da "compreensão do mundo" da qual fala Hegel e do desenvolvimento de sua capacidade de raciocínio, se ele não é reconhecido em suas relações afetivas, como alguém que detém de forma autônoma um desejo. Uma dialética paralela que envolve, de um lado, o nível do desejo e, do outro, o nível da razão, constituem dessa forma o indivíduo completo.

A luta entre os desejos dos diferentes indivíduos envolve uma relação social cujo objeto é o reconhecimento de si próprio pelos outros. É vencendo esse conflito que o ser humano pode obter o reconhecimento de sua individualidade. A identidade do ser humano, não é, então, o ponto de partida sobre o qual se constrói o mundo social, mas, ao contrário, é um conceito dinâmico, o resultado do jogo de relações envolvidas nas experiências de luta e conflito por ele vivenciadas a cada momento.

Dessa forma, um ponto fundamental da filosofia hegeliana é mostrar como as experiências conflituosas do indivíduo terão mais tarde consequências importantes sobre sua identidade e sua "visão de mundo", ou seja, na formação de sua lógica de ator, seus critérios de decisão.

É o desejo de apropriação do objeto que marca o começo da relação dialética, que conduz ao reconhecimento da pessoa pelos demais (à sua diferenciação). No decorrer do processo de expressão do desejo e de apropriação do objeto, o sujeito encontra inevitavelmente, uma vez que ele vive em sociedade, outro indivíduo cujo desejo concorre com o dele em relação ao mesmo objeto. E nesse confronto de desejos, nasce a dialética do "mestre e do escravo", que conferirá ao indivíduo, o reconhecimento de si próprio por meio do reconhecimento dos outros. Ele se reconhecerá então, a partir do julgamento social de seu valor. O valor que o indivíduo atribui a si próprio depende então da medida social de seu valor.

Dentro da linguagem hegeliana, pode-se dizer que o que permite ao indivíduo sustentar o seu desejo por algo, é a possibilidade concreta de vencer, tendo em vista as relações de poder que o cercam. Ele deve ter condições sociais mínimas para enfrentar a luta e poder sair-se vencedor pelo menos algumas vezes, a fim de poder sair da cadeia contínua de identificações com os poderosos que o envolve e afirmar a sua própria individualidade, diferenciando-se finalmente.

As desigualdades no acesso aos recursos e ao poder nas relações entre adultos, principalmente no ambiente de trabalho, tem como consequência, o fato de que vários indivíduos não podem impor sua diferença aos outros, vivendo a fundo os conflitos e vencendo-os ao menos em parte. Alguns privilegiados têm acesso aos meios concretos de impor sua diferença, fazendo os outros aceitarem suas ideias e a sua mediação, impondo os seus significados e o seu pensamento. A "morte simbólica", ou seja, a impossibilidade de refletir e criar por si próprio, de atribuir sentido aos objetos e à experiência, pode gerar a confusão mental, anomia e perda da identidade.

De acordo com esse paradigma, o acesso à identidade é o resultado de um processo conjunto de identificação e de diferenciação que se expressa nas relações intersubjetivas em dois níveis:

a. no nível da relação afetiva identificatória que não envolve relações de conflito;
b. no nível político, do jogo de poder social, onde o indivíduo se desliga do primeiro nível impondo sua diferença.

Pode-se, então, fazer a hipótese de que se a identidade da criança e seu desejo são fortemente ligados à história de suas identificações sucessivas, a identidade do adulto depende também dos meios sociais que ele dispõe para sustentar sua diferença nos conflitos, e desse modo, sair da cadeia de identificações (Sainsaulieu, 1977).

A luta pelo poder não é então um fim em si, mas o sinal de um jogo mais profundo que envolve a personalidade dentro de uma relação social que se prolonga no tempo e no espaço (Vasconcelos, 1997).

Concluindo, podemos dizer que as relações cotidianas de trabalho oferecem um espaço onde o indivíduo pode exercitar-se em seu caminho de busca pelo entendimento, na constituição de uma racionalidade própria. Como os meios de obter o reconhecimento dos outros são repartidos desigualmente, porém, as chances que os indivíduos possuem de diferenciar-se e afirmar uma racionalidade própria, são distintas.

4.6 As diversas "vias" de acesso à experiência e à identidade no trabalho

O sujeito dispõe de um passado cultural, de hábitos adquiridos por meio dos processos de identificação característicos de sua socialização primária e secundária, mas o universo social do trabalho, onde ele arrisca "aqui e agora" pode representar para ele uma realidade totalmente diferente a que ele vivenciava anteriormente. O perigo do presente obriga-o a confrontar as características de percepção, análise e julgamento que desenvolveu no decorrer de sua história passada, com as aptidões necessárias à sua sobrevivência na situação presente. Os valores anteriores, adaptados à essa realidade, podem não assegurar mais o sucesso nas relações presentes, e a aprendizagem de novas capacidades estratégicas pelas relações de trabalho pode levá-lo a tomar consciência de outras lógicas de ação e realidades que não correspondem necessariamente à sua lógica ou ao seu meio de socialização. Os recursos intelectuais, afetivos e cognitivos por ele desenvolvidos no passado, seus valores e sua visão de mundo, podem não ser mais suficientes para ajudá-lo a compreender, decidir e agir na situação presente. O confronto com seus próprios valores e características de base será mais forte na medida em que a pessoa se sinta oprimida pela nova realidade e busque compreendê-la. Ela vai rever então sua lógica de ação e buscará uma nova visão de mundo que integre suas experiências passadas, mas que explique, também, suas novas percepções e sensações, permitindo-lhe encontrar novos meios de tomar atitudes.

Assim, a aptidão de analisarem as diversas opções e assumir riscos nas relações interpessoais e coletivas (ou seja, a capacidade estratégica de cada indivíduo) é fruto de um aprendizado concreto nas relações de trabalho. Ao menos no que se refere à aprendizagem por heurística e à experimentação, as estruturas de trabalho têm uma influência desigual no desenvolvimento da capacidade cognitiva e analítica dos indivíduos, uma vez que alguns têm a oportunidade de experimentar um jogo relacional sutil, enquanto outros acreditam que as suas oportunidades de desenvolvimento sociopolítico são limitados.

Independentemente de suas histórias individuais e de seu passado, os atores sociais passam muito tempo no ambiente de trabalho. O fato de possuírem as mesmas condições de trabalho e os mesmos espaços de interação, bem como o acesso e o controle do mesmo tipo de recursos, oferece aos indivíduos caminhos similares de acesso à identidade e ao entendimento.

Seguindo alguns dos pressupostos da escola sociotécnica, o autor propõe quatro modelos, a partir de suas pesquisas. Cada um deles reflete tipos de lógicas de ator e critérios de decisão distintos. Não se trata da descrição de quatro tipos de "personalidade coletiva", mas de diferentes processos de estruturação da experiência e acesso à identidade no trabalho. Assim, atores sociais, submetidos às mesmas condições de trabalho durante certo tempo, tendem a desenvolver estratégias e modos de diferenciação similares, partilhando também de valores comuns e de uma racionalidade própria ao seu grupo organizacional.

4.7 Modelos sobre identidade organizacional de Renaud Sainsaulieu

4.7.1 Modelo da retirada estratégica

São indivíduos que renunciam à luta por sucesso e reconhecimento no ambiente profissional. Eles procuram realizar as suas tarefas de acordo com o mínimo solicitado na regra, e envolver-se o menos possível com o trabalho. Procuram envolver-se em outros setores de sua vida – família, clubes, associações – e limitar a sua atuação profissional ao estritamente necessário. Esse grupo é caracterizado por uma grande fraqueza nas suas relações de identificação horizontal entre pares. Eles costumam, no entanto, identificar-se muito com a figura do chefe. A relação de autoridade não é apenas aceita, mas reivindicada. Esse grupo era composto por operários estrangeiros, especialmente os africanos, e pelas operárias. Caracterizava-se pela apatia e pela ausência de mobilização individual ou coletiva. Para esses indivíduos, identificar-se a este ou aquele chefe constitui o único meio de afirmar a sua diferença ante a outros colegas. Eles possuem poucas possibilidades de desenvolver o seu lado político e a sua capacidade de ação estratégica, pois evitam as relações conflituosas e renunciam de antemão à tentativa de "fazer valer" suas ideias e opiniões, ficando prisioneiros de processos identificatórios verticais e tendo, pois, pouca autonomia.

4.7.2 Modelo da solidariedade democrática

Ao contrário do modelo de "retirada estratégica", o autor encontrou em suas pesquisas, dois grupos que refusam as identificações verticais, envolvendo-se pouco com os chefes e superiores, mas desenvolvendo uma solidariedade entre pares, corporativa, bastante forte. São os operários especializados, de "métier" e os executivos e diretores. Nesses dois grupos, tanto os operários que detêm uma especialização ou técnica particular mostram-se satisfeitos do controle que exercem sobre seus subordinados – outros operários menos qualificados – quanto os executivos e gerentes se mostram satisfeitos do controle que exercem sobre seus subordinados. Os operários especializados em uma mesma profissão ou "métier" são geralmente "companheiros" de corporação e partilham de valores próprios à sua profissão. Por outro lado, o grupo de gerentes e diretores também são capazes de manter relações interpessoais diferenciadas tanto no plano afetivo quanto cognitivo, liberando-se das identificações horizontais, sendo capazes de defender a própria opinião ou ponto de vista em relação aos colegas, recusando a autoridade que se pretende exercer sobre eles. Esses grupos têm, assim, a capacidade de exercer o poder, tendo uma boa capacidade de ação estratégica. Esses atores sociais são autônomos, sendo capazes de vivenciar relações de afinidade entre colegas, porém negociando, debatendo e discutindo suas diferenças quando necessário.

Entre essas duas situações extremas descritas anteriormente, um grupo desenvolvendo uma estratégia de evasão, apatia e recusa de conflitos, incapacidade de lidar com situações envolvendo o poder, e outro grupo mostrando familiaridade com posições de poder e de mando, sendo capaz de autonomia e diferenciação, o autor encontrou outras estratégias de ação.

4.7.3 O modelo da unanimidade

Dois grupos enquadram-se nesse modelo: os operários que trabalham em linhas de montagem, sem nenhuma especialização particular, envolvendo-se em um trabalho repetitivo e mecânico, desenvolvido em conjunto com seus colegas, e que vivem uma experiência profissional de identificação horizontal aos pares e vertical aos líderes do sistema social operário, e dessa forma encontram meios para afirmar a sua diferença como grupo perante os administradores e chefes. Cada indivíduo se sente assim profundamente ligado à comunidade, por intermédio do qual se diferencia, não agindo separadamente. Esse modelo da fusão operária envolve a identificação dos membros da comunidade com um líder de seu grupo, que interpreta os acontecimentos, defende suas posições e orienta suas relações com a chefia, propondo mobilizações quando necessário. Esse tipo de grupo normalmente adota estratégias do tipo "tudo ou nada", realizando fortes mobilizações para obter seus objetivos.

O outro grupo que desenvolve em seu meio uma estratégia semelhante, dentro do modelo da unanimidade, são os burocratas e funcionários administrativos, de escritório, que evitam conflitos fortes com seus colegas a fim de respeitar o código burocrático de igualdade formal no sistema. Esta é uma forma de controlar o favoritismo, evitando-se amizades estreitas ou identificação com a chefia. No entanto, as pesquisas mostram que se a igualdade burocrática formal é ameaçada por reformas ou se as regras que lhes asseguram direitos são mudadas, esses indivíduos, que normalmente evitam conflitos, são capazes de iniciar fortes mobilizações para defender os meios que asseguram suas posições no sistema. As ações políticas desse grupo, dada a sua capacidade estratégica limitada, como o grupo dos operários supracitados, são erráticas – o grupo emprega muita força para obter vitórias menores e mostra dificuldades na negociação e no debate político.

4.7.4 O modelo das afinidades seletivas

Grupos que dispõem de maior mobilidade na organização – jovens executivos e *trainées*, consultores –, dado ao fato de mudarem sempre de ambiente, de pretenderem seguir uma carreira rápida, por meio de sucessivas promoções, desenvolvem uma estratégia individual de ação, identificando-se a colegas e a chefes temporariamente e reconstituindo suas relações e suas identificações, tão logo atinjam novas posições na organização. Esses indivíduos não gostam de se envolver politicamente com grupos distintos, uma vez que pretendem manter sua mobilidade individual e não serem limitados em sua ação pelas imposições e restrições que envolvem a ação coletiva. Normalmente, esses indivíduos são dotados de uma boa capacidade estratégica, relacional e política. Sua recusa de agir em grupo, no entanto, os impede de desenvolver as capacidades cognitivas e relacionais próprias a esse tipo de ação.

Pode-se observar que a organização, estruturando diferentes vias de acesso à experiência, à autonomia e à capacidade de ação estratégica, oferece meios de afirmação identitária desiguais aos indivíduos. Quando o indivíduo não dispõe de nenhum meio de medir o resultado de suas relações e o seu valor social, uma vez que praticamente não tem acesso ao reconhecimento, dado o seu tipo de atividade, então o desejo se concentra no imaginário puro e o indivíduo, prisioneiro de identificações aos poderosos, reproduz o pensamento daqueles que são capazes de defender e impor suas ideias. Quando os meios de ser reconhecido, como o autor de uma ação concreta, só é acessível pela ação coletiva, porque cada indivíduo é muito fraco para vencer sozinho, a fusão entre os desejos, realizada por um processo de identificação projetiva recíproca entre pares, é reforçada. Quando, finalmente, a pessoa dispõe de meios suficientes para obter sozinho o reconhecimento de suas ações pelos outros, ele pode conciliar por si próprio o desejo, a reflexão e a ação, propondo uma racionalidade própria e autônoma. Dessa maneira, o exercício pleno da democracia e da cidadania é um luxo limitado aos poucos que conseguem se diferenciar.

4.8 Conclusão: estratégia, identidade organizacional e identidade no trabalho

Como vimos antes, os indivíduos que possuem uma forma identitária onde estão acostumados a tomar decisões e treinar sua cognição, além de terem facilidade em lidar com jogos de poder, tendem a perpetuar-se no controle das organizações, influenciando mais a estratégia da empresa, pois são capazes de uma ação estratégica mais direcionada e eficaz. Nesse sentido, o pressuposto de Berger e Luckmann (1989) é que a mobilidade social na empresa é difícil e que os indivíduos saídos de uma socialização primária, onde foram criados de forma a ter familiaridade com o poder, frequentando mais tarde escolas de elite e cursando faculdades de elite, esses indivíduos tenderão a ter o tipo de identidade "afinidades seletivas" no começo e no meio de suas carreiras, consolidando-se no poder depois. A visão dos autores não é inteiramente determinista, mas estes falam da forte probabilidade de reprodução das elites nas posições de poder nas organizações, mostrando que, muitas vezes, o mito do *self made man* ajuda, na verdade, a reforçar o controle das elites.

Sendo assim, os dirigentes tendem a pertecer aos mesmos grupos sociais de origem (faculdades, etc.) e a elaborar estratégias que espelham posições diferenciadas do ponto de vista estratégico, ou seja, tendem a reproduzir a lógica da elite socioeconômica do país, mesmo guardadas as diferenças.

Portanto, a identidade do grupo organizacional conhece suas especificidades e tende a ser formatada em maior grau pelos dirigentes, mesmo considerando-se as estratégias emergentes e a importância dos outros grupos organizacionais. Apesar da possibilidade de mobilidade social, a lógica das elites predomina, como mostram Berger e Luckmann (1989), e, dentro de uma visão crítica, Sainsaulieu (1983) mostra que aqueles que sabem negociar melhor e lidar com jogos de poder (essa mesma elite) tendem a se perpetuar no controle do sistema.

Observamos assim que a identidade organizacional não é esse construto teórico, um "todo" coerente e "sólido", que representa os anseios de todo o grupo organizacional. Na verdade, o grupo organizacional é extremamente fragmentado, formador de múltiplas identidades como nos mostra Sainsaulieu (1977) com acessos desiguais ao poder e à decisão. O construto identidade organizacional é assim "formatado" por aqueles detentores do monopólio de fornecer as interpretações consideradas como "corretas" e legítimas pelo sistema, espelhando as transformações que ocorrem nesse grupo dirigente.

Referências bibliográficas

ALBERT, S. et al. Organizational identity and identification: charting new waters and building new bridges. *The Academy of Management Review*, v. 25, n. 1, p. 13-18. jan. 2000.

______. et al. Special topic forum on organizational identity and identification. *The Academy of Management Review*, v. 25, n. 1, p. 10-13. jan. 2000.

ALLISON, G. T. *Essence of decision*: explaining the cuban missile crises. Boston: Little Brown, 1971.

BERGAMINI, C. W.; CODA, R. *Psicodinâmica da vida organizacional.* São Paulo: Atlas, 1997.

BERGER, P.; LUCKMANN, T. *A construção social da realidade.* Petrópolis: Vozes, 1989.

BESSEYRE des HORTS, C. H. *Gérer les resources humaines dans l'entreprise.* Paris: Editions de l'Organisation. 1988.

BLYTON, P.; TURNBULL, P. *Reassessing human resource management.* Londres: Sage, 1992.

BOUDON, R. *L'Idéologie.* Paris: Seuil, 1991.

BOURGEOIS, B. *La Pensée politique de Hegel.* Paris: P. U. F., 1969.

BRABET, J. *Repenser la gestion des ressources humaines?* Paris: Economica, 1993.

BURREL, G.; MORGAN, G. *Sociological paradigms and organizational analysis.* Londres: Ashgate Publishing, 1994.

COHEN, M. et al. A Garbage can model of organization choice. *Administrative Science Quaterly*, v. XVII, p. 1-25, 1972.

______.; MARCH, J. *Leadership and ambiguity*: the American college president. New York: McGraw-Hill, 1974.

CYERT, R.; MARCH, J. *A behavioral theory of the firm.* Englewood Cliffs: Prentice-Hall, 1963.

DEJOURS, C. *Intelligence pratique et sagesse pratique*: deux dimensions meconnues du travail reel. Education Permanente, n. 116, p. 66-88, 1996.

ELSTER, J. *Sour grapes*: studies in the subversion of rationality. Cambridge: Cambridge University Press. 1983.

ERIKSON, E. *Adolescence et crise* – La quête de l'identité. Paris: Flammarion, 1972.

FESTINGER, L. *A theory of cognitive dissonance.* New York: Prentice-Hall, 1957.

GREMION, C. *Profession: décideurs. Pouvoir des hauts fonctionnaires et réforme de l'etat.* Paris: Gauthier-Villars, 1979.

HEGEL, F. *La phénomenologie de l'esprit.* Paris: Aubier, 1941.

HIRSCHMANN, A. *Exit, voice and loyalty*. Cambridge: Harvard University Press, 1970.

KOJÈVE, A. *Introduction à la lecture de Hegel*. Paris: Gallimard, 1989.

LINDBLOM, C. The science of muddling throug. *Public Administration Review*, v. XIX, p. 79-88, 1978.

MARTORY, B.; CROZET, D. *Gestion des ressources humaines*. Paris: Natan, 1988.

PARSONS, T. *Sociétés* – Essai sur leurs evolutions comparées. Paris: Dunod, 1973.

PERETTI, J. M. *Ressources humaines*. Paris: Vuibert, 1990.

POWELL, W.; DiMAGGIO, P. *The new institutionalism in organizational analyses*. Chicago: Chicago University Press, 1991.

SAINSAULIEU, R. *L'Identité au travail*. Paris: Presses de la PNSP, 1977.

______. La régulation culturelle des ensembles organisées. *L'année sociologique*, p. 195-217, 1983.

SCHULER, R. *Personnel and human resource management*. New York: West St. Paul, Miss., 1987.

SCHUTZ, A. *The problem of rationality in the social world*. New York: Economica, 1943.

SIMON, H. *Administrative behavior*. Nova York: Doubleday, 1947.

______. A behavioral model of rational choice. *Quartely Journal of Economies*, v. LXIX, p. 99-118, 1955.

______. Rational choice and structure of the environment. *Psychological Review*, v. LXII, p. 129-138, 1956.

______. From substantive to procedural rationality. In: LATSIS, S. (ed.). *Method and appraisal in economics*. Cambrigde: Cambridge University Press. 1957.

SMIRCICH, L. Organizations as shared meanings. In: PONDY, L. (ed.). *Organizational symbolism*. Greenwich, JAl, 1983a.

______. Studing organizations as cultures. In: MORGAN, G. (ed.). *Beyond method: strategies for social research*. Bervely Hills: Sage, 1983b.

STOREY J. *Developments in the management of human resources*. Oxford: Baasil Blackwell, 1992.

______.; SISSON, K. Looking the future. In: STOREY J. (ed.). *New perspectives in human resource management*. Londres: Routledge, p. 167-183, 1989.

STRAUSS, A. *Mirrors and masks*: The search for identity. Glencoe: Free Press, 1955.

______. Une perspective en termes de monde social. In: BASZANGER, I. (ed.). *La trame de la negociation* – Sociologie qualitative et interaccionisme. Paris: L' Harmattan, 1991.

VASCONCELOS, F.; VASCONCELOS, I. Identidade e mudança: o passado como ativo estratégico. I° Eneo – Encontro de Estudos Organizacionais, realizado em Curitiba. *Anais do Congresso*, 16 e 17 jun. 2000.

VASCONCELOS, I. *Os processos de formação e preservação da identidade social no trabalho*: uma análise crítica do processo de reestruturação da Bull França. São Paulo, ago. 1997. Tese (de doutorado). EAESP/FGV.

WEICK, K. *The social psychology of organizing*. London: Addison-Wesley Publishing, 1969.

______. Educational organizations as loosely coupled systems. *Administrative Science Quarterly*, p. 20-33, mar. 1976.

______. Organizational culture as a source of high responsability. *California Management Review*, v. XXIX, p. 2, 1987.

WRONG, D. The oversocialized conception of man in modern sociology. In: DEMERATH, N. J.; PETERSON, R. A. (eds.). *System, change and conflict*. Nova York: The Free Press, 1977.

PARTE

4

Paradoxos, sustentabilidade e sociedade: estudos socioambientais

Capítulo 5

Ensaio teórico – O paradoxo do discurso da responsabilidade social da empresa: modismo ou análise consistente da atualidade?

Yvon Pesqueux

Isabella Francisca Freitas Gouveia de Vasconcelos

Edmilson Alves de Moraes

Introdução

Este capítulo discute o conceito de responsabilidade social da empresa (RSE) como um tema frequentemente utilizado pelas organizações apenas no discurso, que definem códigos de ética, modelos de gestão, políticas "verdes", modelos organizacionais ditos sustentáveis; no entanto, muitas vezes, essas empresas estão apenas preocupadas com a sua imagem institucional, e não com políticas concretas voltadas para a responsabilidade social.

Mostraremos por meio deste ensaio como vivemos em um mundo em crise, baseado na mídia e na imagem e, às vezes, a aparência conta mais para os gestores do que a real implementação de políticas voltadas para a RSE. Surgem então questões funtamentais, como: qual é o papel da RSE no mundo de hoje? Trata-se apenas de mais um discurso de gestão? Como as políticas "verdes", voltadas para a RSE, sobreviverão a um mundo em crise? Em que medida as empresas estão realmente voltadas para a ação ética e responsável? Trata-se de redefinir novamente o conceito de RSE e discuti-lo na atualidade, separando o discurso fácil e ideológico das práticas reais.

Discutiremos o modelo "americano" da RSE, e sua crise ante ao contexto sócio-histórico atual, uma nova proposta de pesquisa em gestão. Uma visão crítica e analítica da RSE, como a que propõe este texto, mostra-se indispensável para se evitar análises simplistas sobre um tema que, por vezes, é tratado como mero modismo. Propõe-se aqui uma análise consistente do estado da arte do tema em administração.

5.1 Apresentação do tema

Em 2007 e em 2008, a correlação entre uma crise alimentícia, uma crise energética, uma crise climática, uma crise sanitária e uma crise financeira é hoje a marca de uma crise geral do capitalismo, uma vez que esse sistema tende a vivenciá-la, de forma cíclica, desde a sua emergência como sistema político geral no final do século XV. Se a responsabilidade social da empresa (RSE) marcou os discursos da companhia multinacional na década de 2000 a 2010, essa crise marca seu esgotamento e sua falência. O mundo tem fome (um quinto de sua população está com escassez de víveres) e enfrenta uma crise energética semelhante àquela do final do século XVIII. Com o esgotamento das reservas de petróleo, ele esquenta em função da ação predadora ambiental da atividade das organizações. E as empresas e a sociedade estão discursando sobre responsabilidade social, com todas essas contradições que vivenciamos e que deveriam nos fazer, ao menos, questionar a realidade para verificar se realmente a sociedade civil e as companhias praticam o que pregam.

5.2 Os contornos da responsabilidade social para a empresa

A noção de RSE encobre dois grandes aspectos: levar em conta as demandas do que é conveniente chamar *stakeholders* ou "partes interessadas", bem como a formalização da resposta a uma demanda social específica relacionada à responsabilidade social da empresa. Procuram-se também a integração das "práticas" ligadas a essa noção de responsabilidade social às lógicas de gestão. É nisso que a noção de responsabilidade social carrega a ambiguidade: saber se a empresa está "em mercado" ou "em sociedade".

A RSE é colocada pelos que defendem essa noção como estando em condições de responder às esperanças levando-se em conta as inclinações próprias da sociedade do "momento liberal", tendência que tornaria incontornável uma representação gerencialmente centrada na empresa para as "partes interessadas", no contexto de um capitalismo ao mesmo tempo utópico e predador da sociedade e do meio ambiente. A RSE marcaria os limites dessa pilhagem. A esse título, trata-se principalmente de um discurso pronunciado pelas diretorias gerais das empresas multinacionais.

Como muitas vezes acontece com as noções desse tipo, a RSE não pode ser considerada uma ideia nova. Ela poderia ser ligada à longa história da assistência caritativa das sociedades ocidentais desde a Idade Média, mas também poderia se tratar de uma "reatualidade" do paternalismo moralizador do início do século XX, expresso hoje pelos patrões das empresas multinacionais. É efetivamente difícil posicionar essa noção sem referências a algumas considerações como a política levada a cabo por H. Ford, nos Estados Unidos, com sua política de US$ 5 por dia, o paternalismo dos grandes industriais na Europa e o emprego vitalício no Japão, que já constituíam, de certa forma, dispositivos de RSE. No plano conceitual, e isso de forma muito crítica, Allouche et al. (2006) falam de "ilusão moral" e de "confusão dos conceitos e das práticas". A estruturação conceitual é realmente devedora de correntes díspares: a corrente étnica religiosa do tipo americano, a corrente ecológica, o comunitarismo e o neoliberalismo econômico. As inspirações econômicas e políticas se situam entre o modelo minimalista da ortodoxia liberal versão "escola de Chicago", o modelo intermediário do alargamento positivo (Freeman, 2005) e o modelo maximalista do voluntarismo social. Disso decorrem apreciações muito diferenciadas sobre o elo entre as práticas de RSE e a *performance*, noção igualmente vaga, cujo perímetro depende do que lhe acrescentamos além do componente financeiro.

A RSE coloca o problema da disjunção ou do não rentável (no qual "roubaríamos" necessariamente alguém para fazer uma margem) e do fato de "fazer o bem". É uma resposta "pragmática" (*best practices*) e "proativa" às pressões ligadas às perspectivas ambientais, políticas e sociais endereçadas à empresa. É também acompanhar uma mudança a partir do interior por integração dessas perspectivas e das "práticas" que lhe são associadas. Há, portanto, ao mesmo tempo, recobrimentos e diferenças com a administração pelos valores, pois editamos, implantamos, gerimos, modificamos também valores. Mas esses valores são, desta vez, coconstruídos pelas diretorias das empresas e os outros agentes "da" e "ao redor da" empresa.

Se recordarmos que Castel (1995), na *Les métamorphoses de la question sociale* (Metamorfose da questão social), defende que a Revolução Industrial conduziu a colocar a propriedade privada no centro da questão social, a luta social procurando construir uma propriedade social em paralelo, a metamorfose em questão hoje consistiria, com a RSE, em uma reapropriação da propriedade social por intermédio das categorias da propriedade privada. Seria assim que a empresa se institucionalizaria. Pelo contrato e pela propriedade, tenderia a erigir-se em fato social total, sendo uma a RSE das vias pelas quais se efetua essa apropriação da propriedade social pelas categorias da propriedade privada.

Com a noção de RSE, somos confrontados a uma "indecisão conceitual" construída sobre a ideia de expansão da razão de ser da empresa. Referir-se à isto pressupõe a identificação da empresa e da sociedade como agentes distintos um do outro, e a especificação das ligações de causalidade estabelecidas entre eles. Haveria, com essa noção, uma tentativa oportunista de adquirir a simpatia da opinião pública pela colocação em destaque da integração, por parte das empresas, das preocupações sociais ligadas às suas atividades em suas relações com o que se conveio chamar "as partes interessadas", de onde as remissões, por vezes confusas, à noção de desenvolvimento sustentável. A noção de RSE apoia-se, portanto, no postulado de que a empresa pode ser considerada como tendo intenções "próprias".

A RSE está na origem de uma inflação informacional, marcando assim a passagem entre uma "publicidade-comunicação" (com a ética dos negócios da década de 1990) e a expressão de um engajamento a partir de uma declaração de intenções (um código de conduta, por exemplo), em direção a uma perspectiva informacional que serve de base ao "diálogo" com as partes interessadas. O termo "diálogo" é assim colocado entre aspas, pois constitui tanto um objetivo dessas políticas informacionais quanto uma forma de impossibilidade, porque há, de fato, mais coconstrução das informações de restituição a "partes interessadas muito especiais" (as agências de notações empresariais, as outras empresas, certas ONGs e uma parte dos docentes-pesquisadores das ciências das organizações), do que um verdadeiro diálogo. As diretorias da comunicação "escolhem", de certa forma, seus interlocutores. Foi o que levantou a questão das interferências difíceis entre a RSE e a democracia. Poderíamos até, nesse quesito, falar em "liberal-burocracia".

A RSE apoiou-se igualmente sobre a definição e a gestão de processos próprios para implementar as políticas definidas pelas diretorias de empresas, quer se trate de "metaprocesso" referente aos valores e às orientações ou de implementação de um dispositivo de medida do valor agregado dos processos da RSE.

Salientamos a origem americana da noção em uma perspectiva histórica. A RSE foi "provocada" (perante a uma regulamentação de mercado) nos anos 1880 a 1920 por causa de preços abusivos e que conduziu à formulação das leis antitruste. Podemos falar também de uma RSE "enquadrada" (diante de um regime de associação "Estado-empresas") em uma perspectiva de coordenação econômica e de autorregulamentação setorial durante os anos do *New Deal*, uma RSE "obrigatória" (a partir de uma regulamentação "empresarial") pelo fato das problemáticas de qualidade de vida e sob o olhar das agências de regulamentação nos anos 1960 a 1980, e uma RSE "voluntária" a partir de então (ante a uma regulamentação valorizando a eficiência) por causa da desregulamentação do "momento liberal". A disseminação do conceito tem a ver ao mesmo tempo com sua institucionalização, com as condições de propaganda geográfica e a extensão da noção referente à divulgação de informações, com as tomadas de posição ética de resposta às exigências da gestão da diversidade e de reconhecimento da forte influência das questões ambientais. Esse dinamismo da RSE vai-se assim construindo-se ante à microeconomia-padrão, considerando-se a legitimidade concedida a uma representação doutrinária do funcionamento da empresa, de uma aproximação sociológica específica (a teoria das "partes interessadas") e a estratégia como local de expansão.

No que diz respeito à RSE, como eventual modelo organizacional, vários elementos de concretizações existem, em particular diante dos princípios da RSE definidos por trabalhos de comissão na ONU, seu local de institucionalização, do qual vamos relembrar alguns elementos:

a. implementação de certificações (ISO 14000, por exemplo);
b. definição e implementação de códigos de conduta;
c. definição e implementação de políticas de responsabilidade social;
d. concepção da atividade de empresa segundo os princípios de eficiência ecológica;
e. proibição da desinformação ecológica;
f. implementação de uma contabilidade em "partes interessadas";
g. política de *triple bottom line*;
h. desenvolvimento das "iniciativas voluntárias";
i. Implementação de estratégias "*win-win*" entre empresa e sociedade.

Mas o seu caráter vago e bastante incontrolável assim mesmo deixa em aberto a questão da existência de um modelo organizacional da RSE, a menos que se adiante a hipótese de que, de um conjunto relativamente díspar de técnicas, a fertilização cruzada de umas e outras contribuiria para a constituição de uma tecnologia.

5.3 Modelo organizacional e gestão

As ciências das organizações pertencem às ciências sociais cujo objeto social (aqui as organizações) vem fundamentar sua natureza. É também assim, por exemplo, com a sociologia (onde é a sociedade) ou com a antropologia (onde é o "grupo natural"). Enquanto ciência social, as ciências das organizações são construídas embasadas a uma trilogia "técnicas de organização-questões em de organização-teoria das organizações", seu desenvolvimento passa por uma fertilização cruzada entre os diferentes componentes espelhando-se em outra ciência social (não verdadeiramente reconhecida como tal na França), que são as ciências contábeis construídas exatamente da mesma maneira ("técnicas-contábeis questões-contábeis teorias--contábeis"). Seu objeto social (aqui a contabilidade) fundamenta igualmente sua natureza, desde o aparecimento da "grande organização" no início do século XX. Ciências das organizações e ciências contábeis fundamentam as categorias gerenciais da gestão das empresas, categorias que reencontramos bem no tema da RSE.

Falar em modelo organizacional da RSE, é propor fundamentar tal modelo em vista de modalidades ligadas a uma focalização e a uma época, isso é, essencialmente, entre 2000 e 2010. Falar em "modelo organizacional da RSE" é salientar a importância da questão com relação a outras. Podemos então falar em "modelo organizacional da qualidade", o qual teria nascido da focalização na questão, na década de 1980 e que se teria difundido no mundo inteiro a partir do Japão? Podemos então também falar de "modelo americano da RSE" que seria hoje um modelo dominante? Não podemos esquecer que qualquer perspectiva cultural somente vale, antes de tudo, em comparação e que as lógicas de sentido que ali se encontram marcam sua especificidade.

Vamos inicialmente relembrar os quatro critérios que Hatchuel (1992) sugere como vindos para fundamentar um modelo organizacional:

a. uma visão que ultrapassa a dimensão das técnicas de organização;
b. uma superação das especificidades setoriais;
c. a existência de instituições permitindo a formulação e a difusão do modelo (escolas, pesquisadores, grupos profissionais etc.);
d. concretizações exemplares.

É, portanto, fundamentos dos modelos que nos interessam aqui. O primeiro aspecto corresponde ao da redução, a qual caminha em par com uma simplificação. Já o segundo refere-se ao aspecto normativo. Em toda referência a um modelo, o aspecto redutor da realidade tenderia a colocar à frente o aspecto "passivo" da representação ali onde, em sua acepção normativa, seria o aspecto "ativo" da identificação que ganharia.

É esse duplo processo que é qualificado de modelização. Nesse sentido, é possível modelizar ao infinito, e nada vem limitar a produção de modelos. Mas o que conta, com a organização, é também a justificativa do modelo. É, portanto, um processo de justificativa que vem limitar a produção de modelos, "usar" alguns, suscitar outros. Assim, é essencial interrogar-se sobre as condições de produção dos modelos e de saber por que alguns deles emergem em dado momento enquanto outros desaparecem, e, falar das coisas, é também "exercitá-las". Modelizar dessa forma se distingue de modelo: a modelização é o processo, com suas características próprias, e aí o modelo é o resultado, com suas características próprias também. A modelização está ligada, logicamente, ao modelo, mas são igualmente duas histórias diferentes, na medida em que o modelo possui uma dimensão performativa de autorrealização que vem então diferenciar sua história da história da modelização.

Poderíamos, como o fez Sfez (1973), falar sobre esse assunto de "personagem conceitual" na medida em que o modelo não é nem personagem histórico nem herói, nem mito, mas uma produção discursiva em sincronia com um território e uma época. Esse personagem tiraria sua substância da repetição de elementos de "realidade" e se posicionaria à vista de objetos de referência. É assim, por exemplo, com o modelo "japonês" de organização.

A esquematização pode ser concebida como uma modelização processual e substancial da organização. A noção de modelo possui um aspecto "marcação" (seu lado demonstrativo), mas também um outro conceitual, o de elo entre um ideal-tipo teórico e um ideal-tipo prático (mas onde o teórico preexiste).

Com o modelo, trata-se, portanto, da questão de forma fundindo competências distintivas (uma forma X, Y etc.). A forma é, ao mesmo tempo, típica e específica, representativa de um "metabolismo". Com a referência a um modelo, a importância das formas organizacionais e a focalização em sua formação é maior. Porém, o modelo é de natureza não histórica, embora se preste ao jogo das "velhas" e das "novas" formas organizacionais sobre o implícito da "ruptura", permitindo assim estabelecer cronologias sem "história". Uma vez estabelecida, a referência ao modelo se faz por esquecimento do processo e formação. É o seu foco que conta. A institucionalização do modelo desemboca na crença em sua legitimidade.

É importante salientar a diferença que pode existir entre uma questão, um tema e uma moda. A modelização assume então um caráter diacrônico, enquanto o "modelo" e o *business model* assumem um aspecto sincrônico. Os modelos são, por vezes, "diacronizados" com base em etapas (por exemplo, invocando a passagem de uma configuração à outra), mas o modelo organizacional situa-se em um tempo "longo" e sem verdadeira contingência setorial (por exemplo, o modelo "Toyota" ultrapassa o setor automotivo assim como foi o caso com o modelo "Ford"), mesmo que se renove, enquanto o *business model* se situa em um tempo mais curto em uma contingência setorial (o *business model* do Google, por exemplo). O modelo articula elementos organizacionais em um conjunto coerente, ao passo que o *business model* é oriundo dos "arranjos" de mercado.

Deve-se igualmente salientar a contingência socioeconômica e/ou sociopolítica de um modelo organizacional:

- 15 de agosto de 1971, com o abandono da paridade dólar/ouro e a passagem para um sistema de taxas de câmbio flexíveis, e o aparecimento da forma de organização "japonês" (acentuando a flexibilidade);
- 3 outubro de 1989, com a queda do muro de Berlim e o desenvolvimento da globalização e das exteriorizações generalizadas (deslocalização, exteriorização da administração);
- 8 agosto de 2007 e a crise dos *subprimes*, e o aparecimento do tema do risco.

São, na realidade, "camadas" organizacionais que se acumulam. As crises do capitalismo induzem a uma dupla criatividade institucional e organizacional, em correlação com o provocador da crise e, nisso, um modelo organizacional da RSE pode caracterizar-se mais por diferença que por ruptura.

Devemos, por fim, salientar a diferença existente entre um tema organizacional (ciclo de vida decenal sinônimo de "preocupação" como a qualidade na década de 1980, o valor financeiro na década de 1990 e a RSE na década de 2000 a 2010) e uma questão organizacional (recorrente). Há, por exemplo, a RSE enquanto questão correlativa do desenvolvimento da produção de massa, e a RSE como tema correlativo do desenvolvimento das transformações organizacionais ligadas à globalização. A moda é de duração mais curta (aproximadamente cinco anos) e constrói uma reminiscência, um eco. Um tema de gestão traz uma dimensão simbólica e imaginária ao seu objeto; dimensão que continua marcando as representações administrativas após sua "idade de ouro". A qualidade nos deixou sua norma que continua constituindo hoje a "mãe" de todas as normas administrativas. Assim se dará sem dúvida com a RSE.

O modelo é uma norma e um atrator, a análise desse "atrator" caracterizando-se pelos aspectos seguintes:

- aquele dos contornos epistemológicos referente aos modos de construção do percurso discursivo que será ligado a esses "objetos";
- aquele dos "fundamentais" da ideologia organizacional ligada ao modelo;
- aquele da evolução das representações da organização com relação à análise da transformação dos discursos.

Falar em modelo organizacional da RSE é cotar uma alquimia específica entre esses três aspectos no aporte efetuado às ciências das organizações em determinado local (os Estados Unidos) e em dado momento (essencialmente entre 2000 e 2010), mas se um tema tende a colorir um modelo, ele continua sendo um tema e não se transforma dessa maneira em modelo.

5.4 A questão de um modelo organizacional da RSE do tipo "americano"

Falar de um modelo "americano" da RSE é, portanto, indicar que devemos pensar, em primeiro lugar, que se trata de um modelo organizacional, a questão da RSE sendo ao mesmo tempo uma estruturante quanto à natureza e às circunstâncias nas quais se encontram confrontadas as empresas, mas também o sinal de passagem da focalização de sua administração nas tarefas, para a focalização nas pessoas; e, em segundo lugar, que ele possa, no mínimo, entrar em um quadro de interpretação culturalista, o que coloca portanto a questão do referencial comparativo (aqui, um modelo "europeu"?).

O modelo "americano" da RSE tende a referir-se à existência de "modelos" culturais de referência com base em uma forma de primazia concedida a uma cultura dita "americana", e é por referência a Farnetti e Warde (1997) que será necessário considerar essa perspectiva. A transmissão de um "modelo americano" teria assim sido efetuada por empréstimos e por mestiçagem: os métodos americanos de administração assumiram um lugar preponderante nas práticas administrativas no mundo, principalmente após a Segunda Guerra Mundial. Mas delas, elas se alimentaram igualmente. Após a Segunda Guerra estabeleceu-se um modelo "americano" da RSE e um modelo "europeu".

Como mostram os trabalhos antropológicos sobre a aculturação (Bastide, 1979), a transmissão dos modelos responde a dois paradoxos. O primeiro é ligado ao efeito de importação do modelo que não pode induzir os mesmos resultados que aqueles observados no país de origem. O segundo diz respeito a caso frequente do modelo corrigido e reenviado ao país de origem que dele tira partido. Em geral, os modelos alimentam-se uns dos outros e implicam em efeitos diferentes, conforme o ambiente de aplicação. É provavelmente a razão pela qual sua diferenciação é muito mais difícil do que parece.

O modelo "americano" distinguir-se-ia do modelo "reno-japonês" encarnado pela Alemanha e pelo Japão, caracterizado pela predominância das finanças na economia e pela realização de lucros em curto prazo, diferente do segundo, conhecido pelo lugar importante da indústria e pela dificuldade em realizar lucros em um curto período de tempo. Esse percurso mostra a indecisão intelectual que prevalece, quem sabe um pouco apressadamente, na apelação do modelo "americano" da RSE e na oposição implícita que é então introduzida com relação a um modelo "europeu". Poderíamos então afirmar tratar-se, com relação ao cosmopolitismo implícito de um modelo "americano", de um minoritarismo militante (ou mesmo comunitarista) de um modelo "europeu"? A globalização induziria a virada para uma era da "grande transformação" das formas organizacionais com a ideologia da forma única, aquela do modelo "americano" (do qual sua versão RSE) em vista de resistências, aquela de um modelo "europeu"?

A referência a uma área geográfica estabelece uma ambiguidade entre a perspectiva "macro" política do desenvolvimento sustentável, portanto, necessariamente inscrita no âmbito de uma geografia política e econômica por referência a Estados que se mostram concernidos pelo desenvolvimento sustentável de forma diferente uns dos outros, e a perspectiva "micropolítica" da RSE, da ordem das estratégias editadas pelas diretorias gerais.

É somente pela comparação termo a termo de propostas, que é possível fundar um "culturalismo" da perspectiva, que permitiria distinguir uma compreensão americana da europeia, com base em estereótipos que procuramos evitar e que tratam-se de prejulgamentos.

Portanto, a obrigação para quem falar de um estereótipo "americano" da RSE, de lhe encontrar um estereótipo de comparação, aqui qualificado de "europeu".

Perspectiva americana	Perspectiva europeia
Evitar os impactos danosos ao valor acionário e à reputação.	Parte integrante da "filosofia" gerencial face a uma cultura organizacional e a uma gerência baseada na referência a valores.
Demanda "externa" tendo induzido os códigos de ética.	O gerenciamento não pode ignorar a democracia no local de trabalho.
Tradição do republicanismo cívico (em particular da virtude cívica de honestidade).	As perspectivas "éticas" emanam dos parceiros sociais.
Importância concedida ao *training* formal sobre os valores.	Importância concedida à compreensão dos valores.
Tradição jurídica da *common Law*, na qual um lugar é deixado ao conflito e à interpretação.	Tradição jurídica dos códigos napoleônicos, do direito do trabalho.
Importância das leis sobre a corrupção.	Aspecto voluntário (e não legal).
Os códigos éticos são quase leis.	Os códigos éticos são guias sem caráter obrigatório.
Federal Sentencing Guidelines.	Parcerias empregadores-funcionários (entre os quais os sindicatos).
Cursos de ética dos negócios nos currículos de gerenciamento.	Cursos sobre as implicações econômicas da vida dos negócios, considerando-se as perspectivas éticas.

Salientamos, com a RSE, os contornos de uma situação intercultural rica de ensinamentos, a partir de um conceito muito impregnado de referências norte-americanas.

O *Livro verde*, editado pela Comissão das Comunidades, define assim o conceito de RSE:

> O conceito de Responsabilidade Social das Empresas significa essencialmente que são elas que decidem, por iniciativa própria, contribuir para melhorar a sociedade e tornar mais limpo o meio ambiente. No momento em que a União Europeia se esforça para identificar valores comuns, adotando uma carta dos direitos fundamentais, um número crescente de empresas reconhece, cada vez mais claramente, sua responsabilidade social e a considera como sendo um componente de sua identidade. Esta responsabilidade exprime-se com relação aos assalariados, e geralmente, a todas as partes interessadas envolvidas pela empresa e que podem, por sua vez, ter influência sobre seu êxito (...) Embora sua responsabilidade primeira seja gerar lucros, as organizações podem ao mesmo tempo contribuir com objetivos sociais e para a proteção do meio ambiente, integrando a responsabilidade social, como investimento estratégico no seio de sua estratégia comercial, de seus instrumentos de gestão e de suas atividades.

Essa definição particularmente ampla abre o campo a numerosas interpretações, mas seu culturalismo norte-americano deve, no entanto, ser notado. Esse culturalismo foi confirmado pela seção "Emprego, negócios sociais, cidadania", do Comitê Econômico e Social Europeu, referente aos "Instrumentos de medida e de informação sobre a responsabilidade social das empresas em uma economia globalizada", que adotou um aviso em 24 de maio de 2005. Essa seção foi definida pelo comitê como "a integração voluntária, pelas empresas, de preocupações sociais e ambientais às suas atividades comerciais e em suas relações com as partes interessadas". Tudo isso, em nome de um conceito europeu de desenvolvimento sustentável e por referência a "uma economia social de mercado altamente competitiva que tende ao emprego pleno e ao progresso social", o que marca sua diferença com o culturalismo anterior.

Essa definição introduz quatro dimensões essenciais, em torno das quais vai-se estruturar o debate intercultural:

a. O caráter "voluntário" que significa que é realmente a empresa, por meio de seu gerenciamento, que assume compromissos nessa matéria, indo além de suas obrigações legais e contratuais existentes. Esse compromisso voluntário possui um valor moral de exemplaridade e associa valores altruístas com a consideração do interesse em longo prazo. De certa forma, isso confere à companhia o direito de esperar, em contrapartida, uma forma de reconhecimento pelas "partes interessadas" (acionistas, consumidores, assalariados, cidadãos etc.).
b. O caráter "duradouro" que afirma a seriedade do compromisso correspondente da mesma forma que seu caráter estratégico.
c. O caráter "transparente" que se apoia na coleta e na publicação de informações difundidas no interior e no exterior, e permite autenticar a realidade das "boas práticas" assumidas e medir os progressos realizados.
d. A capacidade de envolver novas "partes interessadas".

A questão da rentabilidade da RSE é, portanto, colocada sem emoções, a partir do compromisso de que os proprietários da empresa e/ou seus mandatários têm o direito e o dever de efetuar quanto aos valores de "sua" empresa, sabendo que o desenvolvimento do valor econômico é então considerado inseparável de sua retidão moral. Encontramo-nos diante de um universo liberal, onde a *self regulation* é considerada como devendo exercer um papel essencial. Por fim, a heterogeneidade cultural europeia coloca de fato a questão da eventual existência, mesmo que futura, de um modelo "europeu" da RSE, consequentemente é um modelo "convergente" da RSE.

Mas as circunstâncias do esgotamento do tema da RSE cotadas no início deste texto fazem que ele não se transforme em modelo. É a correlação das cinco crises das quais falamos, que será a geradora essencial de um eventual modelo futuro.

5.5 Comentários sobre o esgotamento da RSE enquanto tema

A RSE era realmente, no mínimo, um tema de gestão, o qual podemos, de certa forma, posicionar em "continuação-ampliação" em relação ao tema da ética dos negócios, menos dominante na época de seu desenvolvimento (a década de 1990) nas referências que lhe foram feitas. Com esse título, é um ato de diretoria geral. Sua importância faz que pertença hoje às categorias de *organizational behavior*. Trata-se, enfim, de um tipo de projeto alternativo àquele do comunismo como modo de desenvolvimento econômico e social, pelo fato do que é convencionado chamar "o fim das ideologias" (Fukuyama, 1995) e, portanto, é igualmente um projeto ideológico. É certamente isso o que tende a lhe dar um dos aspectos constitutivos de um modelo, o aspecto de sua parte normativa.

Como já o assinalamos anteriormente, a RSE pode ser ligada à longa história da assistência caridosa das sociedades ocidentais desde a Idade Média, mas uma caridade ostensiva, o que poderia explicar os inúmeros esforços desenvolvidos para prestar contas fora das tradicionais categorias da comunicação financeira. Seus atos estariam mais próximos da proteção (de animais, de plantas, bem como de pessoas, tendo em vista as ligações estabelecidas com as inúmeras e variadas ONGs) do que da caridade ou da solidariedade. Poderíamos, mesmo no limite, levando em conta a ostentação organizada dos conteúdos da comunicação a propósito da RSE, falar em empresa "patrocinadora" que certamente faz o bem, mas no sentido de seus interesses, ao mesmo tempo em que pronuncia um discurso infantil para as "partes interessadas".

Outra característica que podemos salientar é tudo aquilo que se refere a uma secularização de tipo econômico, mas também moral e político da empresa em "uma sociedade pós-secular" para retomar a expressão de Habermas (2004). Nas categorias de um "momento liberal", em que se desenvolvem as condições genéticas da heterodeterminação do ser humano, a empresa, local privilegiado da concretização da tecnociência, se vê, correlativamente, transformar-se em um local de promulgação heterônoma de uma injunção à autonomia como condição de possibilidade de sua legitimidade moral e política. É, aliás, a esse título que ela se institucionaliza, em uma forma de cumprimento da crítica formulada por Friedman (2002) da devolução a "indivíduos privados autodesignados" que decidem "o que é de interesse para a sociedade".

Podemos notar a correlação atual dessa temática da RSE com aquela do risco cuja gestão, considerada no sentido amplo do termo, conduz à designação potencial e real de responsáveis ao mesmo tempo de "dentro", como "além" das fronteiras da empresa. Correlativamente ao "momento liberal", efetivamente assistimos a uma "conjunção-disjunção-contradição" entre os perímetros jurídico, o econômico e social da empresa (em particular, aquele da grande empresa), disjunção criadora de riscos que, evidentemente, devem ser dominados. É igualmente em referência a esse título que podemos falar em *triple bottom line*. E é realmente nisso que se baseia a RSE na medida em que as consequências da vida da empresa ultrapassam o perímetro jurídico que classicamente marcam, em direito, a fronteira de suas responsabilidades.

No entanto, para uma diretoria de empresa, aguardar recaídas de uma política de responsabilidade social significa:

a. aproximar as políticas de responsabilidade social com lógicas de avaliação baseadas em raciocínios "custos-vantagens" do desenvolvimento de toda uma instrumentação;
b. "fazer uma triagem" entre problemas sociais (por exemplo, eliminando de forma quase geral o tema do *handcap*, para deixar eventualmente subsistir apenas seu aspecto discursivo, tendo em vista a importância relativa dada ao tema da luta contra a Aids);
c. uma forma de legitimação da gerontocracia inerente aos fundos de pensão (isso vai ao mesmo tempo com o tema dos fundos de investimentos ditos "éticos");
d. um "confisco-recuperação" gerencial do desenvolvimento sustentável com uma "confusão" recursiva do "desenvolvimento sustentável" do planeta e considerado como redutível ao "desenvolvimento sustentável" da empresa, e, portanto, uma intrusão da empresa na definição do "bem comum", em vista da questão das relações entre o homem e a natureza;
e. a busca de uma legitimidade com relação ao enfraquecimento da lei e por mimetismo, do qual provém a referência a normas e a "modelos". Para esses últimos, trata-se também de aproveitar sua dimensão simbólica;
f. "registrar", referindo-se a um modelo "anglo-americano" da RSE, a supremacia cultural norte-americana em sua vocação de propor normas ao funcionamento das empresas.

É por isso que encontramos, em torno do tema da RSE, posturas como:

a. o fato de aproveitar-se dela (por exemplo, ao lançar produtos "bio");
b. a prudência que consiste em fazer de tudo para evitar as catástrofes;
c. outra versão da prudência que consiste em fazer de tudo para ser "esquecido";
d. a hipocrisia da transformação do vício em virtude.

A RSE foi uma resposta "pragmática" (as *best practices*) e "proativa" às pressões ligadas às perspectivas ambientais, políticas e sociais enviadas pelo corpo social à empresa. Estamos assim, ante a uma nova manifestação agonística (Mouffe, 2005) do projeto gerencial, isto é, da utopia da recusa em reconhecer a existência de antagonias, no seio da empresa. "Trabalhadores, acionistas, um mesmo combate!" O desenvolvimento do tema da RSE inicialmente se estruturou em volta da injunção negativa de abstenção e de reparo dos danos sociais. Essa injunção baseia-se em uma tradição ética norte-americana do "mínimo moral" (Simon et al., 1972), isto é, a necessidade de formular uma resposta diante da impossibilidade de se evitar uma injunção negativa, embora a noção de dano social seja ao mesmo tempo imprecisa e evolutiva no tempo. Foi certamente esse fundamento que gerou a referência a um modelo "americano" da RSE.

Com a RSE, a relação entre a empresa e a sociedade era compreendida como de natureza contratual, ideologia que legitima hoje o *continuum* "direito-contrato--responsabilidade". Além do mais, todo o edifício da troca mercantil baseando-se em "fundamentais" extraeconômicos, assim como a confiança baseada, em última instância, em princípios morais, tratava-se de fundamentar esse contratualismo das perspectivas éticas. Aliás, encontramos aí reformulada a "velha" ideologia do liberalismo econômico que faz da riqueza da empresa a riqueza das nações, o contratualismo de empresa fazendo, sempre por agregação simples, o contrato social.

Vemos bem aqui que numerosos ingredientes de ordem ideológica e política foram postos em obra, no que diz respeito ao desenvolvimento da legitimidade da referência a um modelo organizacional da RSE, independentemente de uma interpretação culturalista.

5.6 Conclusão

5.6.1 O fim da RSE enquanto tema de gestão

Espelhando-se nos elementos destinados a fundamentar a existência de um modelo organizacional da forma como foram apresentados antes, examinemos aqui aqueles que permitem definir o que vem a ser um "tema de gestão", e em que isso pode permitir qualificar como tal a RSE:

a. primeiro, um tema de gestão se distingue de uma moda por sua duração: uma década aproximadamente. Ele aparece no início da década de 2000 e se esgota atualmente; portanto é mais que uma moda;

b. ofereceu o suporte de uma visão gerencial federativa (para não dizer "estratégica", noção por demais vaga, pois o que não é estratégico?). E a RSE associa práticas díspares dando-lhes coerência formal (comércio justo, comércio ético, *marketing* ético, fundos de investimentos éticos, investimentos socialmente responsáveis, *stakeholders report*, auditoria ética etc.);
c. métodos de gestão que existiam fora de seu campo, ali foram reinterpretados como o *reporting* que, além de sua origem financeira, acaba sendo ambiental e societário;
d. "ferramentas" de gestão que existiam antes da emergência do tema tomaram uma outra dimensão (as cartas éticas, por exemplo). "Novos" métodos apareceram como para tudo o que envolve a notação societária;
e. a RSE como tema de gestão comportou duas dimensões vindo fundamentar a reinterpretação da gênese da *performance*, a referência a um jogo social, a procedimentos e valores etc., como com a *tripple bottom line*. Mas, se olharmos mais de perto, encontramo-nos, a maioria das vezes, ante a uma "reinterpretação-ênfase" de algo já existente com os empréstimos às técnicas de medida da *performance* financeira ou àquelas da gestão de qualidade. Métodos de gestão já existentes se encontraram aí reinterpretados;
f. interagiu com lógicas gerenciais como a governança marcada pela passagem de uma *corporate governance* para uma *global governance* pelo fato da referência à RSE;
g. convocou conceitos disponíveis para fundamentá-lo como a noção de "partes interessadas";
h. existem concretizações simbólicas (como a *Danone Way*, por exemplo);
i. ...certamente, sobrará alguma coisa após seu esgotamento, em vista do enorme desenvolvimento das práticas de gestão por esse modelo suscitado.

Como modelo organizacional, um tema de gestão se beneficia dos atributos do discurso com os aspectos seguintes:

a. locutório (o que expressa o discurso em primeiro grau). O discurso da RSE apoiou-se dessa forma sobre numerosas perspectivas declarativas. Assim é, no mínimo, para tudo o que diz respeito às cartas de valores;
b. não locutório (o que ele impede de dizer). E o fato de que esse modelo sucede ao tema do valor financeiro não é neutro nesse quesito, permitindo à burguesia continuar avançando mascarada. Quem efetivamente chamaria esses votos das empresas de "sujos"?

Porém, um tema de gestão, justamente por ser um tema e não um modelo, tende a possuir um conteúdo mais claramente ideológico:

a. simplificação e encantamento, portanto cegueira na desclassificação das categorias daquilo que é político (a vida política da cidade com suas concretizações políticas e politiqueiras). Mas o que faz o Estado para proteger as espécies em extinção, enquanto o WWF, graças aos milhões que lhe são entregues por Lafarge, o faz tão bem!
b. distinção entre fatores "amigos" e fatores "inimigos", portanto construção de uma parcialidade, e a RSE é bastante parcial. É melhor jogar nas tabelas de basquete instaladas por Auchan do que ali ser caixa!
c. fagocitose (do desenvolvimento sustentável entendido no sentido de "macropolítica").

Um tema de gestão não "cai" do céu:

a. as concretizações da ética dos negócios com sua ferramenta privilegiada, os códigos de ética, autoedição formulada pelas diretorias das maiores empresas existiam anteriormente, tendo acumulado a experiência das dificuldades de sua concretização no cotidiano;
b. a força catalítica de aspectos como o *charity business*, por exemplo, serviu de situação de aprendizado;
c. as interações com a sociedade o legitimam (as reações cidadãs da antiglobalização, as disparidades geográficas, os problemas ecológicos como o aquecimento do planeta, a "transformação ética" das representações do político com o crescimento em legitimidade do apelo às virtudes cívicas etc.).

A RSE construiu as ambiguidades necessárias ao desenvolvimento de um "sentido", assim ela:

a. ofereceu um suporte de reinterpretação da dialética gerencial, suporte de reinterpretação cuja importância foi notado por Simon (1991), quando ele mostrou toda a dificuldade gerencial da passagem dos valores entre princípios relativos a uma perspectiva universalista, com fatos referentes à perspectiva consequencialista. Reencontramos aqui a importância dos raciocínios em dilemas que marcam a *Business Ethics*;

b. fundamentou discursos parciais e sectários, marcando assim o triunfo de uma atividade comunicativa, levando-se em conta elementos de concretização. A *Danone Way* consiste em "realmente" levar em consideração as categorias dos direitos do homem nas lógicas gerenciais, mas as embalagens de iogurte enchem nossas lixeiras e nossos desejos mais primários são deleitados por uma comunicação comercial baseada em estímulo à gula;
c. conduziu à monopolização do campo político pelas empresas cuja legitimidade nesse campo deve ser provada, o que finalmente suscitou em retorno, o desenvolvimento do político que se apoderou da noção do desenvolvimento sustentável, e que se mostra o único em condições de encarar as crises às quais nos referimos na introdução.

Enquanto tema de gestão, o tópico esgotou sua dinâmica. Os principais benefícios das políticas de RSE foram certamente um questionamento das práticas de corrupção, mas suas concretizações tornaram consideravelmente mais pesado o lado processual do funcionamento da empresa. Esse aspecto entrou em combinação multiplicativa com as outras tensões processuais (por exemplo, com as perspectivas da QSMA – qualidade, segurança e meio ambiente). Ora, o peso do lado processual entra em tensão com a eficácia. E, é certamente o que mais claramente marca o esgotamento interno do tema, que leva a colocar em evidência outro tema (o risco) como tema alternativo. E, sem dúvida, é o defeito, a institucionalização da empresa, que valida o esgotamento do tema da RSE. Essa institucionalização pode ser definida como operando no âmbito das mentalidades (com representações do papel da empresa e suas ligações com a sociedade), aquele dos discursos (com o modo de falar da RSE), aquele das práticas (específicas da RSE), e das instituições (aquele que participa da formação dos gerentes, que fazem emergir e que legitimam as normas da RSE), e aquele dos saberes (sobre a compreensão da RSE).

Em função da intervenção da empresa na definição do "bem comum", o voluntarismo gerencial foi de certa forma "ultrapassado" por ele mesmo, em sua vocação de propor substituir uma onisciência da regra estabelecida pelas diretorias das empresas (portanto sem nenhuma prova de representatividade) à onisciência dos poderes públicos em base a um argumento duplo de utilidade e de eficácia. O tamanho da empresa multinacional e o poder que é seu (bem como o poder acumulado do grupo constituído por essas empresas) conduziram, por intermédio das políticas de RSE, a intervir na definição das regras da vida em sociedade. Mas, em contrapartida, essas mesmas empresas foram interpeladas porque elas não podem fazer de forma diferente. Tendo-se "substituído" aos poderes públicos (por vezes falho, certamente, como em tal ou tal situação em países em desenvolvimento, por exemplo), elas acabaram laminando as condições de constituição de um Estado que hoje faz cruelmente falta. De uma perspectiva "micropolítica" (com a RSE), passamos sem perceber a uma perspectiva "macropolítica" da definição do "bem comum". O desenvolvimento sustentável (de dimensão "macropolítica") acabou substituindo a RSE (de dimensão "micropolítica"). Entretanto, a eclosão das crises, das quais falamos antes, somente pode encontrar um início de resolução mediante as intervenções maciças dos Estados, trazendo assim o tema da RSE à dimensão da questão na qual se encontrava anteriormente.

Referências bibliográficas

ALLOUCHE, J. et al. *Corporate social responsibility*. Concept, accountability and reporting, v. 1. London: Palgrave Macmillan, 2006.

BASTIDE, R. *Antropologia aplicada*. São Paulo: Perspectiva, 1979.

CASTEL, R. *Les métamorphoses de la question sociale*: une chronique du salariat. *Paris: Fayard, 1995.*

FARNETTI R.; WARDE I. *Le modèle anglo-saxon en question*. Paris: Economica, 1997.

FREEMAN, E. R. *From corporate social responsibility to company stakeholder responsibility*. Milão, Itália: Bocconi, 2005.

FRIEDMAN, M. *Capitalism and freedom*. Chicago and London: University of Chicago Press, 2002.

FUKUYAMA, F. *Trust: the social virtues and the creation of prosperity*. Nova York: Free Press, 1995.

HABERMAS, J. *Time of transitions*. Cambridge UK: Polity Press, 2004.

HATCHUEL, A. *L'Expert et le système*. Gestion des savoirs et métamorphose des acteurs dans l'entreprise industrielle. Paris: Economica, 1992.

MOUFFE, C. *On the political*. Nova York: Routledge, 2005.

SFEZ, L. *Critique de la décision*. Paris: Presses de la Fondation Nationale des Sciences Politiques, 1973.

SIMON, H. Organizations and markets. *Journal of Economic Perspectives*, v. 5, n. 2, 1991.

SIMON, J. G. et al. *The ethical investor*: universities and corporate responsibility. New Haven: Yale University Press, 1972.

Capítulo 6

Entre a solidariedade e a modernização: a educação popular de Paulo Freire e a profissionalização da agricultura familiar no semiárido nordestino

Patricia Mendonça

Mario Aquino Alves

Introdução

A modernização chega ao semiárido nordestino com a crescente profissionalização das atividades ligadas à agricultura familiar e se dá em sua maioria a partir de ações de agentes externos. Como se não bastasse essa nova lógica chegar a uma região que por muito tempo viveu isolada economicamente, ela também se chocará com uma lógica de solidariedade construída pelo trabalho de mobilização realizado pela Igreja Católica nas décadas de 1960 e 1970.

Para Weber (1983[1920]), a racionalização consistia em uma clarificação, sistematização e integração de ideias. Nesse processo, as ideias ganham uma lógica interna, adquirindo autonomia e dependência para influenciar outros aspectos da vida social. A lógica capitalista seria um exemplo de racionalização visando à adequação entre meios e fins. Um processo de mobilização dos componentes socioeconômicos em determinada direção cujo resultado mais imediato pode ser visto pelo aumento da produtividade do trabalho e a ampliação das redes produtivas. Esse processo de racionalização do mundo na economia capitalista é denominado de modernização e, de acordo com Weber, é típico das sociedades ocidentais.

Em um cenário marcado de relações tradicionais, em que a religião sempre foi um elemento que permeou as relações socioculturais, a modernização com o advento da lógica capitalista (Weber, 2004[1922]) no semiárido nordestino vem acompanhada de contradições. Este trabalho busca relatar os paradoxos que emergem com a ascensão de uma lógica capitalista e o seu choque com as metodologias educativas de base revolucionárias, com inspiração no educador Paulo Freire. Vamos aqui examinar alguns dos paradoxos gerados pelo encontro dessa solidariedade insurgente e a modernização que avança na região.

6.1 O semiárido e a região do sisal

O semiárido brasileiro é um dos mais extensos, populosos e úmidos do mundo. Com uma área de aproximados 900 mil quilômetros quadrados, abrange o norte do Estado de Minas Gerais e os nove estados do Nordeste. Sua população é de aproximadamente 20 milhões de habitantes, e, destes, cerca da metade habita a área rural. Ainda que a precipitação pluviométrica seja relativamente baixa, o pior problema, tratando-se de água, advém da chuva ser má distribuída e de características climáticas que fazem do Nordeste uma região com alto índice de evaporação, fator que dificulta o estoque natural de água no solo.

Apesar dessas características que tornam a região diferenciada, segundo Malvezzi (2007), o semiárido não seria apenas clima, vegetação, solo, Sol ou água, mas também povo, música, festa, arte, religião, política, história, em suma, processo social. Dessa forma, não se poderia compreendê-lo de um ângulo só. A região também possui características socioeconômicas marcantes como a concentração fundiária, ocupação desordenada do espaço urbano nas cidades de médio porte e uso inadequado dos recursos naturais.

Nesse espaço convivem agricultores familiares que plantam no sequeiro, colonos e grandes empresas de agricultura irrigada; famílias sem-terra, famílias assentadas, assalariados, parceiros, meeiros, extrativistas, comunidades indígenas, remanescentes de quilombos; comerciantes, funcionários públicos, professores, agentes de saúde (ASA, 2003).

O legado histórico do semiárido é caracterizado por relações patrimonialistas e clientelistas, que ainda persistem fortemente, além de altos níveis de desigualdade, alguns dos piores índices sociais do Brasil, em termos de níveis educacionais, tanto de adultos como de crianças, baixa esperança de vida, baixo nível médio de renda, dificuldade no acesso á água. O que se observa, na verdade, é que a maior parte dessa região vem sofrendo com a falta ou falha sistemática de políticas públicas eficientes, e, por essa razão está apenas seguindo seu destino, determinado pelas secas.

Diversos autores apontam que políticas públicas para o campo durante a década de 1980 se degradaram consideravelmente, e são resultantes de uma crise do modelo de desenvolvimento agrícola modernizante. À exceção do *agribusiness*, o Estado se afastou das políticas agrícolas e concentrou seu esforço e seus meios sobre as políticas sociais e de infraestrutura. Parte desse desengajamento promoveu a ascensão de iniciativas nas áreas produtivas por organizações da sociedade civil (ONGs, associações, sindicatos) cujos trabalhos puseram em evidência uma opção clara para uma agricultura sustentável (produtiva e autônoma), baseada na "convivência" com as condições naturais e a unidade produtiva familiar, constituindo-se, portanto, em uma proposta diferente (Favareto, 2006b; Buainain et al., 2001).

A partir de meados da década de 1990, com a criação do Pronaf – Programa Nacional de Fortalecimento da Agricultura Familiar, e posterior criação do Ministério do Desenvolvimento Agrário – MDA, observa-se uma retomada das políticas públicas no campo, e o surgimento de um debate em torno de dois diferentes paradigmas para o desenvolvimento rural no semiárido: um assentado no viés que privilegiaria o combate à seca, sobretudo mediante a realização de grandes obras e, outro, que toma como perspectiva a convivência com a seca. Silva (2007) afirma que, apesar dos avanços, permaneceria uma perspectiva reducionista e fragmentada de combate às secas e aos seus efeitos com grandes obras hídricas e com a irrigação, e a concepção de convivência com o semiárido ainda não fora suficientemente internalizada nos programas e ações governamentais.

O local de realização desse estudo foi a região do sisal, localizada no nordeste do Estado da Bahia, um local semiárido, composta por 20 municípios de perfil essencialmente rural, cuja principal atividade econômica está organizada em torno do cultivo do sisal, mas que, nos últimos anos, tem experimentado uma crescente diversificação produtiva, não apenas na atividade agrícola, como também, de forma mais tímida, na indústria e nos serviços.

Na região, as dificuldades de acesso à água alimentam um ciclo de relações de dependência nos períodos de seca, que se refletem em uma cultura política muito própria, cuja informalidade e personalização são traços marcantes. Os períodos de seca trazem grande instabilidade financeira para os pequenos produtores, que acabam contraindo empréstimos informais (geralmente comerciantes com ou atravessadores que compram o sisal ou outro produto de sua pequena produção) e aceitam favores de políticos locais, que os oferecem alguma ajuda ou os encaminham para frentes emergenciais de trabalho.

Dessa forma, ao lado da instabilidade climática, a baixa capacidade técnica, para armazenar água, para melhorar a estrutura produtiva das lavouras de sisal e outras culturas e a dificuldade de acesso ao crédito formal são fatores que, quando combinados, têm gerado dificuldades para os pequenos produtores locais e o desenvolvimento da região.

Além dessas características, a região do sisal, bem como o restante da região semiárida nordestina possui uma cultura popular muito distinta, que se manifestam na música, festa, arte e religião.

6.2 A solidariedade insurgente

Até meados da década de 1970, período em que começam a se articular algumas iniciativas para a mobilização e organização desses camponeses, havia forte relação entre a crença religiosa e o fenômeno das secas. Uma característica climática cíclica era atribuída a uma falha na providência divina. Diante disso, toda a dinâmica social da região acaba interagindo com o fenômeno da seca, de projetos empresariais, viagens a casamentos. O sertanejo está imbricado nesse estilo de vida e na sua terra. Quando as esperanças de chuvas cessavam, era o momento esperado de o governo agir, sempre de forma reativa.

Paradoxalmente, o elemento religioso acaba sendo a porta de acesso para a mobilização social, elemento central na estratégia dos movimentos sociais que emergem na região na década de 1970. Setores progressistas da Igreja Católica acabam por mediar essa mobilização, e suas bases ideológicas ficaram conhecidas na América Latina como teologia da libertação.

Nesse movimento, eclesiais unem-se ao laicato para chegar às comunidades do meio rural, levando leitura crítica da palavra de Deus. Surge daí um modelo organizativo denominado Comunidades Eclesiais de Base (CEBs), que se multiplicaram rapidamente, e, já na década de 1970, se consolidam no meio rural com um modelo de organização dos movimentos sociais, de onde emergem lideranças e novas organizações de agricultores, entre elas sindicados, associações, cooperativas, ONGs locais como a Apaeb[1] e o MOC.[2]

As CEBs se apropriam das ideias do educador Paulo Freire para desenvolver suas estratégias de mobilização e redefinir diversos significados entre os pequenos produtores, especialmente os relacionados à sua relação com a natureza e com a religiosidade.

As estratégias de mobilização das CEBs visavam modificar as lógicas de resignação assentadas no entendimento de que a pobreza e a exploração eram frutos naturais da vontade de Deus. A "conscientização", bem como a criação e reconstrução das relações sociais, era feita com base na leitura da Bíblia, orientada por padres e leigos. Nesse trabalho, deixavam-se claras as incompatibilidades de alguns processos institucionais, como as relações de dependências e favores impostos pelas elites locais e a ausência de serviços sociais. A reflexão era realizada em cima desses conflitos, buscando introduzir a noção de que, com a solidariedade, era possível combater essas forças, tendo como grande objetivo a construção de uma noção de direitos entre as comunidades. A consciência com relação às fontes de suas opressões foi o primeiro passo para o desdobramento de diversos outros processos.

Como a região ainda era relativamente isolada, a informação também era um recurso importante trazido pelos religiosos. O trabalho da Igreja consegue mobilizar os laços comunitários de solidariedade das comunidades, que se organizavam muito em torno de grupos de ajuda mútua, muitas vezes fortalecidas pelo próprio isolamento, crenças religiosas e esquecimento por parte de qualquer outro agente com interesse em promover melhorias nas suas condições de vida. Alia-se a essas estruturas de solidariedade comunitárias, a estrutura da própria

[1] A Apaeb (Associação dos Pequenos Agricultores da Região do Sisal) foi criada na década de 1980 com o propósito de organizar os pequenos produtores para eliminar os atravessadores que os exploravam no comércio do sisal. Essa associação se expandiu, chegando a instalar na região uma fábrica de tapetes e carpetes, exportando a maior parte de sua produção, passando a trabalhar toda a cadeia produtiva, da matéria-prima ao produto final. Ao mesmo tempo, encorajou a organização da produção e sua diversificação, visando diminuir as vulnerabilidades dos pequenos agricultores da região. Disponível em: <www.apaeb.com.br>. Acesso em: 20 out. 2009

[2] Fundado em 1967, o MOC (Movimento de Organização Comunitária) é uma das mais ativas organizações trabalhando com a temática do desenvolvimento rural no Brasil. As ações dessa organização levaram à criação da Apaeb e de outras entidades na região. Disponível em: <www.moc.org.br>. Acesso em: 20 out. 2009

Igreja, com amplas redes e conexões que permitiram mobilizar recursos para os trabalhos na região. Essa solidariedade "insurgente" cria novas lógicas que modificam a relação das comunidades com a religiosidade e as estruturas sociais.

Assim, a mobilização dos laços de confiança comunitários e sua religiosidade, de maneira contestatória pelo trabalho pastoral, criam novas lógicas que modificam a relação das comunidades com a religiosidade e as estruturas sociais. Uma das principais estratégias de mudança utilizada pelas CEBs e outras organizações da região, especialmente o MOC, foi a ação praxiológica (Seo e Creed, 2002).

6.3 A ação praxiológica e a metodologia de Paulo Freire

Para Benson (1977), a partir de uma perspectiva dialética, organizações podem ser entendidas como fenômenos concretos, que abrangem múltiplos níveis e que são continuamente cercadas por contradições que alteram suas principais características. Seus objetivos e práticas dependem dos interesses e ideias das pessoas que as constituem, assim como do seu poder de produzir e manter formações/estruturas sociais.

Seo e Creed (2002) utilizam a perspectiva dialética de Benson (1977) sobre as organizações para construir o modelo que possa explicar a mudança institucional. Os princípios básicos da análise dialética seriam: construção social, totalidade, contradição e práxis. Na Figura 6.1, os autores demonstram como esses princípios se articulam. A construção social centra-se nos processos sociais onde se desenvolvem ordens e relações. Isso envolve instituições, organizações e campos organizacionais, sendo compreendidos como arranjos de múltiplos níveis de processos que continuamente se produzem e se reproduzem. A totalidade refere-se à interconectividade desses elementos. Os arranjos envolvendo a construção social de instituições, organizações e campos são permeados por elementos mutuamente incompatíveis. A contradição refere- se aos pontos de rupturas e inconsistências tanto entre os diferentes arranjos sociais, como no interior dos mesmos. Por fim, a práxis seria a reconstrução livre e criativa dessas condicionantes, com base na análise dos limites e potenciais da formas sociais existentes.

A práxis é uma estratégia de mudança central utilizada por agentes que atuam na mobilização social com os agricultores da região. Essa estratégia tem suas raízes nas noções freirianas de educação popular, amplamente utilizadas por centros de educação popular, dirigidos por militantes da Igreja Católica, CEBs e, posteriormente, por ONGs, que se ligam a eles (Landim, 2002). Muitas dessas

Figura 6.1 Processo de institucionalização e mudança institucional da perspectiva dialética.

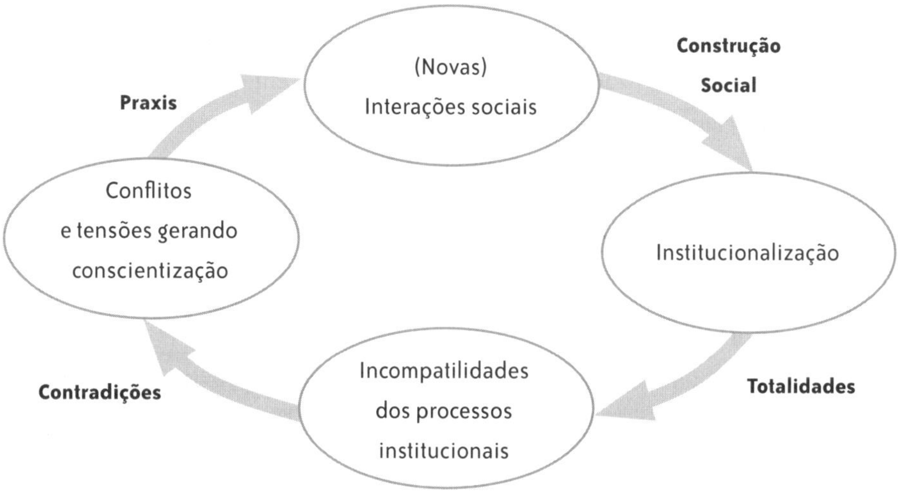

Fonte: Seo e Creed (2002).

organizações já se encontram "profissionalizadas", ou seja, sofreram um processo de crescente racionalização cujo objetivo principal é a adequação a uma lógica de mercado.

O educador Paulo Freire teve grande influência nas estratégias e metodologias adotadas pelos movimentos sociais latino-americanos. Seu pensamento se centra na significância da reflexão como imperativo do processo de aprendizagem; na unificação da ação e da análise (práxis) e na centralidade do diálogo na interação entre os educadores e os "estudantes".

O diálogo se constrói como relação entre sujeitos mediatizados pelo mundo. Ou seja, os sujeitos só interagem criativamente mediante a ação, a *práxis*, quando assumem problemas ou conflitos que se tornam desafios comuns. Nisso consistiria essencialmente a ação educativa: explicitar os conflitos humanos e sociais para desafiar as pessoas e grupos a interagir na busca de sua superação.

Existiria na América Latina, na época em que Freire iniciou seus estudos, entre as décadas de 1960 e 1970, uma cultura do silêncio. Nessa realidade, as massas não têm voz, podem até ter a capacidade de ler e escrever, porque foram ensinadas, no modelo denominado por Freire de 'educação bancária', mas não receberam uma educação humanística que fosse capaz de fazê-los perceber o poder responsável pelo seu silêncio (Freire, 1993).

A conscientização é um processo que acompanha a libertação dos sujeitos, e pode ser entendida pela maneira como as pessoas tornam-se conscientes das fontes de suas opressões. Este seria, na pedagogia de Freire, o primeiro passo para o fortalecimento das pessoas, entendido enquanto um processo coletivo de libertação por meio do aprendizado: um processo contínuo, em que as pessoas refletem sobre suas experiências passadas.

A separação entre reflexão e ação era para Freire a representação de um ativismo vazio e de uma teorização sem sentido. Mais do que um processo intelectual, a conscientização era um processo dialético, no qual a ação teria o mesmo peso da reflexão. Na ativação desse sistema ação-reflexão, encontra-se o entendimento do autor sobre a práxis:

A ação humana consiste em ação e reflexão, isto é, a práxis, a transformação do mundo. Como práxis, requer teoria para iluminá-la. A ação humana é teoria e prática, isto é, reflexão e ação e não pode ser reduzida ao verbalismo ou ao ativismo (Freire, 1970, p. 23).

A noção de práxis em Freire está ligada à noção de práxis em Marx. Para o filósofo alemão, a práxis se identifica com a própria atividade filosófica, uma união da teoria com a prática. A práxis é conceitualizada em sua dimensão reflexiva e não reflexiva, sendo a dimensão reflexiva entendida como o momento de mudança dialética, enquanto a não reflexiva toma forma de um mecanismo de rotinização, operando no interior das ideologias como reprodutoras do *status quo*. A práxis não reflexiva, para Marx, levaria a uma falsa consciência e uma alienação, o que seria equivalente a uma não práxis (Gouldner, 1980).

Mas o que acontece com essa noção e com a solidariedade insurgente que ela cria quando a modernidade chega ao sertão?

6.4 A modernidade chega ao sertão: a profissionalização do desenvolvimento rural e o apoio aos agricultores

A região do sisal ganhou visibilidade nos últimos anos devido aos resultados de diversas inovações realizadas ao longo dos últimos 20 anos, e que consolidam algumas das experiências mais bem-sucedidas do meio rural brasileiro. O grande destaque é o trabalho realizado pela Apaeb, que vem realizando intervenções nas famílias de agricultores para comercialização do sisal, diversificação das atividades, apoio ao associativismo e cooperativismo, entre outras.

As atividades de assessoria técnica e extensão rural nessa região têm participação destacada de ONGs, locais e internacionais, muitas tendo-se originado no trabalho das CEBs, na década de 1960. Ao lado de outras organizações, em especial as cooperativas de crédito, e, mais timidamente, os sindicatos de trabalhadores rurais, elas direcionam esforços para a assessoria e capacitação técnica dos agricultores, que incluem o planejamento com as famílias para a gestão das pequenas propriedades, capacitação técnica em diversas áreas, entre elas melhoria da lavoura do sisal e diversificação da produção por meio de culturas adaptadas ao semiárido, além da construção de novos canais de comercialização. Todas essas ações visam superar a dependência dos camponeses das lógicas políticas e econômicas, que são alimentadas pela instabilidade das condições climáticas da região.

Pode-se observar uma crescente profissionalização das atividades dos pequenos agricultores, em uma racionalização que se move na direção de uma especialização técnica a integração aos mercados.

Na teoria institucional, a profissionalização é estudada como elemento central da estruturação de campos, na transformação de lógicas institucionais e na construção de novas lógicas, e nos modelos de difusão (DiMaggio, 1991; Lounsbury, 2002; Greenwood et al., 2002).

A profissionalização dos campos organizacionais pode ser interpretada como uma luta de membros de determinada ocupação para definir suas condições e métodos de trabalho e para estabelecer uma base cognitiva e legitimidade da sua autonomia ocupacional (DiMaggio e Powell, 1991). No campo do desenvolvimento rural no semiárido nordestino, a capacitação e o uso da informação técnica possibilitam acessar posições-chave em organizações e o acesso a redes de fomentadores (agências locais, regionais e internacionais de desenvolvimento, que podem ser de origem estatal, ONGs ou fundações de apoio). Profissionais com esse acesso passam a ser pontos importantes na intermediação de recursos.

Para Weber (2004[1922]), a legitimidade pode ser garantida de modo afetivo, racional ou tradicional/religioso, ou ainda pela expectativa de consequências. As competências técnicas seriam formas racionais de construção das competências profissionais, que definem pressupostos e passam a normatizar as relações entre os indivíduos.

Esse processo de racionalização ocorrida na região do sisal também traz implicações para o surgimento de formas organizacionais mais delimitadas e funcionais. Isso tem particular impacto no contexto da zona rural do semiárido cujas formas organizacionais encontravam-se muito assentadas na informalidade e em valores tradicionais e religiosos.

É o que ocorre, por exemplo, com células de produção familiares, que, para acessar recursos, passam a utilizar ferramentas e metodologias de planejamento e gestão, que aparecem como lógica legitimadora. À medida que novas organizações vão surgindo, elas podem buscar uma especialização e a criação de novas sublógicas, como forma de diferenciação para acesso a novos recursos. Isso leva à criação de entidades de "classe" (por exemplo, uma organização do tipo associação dos produtores familiares, associação dos apicultores, associações locais de caprinocultores), federações, associações, redes e diferentes formas de articulação para formular novas proposições em suas áreas de atuação, teorizar e difundir práticas.

Na região do sisal, houve um crescimento do número de organizações sem fins lucrativos e, também, da absorção de mão de obra desse setor. De acordo com dados da Fasfil-IBGE,[3] foram selecionados os municípios da região, conforme demonstrado no Quadro 6.1 a seguir.

Há uma crescente absorção de mão de obra por organizações que trabalham diretamente com o suporte técnico aos pequenos agricultores na região. Entre as organizações da região do sisal, destacam-se as que atuam nas seguintes áreas – (ver Quadro 6.2 na página seguinte):

6.5 Os paradoxos da racionalização no meio rural do semiárido

É interessante notar as mudanças ocorridas nos materiais e publicações das organizações dos agricultores, como a Apaeb e os sindicatos de trabalhadores rurais. Os números aparecem de maneira tímida nos primeiros relatórios e vão ganhando mais corpo, à medida em que essas organizações ampliam a sua atuação: surgem tabelas e sistematizações, matrizes, modelos de gestão e intervenção, e as reflexões sobre os processos de avaliação interna e externa da entidade diminuem.

[3] O levantamento das Fasfil foi realizado nos anos de 1996, 2002 e 2005 pelo IBGE com base no Cempre (Cadastro Central de Empresas), utilizando a classificação da Classification of the Purpose of Non-Profit Institutions Serving Households (Copni) – Classificação dos Objetivos das Instituições sem Fins Lucrativos ao Serviço das Famílias, definida e reconhecida como tal pela Divisão de Estatísticas das Nações Unidas.

Quadro 6.1 Organizações da Fasfil e pessoal ocupado nos municípios do sisal

Municípios	2002		2005	
	Unidades locais	Pessoal ocupado assalariado	Unidades locais	Pessoal ocupado assalariado
Araci	180	7	189	6
Barrocas	38	1	62	2
Biritinga	53	1	81	2
Candeal	26	2	40	1
Cansanção	129	4	154	0
Conceição do Coité	186	114	231	134
Ichu	48	1	48	0
Itiúba	96	6	124	6
Lamarão	23	0	35	1
Monte Santo	137	11	228	41
Nordestina	24	1	51	1
Queimadas	44	3	62	5
Quijingue	43	0	91	0
Retirolândia	48	6	67	3
Santaluz	65	7	72	8
São Domingos	22	3	36	3
Serrinha	186	93	240	91
Tucano	131	5	193	13
Valente	91	612	116	885
Total	**1570**	**877**	**2 120**	**1 202**

Quadro 6.2 Organizações da Fasfil que mais crescem na região do sisal por área de atuação

	2002	2005
Cultura e recreação	52	80
Educação	80	148
Assistência social	69	51
Defesa dos direitos	642	684
Outras	123	55

Fonte: IBGE-Fasfil, 2002 e 2005.

Há muitos destaques aos intercâmbios, visitas realizadas e recebidas no Brasil e no exterior e cursos realizados.

Passa-se a enfatizar que a dimensão econômica deva ocupar papel central nas estratégias de ação dos movimentos sociais e no trabalho de apoio aos agricultores. É contratada uma consultoria para realizar estudos de viabilidade econômica.

Aqui, surge um novo foco de tensão. Os projetos econômicos dessas organizações necessitavam de uma forma específica, para angariar legitimidades e recursos de apoiadores externos. A gestão de atividades econômicas exige novas capacidades, e os projetos econômicos tiveram dificuldade em encontrar uma estrutura que pudesse equilibrá-las com as regras de solidariedade comunitária e com o projeto emancipatório, crítico e reflexivo iniciado pelas CEBs.

Além do impacto na gestão interna das organizações, a exigência de maior formalização para a consecução de atividades econômicas provoca confusão quanto à sua interpretação. Os agricultores passam a se dirigir a essas organizações da mesma forma como se dirigem ao Estado, dominado por elites tradicionais, buscando ajuda, favores, e não os vendo como mecanismos que possibilitem o acesso a direitos.

O choque entre a visão de mundo, forjada pela formação baseadas nas metodologias de educação popular de Paulo Freire, e a visão de alguns financiadores externos, que passam a apoiar essas organizações mais recentemente, fica claro nas falas de alguns dirigentes de organizações de agricultores

> [...] mais recentemente, aí era claro que forçando a barra com discurso da renda, com discurso da melhoria da qualidade de vida, de IDH, se dizia "olhe, os projetos têm de ter um viés de acesso a mercado" [...]. Identifico alguns parceiros principais que tinham mais essa visão, da Espanha, de Portugal, a Oikos, tem umas quatro [...]. A Cordaid foi a mais forte nisso, mas aí era o pacote, quando um acena é porque todas já estão com o desenho pronto para a gente.

E os questionamentos seguem:

> O mercado meramente neoliberal, e é esse mercado que está aí, então a gente produz aqui no sisal, um sisal que não tem trabalho infantil, que não agride o meio ambiente, que respeita as relações trabalhistas. E vou colocar esse produto no mesmo mercado, mercado capitalista, miserável e tal. Então não tinha um mercado alternativo, um mercado justo. [...] então isso aí ficou para a gente muito mais claro [...] não é esse mercado que vai resolver o problema da distribuição de renda, da economia solidária, da cidadania. É outro mercado, este precisa ser construído.

6.6 Solidariedade e a profissionalização: é possível superar o paradoxo?

Há muitas metodologias e agendas que percorrem em diversas direções o campo do desenvolvimento rural.

Destacam-se metodologias voltadas para a utilização de ferramentas de planejamento, monitoramento e avaliação. As agências internacionais buscaram adaptar ferramentas empresarias dando-lhes uma roupagem de participação. Uma das metodologias de planejamento participativo mais difundidas é o PRA (Participatory Rural Appraisal), que utiliza a animação de grupos e exercícios para facilitar a troca de informações, sua análise e ação entre os participantes.

O PRA realiza sucessivas reuniões de preparação, elaboração e acompanhamento, empregam-se diversos instrumentos como grupos focais, entrevistas semiestruturadas, *ranking* de preferências, mapeamento de ideias (com a utilização de recortes e painéis), diagramação sazonal e histórica de eventos.

Outra ferramenta de planejamento de projetos adaptada pela agência alemã de cooperação (GTZ) vem **de outra metodologia, também largamente empregada pela cooperação internacional, o Marco Lógico (*Logical Framework Approach*). Considera o ciclo de vida de um projeto como processo contínuo, constituído por grandes etapas que se sucedem: o diagnóstico e os prognósticos. Para o diagnóstico, utiliza-se da árvore de problemas para identificar relações de causa e efeito nos eventos destacados.**

Acontece que, quando essas ferramentas chegam até as organizações dos agricultores, elas entram em choque com a visão, ainda existente, de solidariedade e emancipação. Ocorre uma fusão desses dois mundos. No Quadro 6.3, a seguir, há um comparativo entre as três principais etapas de um modelo geral de planejamento estratégico e das etapas do método educativo de construção crítica do conhecimento:

Quadro 6.3 Exemplo de tradução de uma prática profissional

Metodologia do planejamento estratégico	**Práxis – análise reflexiva da realidade**
Identificação de prioridades – análises interna e externa	Conhecer – ver
Seleção de objetivos	Analisar – julgar
Elaboração de planos de ação	Transformar – agir

Fonte: O autor.

O primeiro momento é o explicativo, é mostrar como é. É o momento em que se explica a situação. Podem ser os problemas ou os chamados desafios. Busca-se criar uma consciência dos problemas, identificando suas causas conjunturais e estruturais. Em geral, pergunta-se para as pessoas "quais são os problemas" e "de onde eles vêm?". Estimula-se a pesquisa, a utilização de textos, desenhos, músicas e peças teatrais. É também um momento de mobilização e de valorização dos participantes, pois, na metodologia de Paulo Freire, a construção do conhecimento por meio da práxis se apresenta como a prática da liberdade. Essa libertação exige previamente um processo de conscientização em relação à condição de ser oprimido, processo que é feito de visão e de ação, de tomada de consciência ingênua, passando-se para um nível de consciência crítica, consciência articulada com a práxis, que será então transformadora.

O segundo momento passa por uma construção do normativo, ou seja, como deve ser um processo construído por meio da técnica denominada "troca de olhares", conforme colocado por uma das entrevistadas: "é tão importante ver as coisas como elas são, como também saber como essas mesmas coisas estão sendo vistas". Este seria um ver e um julgar para o agir. Essa troca de olhares corresponde, quase sempre, ao olhar técnico *versus* olhar vivenciado, que foram colocados por diversos profissionais como a contraposição entre o conhecimento popular e conhecimento científico.

O terceiro momento é o estratégico, em que se calcula as forças, olhando para si mesmo e para outros atores para se disparar as ações. Finalizando, essa experiência revela um grande leque de possibilidades de ações educativas e políticas.

"Planejar" seria, então, não apenas um instrumento para transformar a realidade, mas um momento de reflexão em si. Esse *frame* esteve presente, também, na tradução de outras agendas e modelos para o desenvolvimento rural propostos pelos financiadores. Ele é, também, um elemento central na profissionalização no nível cultural, pois está presente na definição de uma identidade profissional. Os profissionais da região, com diferentes formações (sociólogos, economistas, agrônomos, pedagogos), quando perguntados, definem sua profissão como a de "educador popular".

6.7 Conclusão

Religião e geração de riqueza parecem constituir uma grande contradição. De fato, em sua obra seminal, *A ética protestante e o espírito do capitalismo*, Max Weber (1983[1920]) mostrava que, enquanto a devoção religiosa católica seria geralmente acompanhada de uma rejeição aos assuntos mundanos, tais como a acumulação de riqueza, o mesmo não ocorreria com a ética protestante. Citando o teólogo metodista Wesley, Weber (1983[1920]), mostra que, para a ética protestante, não se deveria impedir que os homens fossem diligentes e frugais; "deve-se exortar os Cristãos a ganharem tudo o que eles podem, e para guardar tudo o que podem; isto é, com efeito, a aumentarem a riqueza".

Se a ética protestante foi importante para lidar com os paradoxos da secularização da vida moderna e a religião – e os consequentes desencantamento e racionalização do mundo, o mesmo se deu com a *assemblage* entre o pensamento católico de base progressista e as ideias freireanas no território do sisal.

Por essa pesquisa, pode-se verificar as tensões que se colocam no trabalho das organizações que atuam com os agricultores familiares e o desenvolvimento rural na região do sisal.

Essas organizações surgem, em sua maioria, a partir da década de 1970, sendo impulsionadas pelo trabalho de mobilização das CEBs. Esse trabalho teve como estratégia central a utilização de metodologias de educação popular cujas bases teóricas se encontram no trabalho de Paulo Freire. Seu viés é revolucionário e visa à emancipação dos sujeitos das relações de dependência que se construíram historicamente na região, mediadas pelas instabilidades climáticas.

A partir de meados da década de 1980, esse processo se enfraquece, assim como declinam uma série de movimentos sociais no Brasil, que trabalhavam questões de emancipação frente a um Estado opressor.

A partir da década de 1990, a região passa a atrair a atenção de novos apoiadores externos com interesse em fomentar o desenvolvimento rural e o trabalho com os agricultores. São, na maior parte, fundações privadas e ONGs internacionais, muitas delas com origem empresarial, como Avina, Ashoka e Schwab, e que foram criadas a partir de visões e ações filantrópicas de empresários. Seu viés tende a ser mais técnico. Em vez de formular ou veicular demandas radicais de transformação social ou de combate às desigualdades, tendem a evidenciar *best practices* e técnicas de desenvolvimento que possam ser universalizadas.

Também cresce o apoio sistematizado do governo para as organizações dos agricultores, por meio do Pronaf. Esses apoios também seguem padrões de formato e processos muito parecidos com os dos apoiadores internacionais.

O acesso a esses recursos é condicionado à adoção de certos formatos e procedimentos organizacionais, e os objetivos se voltam para o acesso a mercados.

As regras de participação, de troca e de controle, utilizados nas instituições comunitárias tradicionais e pelos ideais de emancipação e da solidariedade insurgente seriam compatíveis com o modelo de funcionamento dos novos projetos econômicos? Como equilibrar a gestão democrática com uma gestão profissionalizada? O fato parece que, por mais bem-sucedidas ou desastrosas que tenham sido as diversas experiências em aliar a solidariedade e a racionalidade econômicas, elas não desaparecem, estando sempre presentes na construção das estratégias dos atores.

Essas organizações continuam tendo um importante papel formativo das lideranças locais, na construção da noção de cidadania e direitos, mas, também, representam um risco à burocratização e à sua cooperação interna, uma vez que o acesso a recursos se dá em bases competitivas.

Referências bibliográficas

APAEB. *Relatórios Anuais*, 1992, 1995, 1996, 1997, 1998, 1999, 2000, 2001, 2002, 2003, 2005.

ASA – Articulação para o Semi-Árido. *P1MC*: Programa de Formação e Mobilização Social para a Convivência com o Semiárido: um milhão de cisternas rurais. Recife: ASA, 2003.

BENSON, J. K. Organizations: a dialectical view. *Administrative Science Quarterly*, v. 22, n. 1, p. 1-21, 1977.

BUAINAIN, A. M. et al. Agricultura familiar e o novo mundo rural. In: GUANZIROLI, C. et al. *Agricultura familiar e reforma agrária no século XXI*. Rio de Janeiro: Garamond, 2001.

DiMAGGIO, P. Constructing an organizational field as a professional project: US art museums, 1920-1940. In: DiMAGGIO, P. J.; POWELL, W. W. (Eds.). *The new institutionalism in organizational analysis*. Chicago: The University of Chicago Press, 1991.

______.; POWELL, W. The iron cage revisited. Institutional isomorphism and collective rationality in organizational fields. In: DiMAGGIO, P. J.; POWELL, W. W. (Eds.). *The new institutionalism in organizational analysis*. Chicago: The University of Chicago Press, 1991.

FAVARETO, A. Agricultores, trabalhadores: os trinta anos do novo sindicalismo rural no Brasil. *Revista Brasileira de Ciências Sociais*, v. 21, n. 62, p. 27-44. out. 2006b.

FREIRE, P. *Pedagogia do oprimido*. São Paulo: Paz e Terra, 1970.

______. *Política e educação*. São Paulo: Cortez, 1993.

GOULDNER, A. W. *The two marxisms*. Nova York: Oxford University Press, 1980.

GREENWOOD, R. et al. Theorizing change: the role of professional associations in the transformation of institutionalized fields. *Academy of Management Journal*, v. 45, n. 1, p. 58-80, 2002.

IBGE – Instituto Brasileiro de Geografia e Estatística. As Fundações Privadas e Associações sem Fins Lucrativos no Brasil – Fasfil, 1996. Rio de Janeiro, 2000.

IBGE – Instituto Brasileiro de Geografia e Estatística. As Fundações Privadas e Associações sem Fins Lucrativos no Brasil – Fasfil, 2002. Rio de Janeiro, 2004.

IBGE – Instituto Brasileiro de Geografia e Estatística. As Fundações Privadas e Associações sem Fins Lucrativos no Brasil – Fasfil, 2005. Rio de Janeiro, 2008.

LANDIM, L. Experiência militante: histórias das assim chamadas ONGs. In: Revista Lusotopie: *Les organisations non gouvernementales en lusophonie*: terrains et débats. Paris: Karthala, 2002.

LOUNSBURY, M. Institutional transformation and status mobility: the professionalization of the field of finance. *Academy of Management Journal*, v. 45, n. 1, p. 255-266, 2002.

MALVEZZI, R. *Semi-árido – uma visão holística*. Brasília: Confea, 2007. Disponível em: <http://www.confea.org.br/publique/media/Livro%20-%20Semi-%C3%A1rido%20-%20Roberto%20Malvezzi.pdf>. Acesso em: 14 mar. 2009.

SEO, M.; CREED, W. E. D. Institutional contradictions, praxis and institutional change: a dialectical perspective. *Academy of Management Review*, v. 27, n. 2, p. 222-247, 2002.

SILVA, R. M. A. Entre o combate à seca e a convivência com o semiárido: políticas públicas e transição paradigmática. *Revista Econômica do Nordeste*. Fortaleza, v. 38, n. 3, p. 466-485, 2007.

WEBER, M. (1920). *A ética protestante e o espírito do capitalismo.* 3. ed. São Paulo: Pioneira, 1983.

______. (1919). A ciência como vocação. In: *Ciência e política*: duas vocações. São Paulo: Matin Claret, 2003.

______. (1922). *Economia e sociedade.* v. 1. Brasília: Editora Universidade de Brasília, 2004.

PARTE

5

Paradoxos e marketing: paradoxos entre o discurso e as práticas de marketing, inovação e o consumo de produtos falsificados

7 **O paradoxo entre o discurso de marketing voltado para a visão mercado e as práticas no desenvolvimento de novos produtos**

8 **O falso paradoxo da "visão produto" versus "visão mercado" e o modelo da inovação aberta (*Open Innovation*) como solução integradora para a empresa:** o caso Natura

9 **Ensaio final** – O uso do "falso" para expressão do "verdadeiro", ou forma e conteúdo: quando os produtos falsificados são utilizados como um cenário para a afirmação do *self* no trabalho

Capítulo 7

O paradoxo entre o discurso de marketing voltado para a visão mercado e as práticas no desenvolvimento de novos produtos

Melby Karina Zuniga Huertas

André Torres Urdan

Introdução

O objetivo deste trabalho foi avaliar, dentre os determinantes do desempenho de novos produtos, qual é a real contribuição do marketing. Relata-se uma pesquisa com gerentes de produto e diretores de marketing de empresas com matriz no Brasil e no exterior. O desempenho do novo produto (incluindo seus desmembramentos em desempenho de mercado e desempenho financeiro) apresentou relação significativa com diversos construtos constituintes do modelo integrativo utilizado nesta pesquisa, mas também o sinal de algumas relações discrepou do que se encontra na literatura atual.

Os três componentes de orientação para o mercado – orientação ao consumidor, orientação à concorrência e coordenação interfuncional – não são igualmente relevantes para o desempenho de novos produtos. Sobressai a relação negativa entre orientação ao consumidor e desempenho do novo produto no mercado. Esse vínculo paradoxal contraria a teoria de marketing que tem como eixo fundamental o foco nas necessidades e desejos do consumidor.

A definição básica de marketing como um processo administrativo e social pelo qual indivíduos e grupos obtêm o que necessitam e desejam, por meio da criação, oferta e troca de produtos e valor com os outros, leva a algumas suposições, especificamente no que se refere ao mercado consumidor. Em primeiro lugar, supõe-se que as ações de marketing das empresas sejam pensadas e executadas para entregar ao consumidor produtos que satisfaçam suas necessidades e seus desejos. Em segundo, supõe que a empresa, vá criar e oferecer produtos que proporcionem valor com base nas necessidades e desejos do consumidor, recebendo também valor em troca. O consumidor percebe valor em uma oferta quando os benefícios são maiores do que os custos. Já o valor para a empresa equivale ao lucro que vem como consequência de se entregar "valor" para o consumidor. Na criação de valor, a inovação cumpre papel importante.

A inovação é definida como a introdução de novidade ou aperfeiçoamento no ambiente produtivo ou social, que resulte em novos produtos (bens e/ou serviços) ou processos. A inovação, para a empresa, não é um fim, mas um meio que permite o seu desenvolvimento em longo prazo. Nesse sentido, a inovação precisa ser idealizada e desenvolvida tendo como objetivo gerar resultados que se traduzam em valor para os acionistas, o cliente, a equipe de colaboradores internos e a cadeia de valor em que a instituição esteja inserida. Portanto, a inovação, como a utilização produtiva de um invento, remete à essência do marketing: gerar resultados de longo prazo por meio da criação e entrega de valor ao consumidor.

A criação de valor para o consumidor pressupõe uma gestão de marketing eficiente, esta abrangendo uma série de atividades logicamente planejadas e executadas. A gestão de marketing pode ser vista como um processo gerencial de três blocos: análise do contexto de marketing, gestão estratégica de marketing e administração do composto de marketing. Exemplos de atividades em cada um desses blocos são: pesquisa de mercado, seleção de estratégias de posicionamento e desenvolvimento de produtos, respectivamente. Do processo de marketing surgem bens ou serviços adaptados ou totalmente novos; inovações com valor percebido para o consumidor que alavancam o desempenho empresarial e retroalimentam o processo. No longo prazo, o bom funcionamento do processo de marketing tem por base uma orientação filosófica organizacional diferenciada. A orientação para o mercado estimula atividades voltadas à criação de valor para o cliente de forma eficiente, proporcionando desempenho superior e sustentado. Essa filosofia empresarial concebe uma organização cuja administração se apoia em três pilares: foco no consumidor, coordenação interfuncional e foco na concorrência.

Da perspectiva teórica, o trabalho de marketing, como processo e como filosofia, está fortemente ligado com a geração de inovação, pois a participação dele na criação de valor para o consumidor é necessária. No entanto, na prática, será que isso realmente acontece? A evidência empírica sobre a contribuição do marketing para o sucesso de novos produtos é escassa no Brasil. Por isso, projetou-se aqui uma pesquisa empírica com o objetivo de avaliar, dentre os determinantes do desempenho de novos produtos, qual é a contribuição do marketing. Para tanto, dos construtos referidos na literatura, como influentes sobre tal desempenho, cuida a revisão da literatura apresentada a seguir. Logo após, são mostrados o método e os procedimentos de uma pesquisa empírica cujos resultados são descritos adiante. Na sequência, os achados são discutidos na conclusão.

7.1 Revisão da literatura

A revisão da literatura desdobra-se nos tópicos:

1. determinantes do desempenho de novos produtos;
2. uma integração dos determinantes do desempenho de novos produtos.

7.1.1 Determinantes do desempenho de novos produtos

Estudos de maior gabarito sobre os fatores de sucesso de novos produtos só começaram a aparecer por volta de 1975 (Crawford, 1997). Cooper (1993) lista dez fatores (em ordem decrescente) que seriam os mais importantes para esse sucesso:

1. produto superior capaz de entregar benefícios únicos ao usuário;
2. produto bem definido antes da fase de desenvolvimento;
3. qualidade da execução das atividades tecnológicas;
4. sinergia tecnológica;
5. qualidade das atividades de pré-desenvolvimento;
6. sinergia de marketing;
7. qualidade das atividades de marketing;
8. atratividade do mercado;
9. situação competitiva;
10. suporte da cúpula da empresa.

Entre esses fatores observam-se alguns relacionados ao trabalho de marketing: 6 a 8. Em outro esquema, seis temas centrais no desenvolvimento efetivo de novos produtos são articulados por Clark e Wheelwright (1993):

a. objetivos claros e compreensão compartilhada, cruzando a organização, a respeito dos projetos e resolução rápida de conflitos nos níveis mais baixos da hierarquia;
b. antecipação ativa de necessidades futuras dos consumidores e provisão de continuidade nas ofertas;
c. foco no tempo de chegada ao mercado, com a resolução criativa de problemas e visão sistêmica do projeto;
d. teste e validação do produto e projeto de processo antes do "trabalho pesado" ou da produção comercial e projetar bem logo da primeira vez;
e. ampla competência em funções críticas, responsabilidade de equipe e solução integrada de problemas cruzando as funções;
f. forte liderança e prestação de contas amplamente disseminada.

Quanto ao marketing, nesse esquema, percebem-se princípios da filosofia de orientação para o mercado nos fatores (b) e (e). No Quadro 10.1 encontra-se a síntese de Urban e Hauser (1993) sobre quatro estudos a respeito dos determinantes do sucesso de novos produtos. Tais estudos reconhecem a natureza multifuncional do desenvolvimento de produtos bem-sucedidos, assim como cada qual varia parcialmente nos fatores indicados como o influenciando. Na compilação do Quadro 7.1, os fatores relacionados ao marketing são: (a), (b) e (h).

Henard e Szymanski (2001) empreenderam uma meta-análise de 60 estudos relatando um ou mais antecedentes do sucesso de novos produtos, chegando a quatro construtos e 24 variáveis. Com base no coeficiente de correlação médio, os dez determinantes mais expressivos por ele identificados constam da Tabela 7.1. Nesse esquema, as posições 1, 3, 4 e 8 podem ser consideradas contribuições do trabalho de marketing.

Na literatura revista sobre os fatores de sucesso de novos produtos pouco aparece acerca do preço. A gestão de preços é, teoricamente, uma atividade do marketing, apesar de nas empresas ela estar muitas vezes sob responsabilidade da área de finanças. Cooper (1993) e Clark e Wheelwright (1993) nada mencionam sobre

Quadro 7.1 Determinantes do sucesso de novos produtos compilados por Urban e Hauser

Determinante	Estudo			
	Booz, Allen e Hamilton	**De Brentani**	**Cooper e Kleinschmidt**	**Duerr**
a. Compatibilidade com as necessidades do consumidor	P	P	P	
b. Alto valor para o consumidor		P	P	
c. Inovatividade		P	P	
d. Superioridade técnica	P		P	
e. Avaliação do potencial de crescimento		P	P	P
f. Ambiente competitivo favorável	P			
g. Ajustamento às forças internas da empresa	P	P	P	P
h. Comunicação entre as funções		P	P	
i. Suporte da alta administração	P		P	P
j. "Campeão" entusiasmado				P
k. Organização para novos produtos	P			P
l. Utilização de um processo de novos produtos	P		P	P
m. Evitação de riscos desnecessários		P	P	

Fonte: Urban e Hauser, 1993.

preço nos dez fatores e temas, respectivamente, que listam. Urban e Hauser (1993) detectaram o "alto valor para o consumidor" (que traz subjacente a questão do preço) em dois dos quatro estudos que examinaram (os de Brentani, 2001, e Cooper e Kleinschmidt, 1993). Já Moore e Pessimier (1993) registram as variáveis "preço alto demais" e "análise financeira detalhada" como ligadas ao fracasso de novos produtos industriais. Na meta-análise, Henard e Szymanski (2001) incluem a variável "congruência entre o preço e o desempenho do novo produto". Porém as práticas de desenvolvimento de novos produtos encontram-se em estado de evolução

Tabela 7.1 Meta-análise de determinantes do sucesso de novos produtos

Posição	Variável	Correlação média
1ª	24 – Potencial de mercado	0,54
2ª	9 – Recursos humanos dedicados	0,52
3ª	13 – Proficiência nas tarefas de marketing	0,50
	2 – Capacidade do produto atender às necessidades dos consumidores	0,50
4ª	1 – Vantagem do produto	0,48
5ª	12 – Proficiência nas tarefas de pré-desenvolvimento	0,46
6ª	10 – Recursos de pesquisa e desenvolvimento dedicados	0,45
7ª	14 – Proficiência tecnológica	0,43
8ª	15 – Proficiência de lançamento	0,43
9ª	8 – Ordem de entrada	0,41
10ª	4 – Sofisticação tecnológica do produto	0,41

Fonte: Henard e Szymanski, 2001, p. 364.

(Hustad, 1996). Afinal, os profissionais não param de experimentar e tentar abordagens e ferramentas para aprimorar o desempenho da inovação.

A propósito, Ingenbleek et al. (2004) formularam proposições sobre o grau em que o uso de informações sobre valor para o consumidor, concorrência e custos nas decisões de preço contribui para o desempenho, tendo como moderadores a vantagem relativa do novo produto e a intensidade competitiva. Com esse esquema, eles pesquisaram 78 indústrias na Bélgica. Os resultados mostraram que o apreçamento orientado por informações sobre valor e a intensidade competitiva contribuem direta e positivamente para o desempenho do novo produto. Mas, dentre as limitações por eles reconhecidas, espera-se que duas delas sejam atacadas na pesquisa empírica desse trabalho: (a) o âmbito das indústrias era restrito à Bélgica; (b) a amostra era pequena e cingia-se a empresas de eletrônicos e indústrias de engenharia, caracterizadas por altos custos fixos e baixos custos variáveis.

Em contato com Ingenbleek, ele forneceu uma nova versão da concepção de seu grupo de estudiosos (Ingenbleek et al., 2004), ainda não publicada, que aprimora a rede nomológica estudada. Nela, desdobra-se o desempenho do novo produto, como fator a explicar, nos construtos desempenho de mercado do novo produto e desempenho financeiro do novo produto. Incluíram outros construtos explicativos: orientação tecnológica, orientação ao consumidor, orientação à concorrência e coordenação interfuncional, aprimorando, com os três últimos fatores, a avaliação da contribuição do marketing no desempenho do novo produto. Desmembraram o construto vantagem do produto em vantagem relativa do novo produto e custo relativo do novo produto.

7.1.2 Uma integração dos determinantes do desempenho de novos produtos

Na literatura sobre os determinantes do desempenho de novo produto sobressaem os trabalhos de Henard e Szymanski (2001) e de Ingenbleek et al. (2004). Esses trabalhos estão conectados a linhas de pesquisa distintas, com os primeiros autores focando o sucesso do desenvolvimento de novos produtos, enquanto os segundos autores concentram-se em questões relacionadas a preço. Assim sendo, decidiu-se aqui por integrar os dois referenciais, em busca de um conjunto mais amplo de fatores explicativos do desempenho de novos produtos.

A Figura 10.1 esquematiza esse referencial integrativo dos antecedentes e moderadores do desempenho de novo produto. Do lado dependente, a explicar estão os construtos desempenho de mercado do novo produto e desempenho financeiro do novo produto. Do lado dos construtos independentes, há macroconstrutos do ambiente de negócios, práticas de apreçamento, vantagens do novo produto, orientação estratégica e características gerais. O ambiente de negócios inclui incerteza de demanda e intensidade competitiva. Quanto a preço, há os três tipos de práticas de apreçamento, formuladas como não mutuamente exclusivas. Há os construtos de vantagem relativa do novo produto e de custo relativo dele. A orientação estratégica abrange orientação tecnológica, orientação ao consumidor, orientação à concorrência e coordenação interfuncional. Todos esses construtos foram sugeridos por Ingenbleek et al. (2004). Por fim, as características gerais englobam os construtos características do novo produto, características estratégicas da empresa, características dos processos da empresa e características do mercado, provenientes de Henard e Szymanbski (2001). No modelo integrativo, são considerados fatores relacionados ao trabalho de marketing os referentes a atividades de apreçamento e de orientação de mercado (orientação ao consumidor, orientação à concorrência e coordenação interfuncional).

Mas nada se sabe a respeito das relações desse modelo na realidade empírica brasileira na órbita científica. Todavia, chama atenção a pequena quantidade de fatores relacionados ao trabalho de marketing, considerando-se que a literatura

Figura 7.1 Um modelo integrado dos determinantes do desempenho do novo produto.

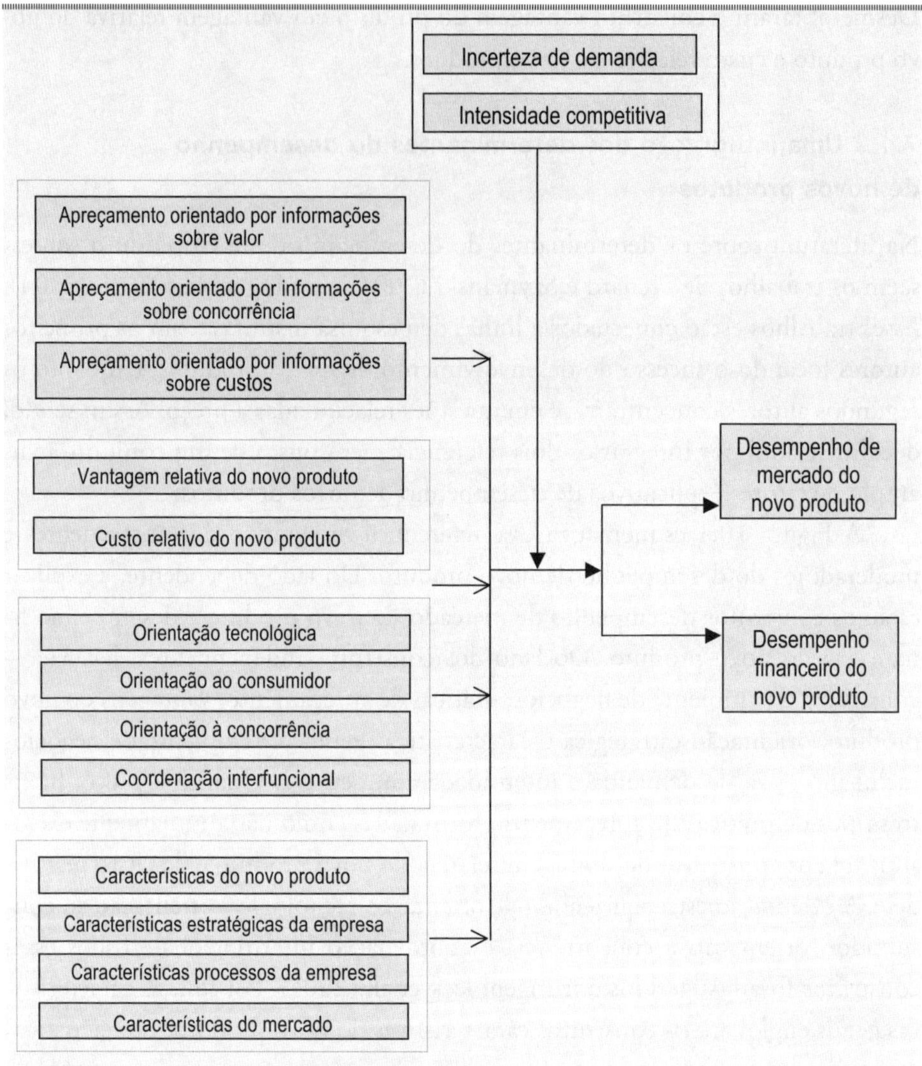

Fonte: Henard e Szymasnki (2001) e Ingenbleek et al. (2004).

dessa área enfatiza a importância de suas atividades e da orientação filosófica de marketing para o sucesso do desempenho de novos produtos e da empresa. Disso decorre uma questão de pesquisa: "na realidade brasileira, qual é a real contribuição do marketing no sucesso de novos produtos?" Almejando-se dar uma resposta inicial a tal questão, na seção seguinte entram o método e os procedimentos de uma pesquisa empírica.

7.2 Fins e método da investigação empírica

O objetivo principal da pesquisa empírica foi analisar, dentre os determinantes do modelo integrado dos determinantes do desempenho do novo produto (Figura 7.1), a contribuição do marketing. Os construtos desse modelo estão relacionados no Quadro 7.2. A população-alvo de respondentes formou-se com ocupantes dos cargos de gerente de produto (1ª opção) ou diretor de marketing (2ª opção) de empresas atuantes no Brasil: (i) com matriz aqui mesmo; (ii) com matriz no exterior.

Tais profissionais devem ter bastante envolvimento com a gestão de novos produtos, interagindo também com as áreas de finanças, produção e pesquisa e desenvolvimento. A unidade de análise era um produto que na empresa dos respondentes tivesse sido lançado há mais de 12 meses. A amostra inicial do primeiro grupo de empresas foi extraída do banco de dados *Foreign Companies in*

Quadro 7.2 Macroconstrutos e construtos pesquisados

Macroconstruto	Construto
I. Práticas de apreçamento	C_1a. Apreçamento orientado por informações sobre valor
	C_1b. Apreçamento orientado por informações sobre concorrência
	C_1c. Apreçamento orientado por informações sobre custos
II. Vantagens do novo produto	C_2. Vantagem relativa do novo produto
	C_3. Custo relativo do novo produto
III. Desempenho do novo produto	C_4a. Desempenho de mercado do novo produto
	C_4b. Desempenho financeiro do novo produto
IV. Ambiente de negócio	C_5. Incerteza de demanda
	C_6. Intensidade competitiva
V. Orientação estratégica	C_7a. Orientação tecnológica
	C_7b. Orientação ao consumidor
	C_7c. Orientação à concorrência
	C_7d. Coordenação interfuncional
VI. Características gerais	C_8a. Características do novo produto
	C_8b. Características estratégicas da empresa
	C_9a. Características dos processos da empresa
	C_9b. Características do mercado

Brazil Yerabook 2003, com as 1.823 empresas dessa fonte que tinham o nome e o cargo do principal executivo de marketing. Para o segundo grupo, extraiu-se uma amostra inicial, com 2 mil empresas, do banco de dados Dun & Bradstreet 5000. Esse referencial conta também com o nome e cargo do principal executivo de marketing.

Empreendeu-se uma pesquisa conclusiva descritiva, com uma única seção cruzada. Foram utilizadas as escalas adotadas por Ingenbleek et al. (2004) e Henard e Szymanski (2001), tipos Likert ou diferencial semântico com dez pontos. No macroconstruto práticas de apreçamento, em vez de indicadores mutuamente exclusivos para mensurar as orientações por informações sobre valor, concorrência e custos, estas foram tomadas como coexistindo em maior ou menor grau em cada empresa e novo produto. Caso contrário, os profissionais ainda poderiam ser tentados, por um viés de responsabilidade social, a justificar seus preços como baseados em custos, algo considerado mais justo por muitos (Foxall, 1972; Pearce, 1956). Supôs-se aqui que essas escalas têm natureza intervalar, autorizando a aplicar técnicas paramétricas (Kinnear e Taylor, 1991).

Elaborou-se um questionário para aplicação via internet com as escalas dos construtos, acrescentando-se uma bateria de questões de classificação do respondente. Duas rodadas de pré-teste do questionário foram cumpridas pessoalmente com nove profissionais da população-alvo. Decorreram vários pequenos ajustes no fraseado. Ademais, os pré-testes sinalizaram haver boa compreensão e pertinência do amplo conjunto de variáveis para os entrevistados. Foram examinadas as propriedades das escalas no tocante à fidedignidade e dimensionalidade. A fidedignidade foi testada pela abordagem de consistência interna com o coeficiente alfa de Cronbach (1951). Quase todas as escalas adotadas revelaram alto coeficiente acima de 0,70. A dimensionalidade das escalas foi averiguada por meio de análise fatorial. Na esfera de cada um dos dois referenciais de base, a análise fatorial gerou algumas recombinações de variáveis e construtos; tal como esperado em virtude da reunião de dois amplos referenciais. No geral, a análise sinalizou boa complementaridade entre os dois esquemas e relevância da integração articulada. A versão final do questionário e as análises de fidedignidade e dimensionalidade só não estão aqui por falta de espaço, mas podem ser solicitadas aos autores deste capítulo.

No cerne da pesquisa, cujos resultados são apresentados na seção a seguir, aplicou-se a técnica de análise de regressão linear múltipla, fazendo-se a regressão de variáveis do desempenho do novo produto (dependente) sobre variáveis de índices dos demais construtos básicos do levantamento (independentes). A análise de regressão consiste de uma combinação linear das variáveis independentes que melhor predizem a variável dependente, ensejando:

i. estabelecer a função que relaciona as variáveis independentes à variável dependente;
ii. examinar a importância da relação de associação entre as variáveis independentes e a variável dependente;
iii. avaliar a significância estatística global da relação entre as variáveis independentes e dependente;
iv. determinar a importância relativa das variáveis independentes (Tabachnick e Fidell, 2001).

Essa técnica permite avaliar tanto os efeitos simples das variáveis independentes sobre a variável dependente quanto as interações multiplicativas de variáveis independentes (Irwin e McClelland, 2001).

7.3 Resultados empíricos

Aplicou-se a análise de regressão múltipla para avaliar a existência de uma relação linear entre o desempenho de novo produto (variável dependente) e os construtos aduzidos na teoria como podendo afetá-lo (variáveis independentes). A análise centrou-se na estrutura original de construtos e variáveis, constante do Quadro 7.2. Foram computadas variáveis representativas desses construtos, como o somatório das variáveis respectivas, surgindo as seguintes variáveis:

a. Índice do construto 1a (apreçamento orientado por informações sobre valor), com a notação Ind_CTT.1a, como variável independente;
b. Índice do construto 1b (apreçamento orientado por informações sobre concorrência), com a notação Ind_CTT.1b, como variável independente;
c. Índice do construto 1c (apreçamento orientado por informações sobre custos), com a notação Ind_CTT.1c, como variável independente;
d. Índice do construto 2 (vantagem relativa do novo produto), com a notação Ind_CTT.2, como variável independente;
e. Índice do construto 3 (custo relativo do novo produto), com a notação Ind_CTT.3, como variável independente;

f. Índice do construto 4a (desempenho de mercado do novo produto), com a notação Ind_CTT.4a, como variável dependente;
g. Índice do construto 4b (desempenho financeiro do novo produto), com a notação Ind_CTT.4b, como variável dependente;
h. Índice do construto 5 (incerteza da demanda), com a notação Ind_CTT.5, como variável independente;
i. Índice do construto 6 (intensidade competitiva), com a notação Ind_CTT.6, como variável independente;
j. Índice do construto 7a (orientação tecnológica), com a notação Ind_CTT.7a, como variável independente;
k. Índice do construto 7b (orientação ao consumidor), com a notação Ind_CTT.7b, como variável independente;
l. Índice do construto 7c (orientação à concorrência), com a notação Ind_CTT.7c, como variável independente;
m. Índice do construto 7d (coordenação interfuncional), com a notação Ind_CTT.7d, como variável independente;
n. Índice do construto 8a (características do novo produto), com a notação Ind_CTT.8a, como variável independente;
o. Índice do construto 8b (características estratégicas da empresa), com a notação Ind_CTT.8b, como variável independente;
p. Índice do construto 9a (características dos processos da empresa), com a notação Ind_CTT.9a, como variável independente;
q. Índice do construto 9b (características do mercado), com a notação Ind_CTT9b, como variável independente.

Observe que há duas variáveis dependentes (Ind_CTT.4a e Ind_CTT.4b), que refletem separadamente o desempenho de mercado e o desempenho financeiro do novo produto. Logo, foram processadas duas regressões múltiplas, sendo uma para cada variável dependente. O Ind_CPT.3 foi regredido contra os índices dos demais componentes. Os Ind_CTT.4a e Ind CTT.4b foram regredidos contra os índices dos demais construtos. Em face da gama considerável de variáveis independentes em relação ao tamanho da amostra, as regressões foram processadas com o método *stepwise.*

A Tabela 7.2 traz os resultados da regressão, tendo-se o Ind_CTT.4a (Desempenho de mercado do novo produto) como variável dependente. Na análise de va-

Tabela 7.2 Análise de regressão do Índice do construto 4a (Desempenho de mercado do novo produto) sobre as variáveis dos índices dos demais construtos

Variável			Coeficiente não padronizado		Beta padronizado	t	Sig.
Dependente	Independente		B	Erro padrão			
Ind_CTT4a	Incluída	Constante	8,43	2,08		4,04	0,00
		Ind_CTT.9a	0,09	0,03	0,23	3,54	0,00
		Ind_CTT.2	0,37	0,06	0,26	6,04	0,00
		Ind_CTT.1b	0,13	0,04	0,14	3,67	0,00
		Ind_CTT.8b	0,14	0,05	0,16	2,61	0,01
		Ind_CTT.7b	–0,17	0,06	–0,17	–2,97	0,00
		Ind_CTT.7c	0,14	0,05	0,14	2,52	0,01
		Ind_CTT.3	0,11	0,05	0,09	2,13	0,03
		Ind_CTT.1a			0,08	1,80	0,07
		Ind_CTT.1c			–0,03	–0,75	0,45
		Ind_CTT1.5			–0,07	–1,76	0,08
		Ind_CTT.6			0,01	0,35	0,72
		Ind_CTT.7a			0,05	1,07	0,28
		Ind_CTT.7d			0,02	0,38	0,70
		Ind_CTT.8a			0,08	1,65	0,10
		Ind_CTT.9b			0,02	0,61	0,54
Coeficiente de determinação = 36,4%							
Coeficiente de determinação ajustado = 35,5%							

riância, o F foi 38,5, significante ao nível de 0,000, indicando que ao menos uma das variáveis independentes constitui um preditor significativo da variável dependente. O coeficiente de determinação ajustado indica que 35,5% da variância no Ind_CTT.4a são explicados pelas variáveis independentes na equação.

Ao nível de 5%, as variáveis Ind_CTT.9a, Ind_CTT.2, Ind_CTT.1b, Ind_CTT.8b, Ind_CTT.7b, Ind_CTT.7c e Ind_CTT.3 revelaram-se significativas na equação. Portanto, maior (menor) nível em "Características dos processos da empresa" (Ind_CTT9a), "Vantagem relativa do novo produto" (Ind_CTT.2), "Apreçamento orientado por informações sobre concorrência" (Ind_CTT.1b), "Características estratégicas da empresa" (Ind_CTT.8b), "Orientação à concorrência" (Ind_CTT.7c) e "Custo relativo do novo produto" (Ind_CTT.3) deve vir acompanhado de maior (menor) nível de "Desempenho de mercado do novo produto" (Ind_CTT.4a). Ademais, menor (maior) nível de "Orientação ao consumidor" (Ind_CTT.7b) deve vir acompanhado de maior (menor) "Desempenho de mercado do novo produto" (Ind_CTT.4a). A análise da multicolinearidade mostrou o conjunto adequado para uma regressão linear múltipla. Mas houve violação de linearidade e normalidade nos dados.

A Tabela 7.3 traz os resultados da regressão com o Ind_CTT.4b (Desempenho financeiro do novo produto) como variável dependente. Na análise de variância, o F foi 20,3 significante ao nível de 0,000, indicando que ao menos uma das variáveis independentes constitui um preditor significativo da variável dependente. O coeficiente de determinação ajustado indica que 13,9% da variância no Ind_CTT.4b pode ser explicado pelas variáveis independentes na equação. Ao nível de 5%, as variáveis Ind_CTT.8b, Ind_CTT.2, Ind_CTT.1b e Ind_CTT.5

Tabela 7.3 Análise de regressão do Índice do construto 4b (Desempenho de mercado do novo produto) sobre as variáveis dos índices dos demais construtos

Variável			**Coeficiente não padronizado**		**Beta padronizado**	**T**	**Sig.**
Dependente	**Independente**		**B**	**Erro padrão**			
Ind_CTT.4b	Incluídas	Constante	8,31	1,99		4,17	0,00
		Ind_CTT.8b	0,16	0,03	0,24	5,26	0,00
		Ind_CTT.2	0,17	0,05	0,15	3,23	0,00
		Ind_CTT.1b	0,09	0,03	0,12	2,84	0,00
		Ind_CTT.5	–0,08	0,04	–0,10	–2,34	0,02
	Excluídas	Ind_CTT.1a			0,02	0,35	0,73
		Ind_CTT.1c			0,05	1,02	0,31
		Ind_CTT.3			0,02	0,35	0,72
		Ind_CTT.6			0,04	1,00	0,32
		Ind_CTT.7a			–0,03	–0,66	0,51
		Ind_CTT.7b			–0,08	–1,50	0,13
		Ind_CTT.7c			0,07	1,35	0,18
		Ind_CTT.7d			0,06	1,12	0,26
		Ind_CTT.8a			0,08	1,30	0,19
		Ind_CTT.9a			0,06	0,92	0,36
		Ind_CTT.9b			0,02	0,35	0,73
Coeficiente de determinação = 14,6%							
Coeficiente de determinação ajustado = 13,9%							

revelaram-se significativas na equação. Portanto, maior (menor) nível nas "Características estratégicas da empresa" (Ind_CTT.8b), "Vantagem relativa do novo produto" (Ind_CTT.2) e "Apreçamento orientado por informações sobre concorrência" (Ind_CTT.1b) deve vir acompanhado de maior (menor) nível no "Desempenho financeiro do novo produto" (Ind_CTT.4b). Ademais, menor (maior) nível na "Incerteza da demanda" (Ind_CTT.5) deve vir acompanhado de maior (menor) nível no "Desempenho financeiro do novo produto" (Ind_CTT.4b). A análise da multicolinearidade mostrou o conjunto adequado para uma regressão linear múltipla. Mas houve violação de linearidade e normalidade nos dados.

7.4 Conclusão

Algumas conclusões interessantes podem ser agora tentativamente extraídas, embora cingidas às empresas da amostra. Na primeira análise de regressão (Tabela 7.2), sete foram os preditores significativos do desempenho de mercado do novo produto (C_4a):

i. Características dos processos da empresa (C_9a);
ii. Vantagem relativa do novo produto (C_2);
iii. Apreçamento orientado por informações sobre concorrência (C_1b);
iv. Características estratégicas da empresa (C_8b);
v. Orientação ao consumidor (C_7b);
vi. Orientação à concorrência (C_7c);
vii. Custo relativo do novo produto (C_3).

Na segunda análise de regressão (Tabela 10.3), quatro foram os preditores significativos do desempenho financeiro do novo produto (C_4b):

i. Características estratégicas da empresa (C_8b);
ii. Vantagem relativa do novo produto (C_2);
iii. Apreçamento orientado por informações sobre concorrência (C_1b);
iv. Incerteza da demanda (C_5).

A Tabela 7.4 lista as variáveis independentes significativas em cada uma das análises de regressão. Já a Tabela 7.5 organiza tais variáveis de acordo com a semelhança entre elas, na série de três regressões, sendo esta a base da discussão a seguir.

Tabela 7.4 Preditores significativos nas análises de regressão das duas variáveis dependentes consideradas

Variável dependente	Variável independe significativa	Origem do construto	Sinal na equação	Beta padronizado
Ind_CTT4a (Desempenho de mercado do novo produto)	Ind_CTT9a – Características dos processos da empresa	Henard e Szymanski (2001)	Positivo	0,23
	Ind_CTT2 – Vantagem relativa do novo produto	Ingenbleek et al. (2004)	Positivo	0,26
	Ind_CTT1b – Apreçamento orientado por informações sobre concorrência	Ingenbleek et al. (2004)	Positivo	0,14
	Ind_CTT8b – Características estratégicas da empresa	Henard e Szymanski (2001)	Positivo	0,16
	Ind_CTT7b – Orientação ao consumidor	Ingenbleek et al. (2004)	*Negativo*	*0,17*
	Ind_CTT7c – Orientação à concorrência	Ingenbleek et al. (2004)	Positivo	0,14
	Ind_CTT3 – Custo relativo do novo produto	Ingenbleek et al. (2004)	Positivo	0,09
Ind_CTT4b (Desempenho financeiro do novo produto)	Ind_CTT8b – Características estratégicas da empresa	Henard e Szymanski (2001)	Positivo	0,24
	Ind_CTT2 – Vantagem relativa do novo produto	Ingenbleek et al. (2004)	Positivo	0,15
	Ind_CTT1b – Apreçamento orientado por informações sobre concorrência	Ingenbleek et al. (2004)	Positivo	0,12
	Ind_CTT5 – Incerteza da demanda	Ingenbleek et al. (2004)	*Negativo*	0,10

Em uma relação positiva, estratégias e processos (2º componente) – como composição dos construtos originais características estratégicas da empresa (C_8b) e características dos processos da empresa (C_9a) – se revela como o primeiro determinante mais importante do desempenho de novo produto na amostra, valendo para as duas variáveis dependentes. Seu coeficiente beta padronizado

Tabela 7.5 Organização por semelhança dos preditores significativos nas análises de regressão das três variáveis dependentes consideradas

	Ind_CTT4a (Desempenho de mercado do novo produto)	Ind_CTT4b (Desempenho financeiro do novo produto)	Beta p. médio
Variáveis independentes significativas	Ind_CTT8b – Características estratégicas da empresa (Beta +0,16) Ind_CTT9a – Características dos processos da empresa (Beta +0,23)	Ind_CTT8b – Características estratégicas da empresa (Beta +0,24)	+0, 23
	Ind_CTT2 – Vantagem relativa do novo produto (Beta +0,26)	Ind_CTT2 – Vantagem relativa do novo produto (Beta +0,15)	+0,21
	Ind_CTT1b – Apreçamento orientado por informações sobre concorrência (Beta +0,14) Ind_CTT7c – Orientação à concorrência (Beta +0,14)	Ind_CTT1b – Apreçamento orientado por informações sobre concorrência (Beta +0,12)	+0,14
	Ind_CTT7b – Orientação ao consumidor (Beta –0,17)		–0,17
	Ind_CTT3 – Custo relativo do novo produto (Beta +0,09)		+0,09
		Ind_CTT5 – Incerteza da demanda (Beta –0,08)	–0,08

médio foi de +0,23. É uma confirmação dos achados de Henard e Szymaski (2001). Bons resultados com novos produtos requerem evoluir nos aspectos:

i. estratégicos de congruência entre competências de marketing e tecnológicas existentes na empresa e as aptidões demandadas pelo novo produto, momento adequado de entrada no mercado, comprometimento de recursos humanos e de pesquisa e desenvolvimento para o novo produto;
ii. processuais de procedimentos formalizados de desenvolvimento, proficiências nas atividades de pré-lançamento, e marketing lançamento (o qual aqui refere-se a atividades de comunicação), redução do tempo de desen-

volvimento, participação de múltiplos departamentos no projeto e apoio da administração superior.

Há diversos níveis de novo produto. Pode ser algo que os consumidores desconhecem totalmente, que revoluciona a vida humana e cria um novo mercado, com as inovações radicais. Também é novo o produto um pouco diferente daquele já existente, melhorado ou mais barato. São estes os novos produtos **incrementais ou evolucionários**, que avançam em relação às soluções já oferecidas ao mercado, mas guardando boas semelhanças com o que já se tinha. Entre os dois extremos, do radical e incremental, se estabelece um contínuo de novos produtos. Mas a indicação que emana do parágrafo anterior é cristalina: para obter desempenho importa o novo que contenha vantagem relativamente aos produtos existentes, que é um desafio enorme. Não é de hoje que os consumidores contam com ampla gama de opções na maioria das categorias de produtos e, com frequência, as marcas quase não se diferenciam (Engel et al., 1994). Não há razão para esperar o arrefecimento desse panorama; antes, pelo contrário, ele vem se acentuando.

Também em uma relação positiva, a vantagem relativa do novo produto (CTT2) emerge como o segundo determinante mais importante do desempenho deste na amostra, seja ele de mercado (C_4a) ou financeiro (C_4b). O fulcro é o coeficiente beta padronizado médio de 0,21 (Tabela 7.5), em uma escala que vai de 0 a 1. Essa posição do construto coincide com a meta-análise de Henard e Szymaski (2001). Logo, desempenho superior com novos produtos requer prioritariamente levar ao mercado bens e serviços que sejam distinguidos pela confiabilidade, credibilidade, competência e qualidade (variáveis constitutivas do construto). Na amostra, a maior das médias (8,6) dos construtos foi justamente a da vantagem relativa do novo produto. Se isso não foi um erro dos respondentes inflando a realidade de suas empresas a esse respeito, há uma boa perspectiva para as empresas. Tudo o mais constante, uma vantagem relativa do novo produto mais alta deve conduzir a um desempenho mais alto.

Há um bloco relevante de construtos e componentes ligados à concorrência. Em uma relação positiva, o apreçamento com informações sobre concorrência – incluindo os construtos originais cujo apreçamento é orientado por informações sobre concorrência (C_1b) e a orientação à concorrência (C_7c) – revela-se como o terceiro – principal fator que determina mais importante do desempenho do novo produto, aplicando-se às três variáveis dependentes. O coeficiente beta padronizado médio situou-se em +0,14. Há que devotar competências e ativos a um apreçamento orientado por informações sobre a concorrência, validando a junção, aqui articulada, do referencial de Ingenbleek et al. (2004) ao de Henard e Szymanski (2001). Em linha conexa, olhando-se no sentido inverso, entra a relação negativa do 12º componente, debilidade da reação da concorrência, com o desempenho geral do novo produto.

A orientação à concorrência, de sentido mais amplo, significa que a organização interessa-se em acompanhar os pontos nos quais seus concorrentes são fortes e fracos, bem como as estratégias por eles traçadas para sustentar seus pontos positivos ou superar suas limitações. Também pertinente é o clássico alerta de Levitt (1960), ainda mais em tempos de tanta evolução tecnológica: a empresa deve mirar, além dos concorrentes diretos atuais e potenciais, as demais tecnologias que possam satisfazer, a partir de oferta de maior valor, as necessidades presentes e futuras dos clientes hoje servidos.

Da órbita da orientação para o mercado, sobressai a relação negativa entre orientação ao consumidor e o desempenho de mercado do novo produto, com um coeficiente beta padronizado de –0,17. Do ponto de vista dos defensores da disciplina marketing, esse vínculo paradoxal é absurdo. Contudo, impende resgatar uma antiga e esquecida – mas talvez fundamental – crítica ao papel do marketing no que tange a novos produtos. Com a filosofia de marketing, a empresa parte das necessidades e dos desejos do mercado para identificar e selecionar novas ideias, conceitos e produtos. A lógica aí é que o mercado deve escolher os produtos que deseja em vez de se desenvolver ofertas para as quais o mercado ainda precise ser determinado. Há críticos dessa concepção. Bennett e Cooper (1979) argumentavam que a indústria norte-americana, no início da década de 1980, havia perdido competitividade perante os concorrentes estrangeiros pela incapacidade de projetar e produzir produtos que agregassem valor superior aos clientes. Atribuíam o problema à adoção do conceito de marketing pelas empresas.

Pela filosofia de marketing, em um modelo de impulso de mercado, o desenvolvimento de novos produtos seguiria os seguintes passos (Bennett e Cooper, 1981, p. 53):

a. realização de pesquisas de marketing para identificar segmentos com necessidades não satisfeitas;

b. desenvolvimento, pelo pessoal técnico, de produtos em sintonia com as expectativas dos consumidores;
c. elaboração e avaliação de protótipos com testes de mercado, assim como estudo da viabilidade financeira do projeto fundada em dados de mercado;
d. definição de segmento-alvo, posicionamento e *mix* de marketing;
e. lançamento do produto.

Por outro lado, no impulso tecnológico o processo de desenvolvimento segue uma lógica distinta, com as descobertas científicas básicas, muitas vezes realizadas sem vínculo algum com necessidades específicas de mercado que antecedessem o desenvolvimento do produto. O impulso tecnológico não subentende, porém, o lançamento de produtos para os quais inexista potencial de consumo, o que seria grande insensatez e prejuízo financeiro quase certo. Porém, Bennett e Cooper (1981) viam como problemática a redução dos gastos realizados nos Estados Unidos com pesquisa básica, fonte das grandes invenções e saltos tecnológicos, com o correspondente aumento na pesquisa aplicada, na sua maior parte, para aprimorar tecnologias ou produtos existentes. Seria a queda do impulso tecnológico em favor da solução orientada pelo mercado.

Outra crítica ao papel do marketing nos novos produtos interpreta a coleta de informações dos clientes como obstáculo à inovação. As empresas pesquisam as necessidades do cliente ou ideias e conceitos para novas ofertas. Mas até que ponto o consumidor estaria consciente de suas necessidades, capaz de articulá-las e apto a vislumbrar soluções para atendê-las além daquilo que já conhece? Hayes e Abernathy (1980, p. 71), Kaldor (1971, p. 20-21), e Tauber (1974, p. 25) postulam que os compradores não detêm tamanho discernimento. Para eles, muitas são as limitações cognitivas do ser humano, reduzindo o potencial do desenvolvimento de ofertas fundadas somente na manifestação do mercado. Outra dificuldade é de que as atitudes do consumidor, quando da exposição inicial a uma ideia, conceito ou produto, podem não ser um bom indicador de seu comportamento futuro. Tal sistemática é adequada na avaliação de melhorias ou modificações incrementais, mas imprópria em mudanças que possam afetar substancialmente a vida do comprador. Uma falha adicional das pesquisas é estimar bem o processo de adoção e difusão de inovações mais significativas. A difusão é muito suscetível às influências sociais, que as pesquisas têm dificuldade de simular. Por sua vez, as grandes inovações costumam criar dissonância no consumidor e decidir entre a realidade atual e a possibilidade futura pode desencorajá-lo a manifestar entusiasmo pela proposta. Um problema final reside na ênfase comum das pesquisas na amplitude das amostras do mercado em vez de profundidade em menor número de consumidores mais propensos às inovações.

Em um plano geral, pelo visto na amostra, os três componentes de orientação para o mercado – orientação ao consumidor, orientação à concorrência e coordenação interfuncional – não são igualmente relevantes para o desempenho de novos produtos. A orientação para o consumidor despontou até com impacto desfavorável. Na seminal pesquisa que empreenderam, Narver e Slater (1990) mediram a orientação para o mercado das empresas como uma média simples dos três componentes; isto é, atribuíram pesos iguais aos três. Porém aqui se viu que as dimensões guardam relações particulares com o resultado do novo produto. Então, cabe analisar, em separado, os efeitos de cada componente sobre o desempenho, até porque pode surgir, como sucedeu nesta pesquisa, uma relação negativa. No caso de novos produtos, não adiantaria a empresa seguir todas as linhas mestras de uma genuína orientação para o mercado (Day, 1994).

É positiva a relação do custo relativo do novo produto (C_3) com seu desempenho de mercado (C_4a), embora com um coeficiente beta padronizado pequeno (+0,09). Novos produtos com custos maiores que os dos concorrentes, já presentes no mercado, devem obter melhor desempenho mercadológico. Faz sentido que a obtenção da crucial vantagem relativa do novo produto, em um cenário caracterizado pela abundância de produtos existentes e entrando no mercado, desemboque em custos mais altos. Olhando por outro ângulo, dá para entender por que o custo relativo incrementa o desempenho de mercado, mas não o financeiro, como verificado na amostra. Deve ser uma relação em que os custos sobem e as receitas também já que o produto passa a ter um apelo maior mas em proporção inferior à dos custos. Esse quadro guarda em paralelo as vantagens e desvantagens particulares dos objetivos estratégicos de participação de mercado e lucro corrente.

Por fim, é negativa a relação da incerteza da demanda (C_5) – com o desempenho financeiro do novo produto. O coeficiente beta padronizado é, de novo, reduzido: –0,09. Faz todo o sentido: quanto maior a dificuldade de estimação da demanda, menor o desempenho de mercado, em especial no que se refere ao desempenho financeiro. Com tal dificuldade cresce a probabilidade de erros na estimação da demanda, decorrendo de investimentos super ou subdimensionados. Então, as perdas financeiras são quase que inevitáveis.

A soma dos resultados das Tabelas 7.4 e 7.5 indica prioridades para profissionais e empresas com vistas ao aprimoramento das práticas de desenvolvimento de novos produtos. Esses resultados também podem servir às instituições acadêmicas na capacitação em desenvolvimento de novos produtos no Brasil.

Sob o prisma científico, em boa parte os resultados empíricos encontrados diferem daqueles dos estudos que lhe serviram de esteio (Ingenbleek et al, 2004; Henard e Szymanski, 2001). Soa oportuna a lição de que, na administração, nem tudo aquilo que procede em um país é válido em outros. É um alerta diante do colossal sistema acadêmico norte-americano, de onde provém a maior parte daquilo que se utiliza na prática da administração no Brasil. A adoção de modelos estrangeiros requer um enfoque criterioso, sendo os testes empíricos imprescindível para descrever e prescrever a respeito de um domínio de interesse.

Na administração em geral, e no marketing em particular, parece haver uma inclinação maior a propor modelos do que testá-los. Uma das razões desse desequilíbrio deve estar nas meticulosas tarefas envolvidas em um teste empírico. Todavia, a avaliação empírica de um modelo é imprescindível para identificar limitações e sugerir modificações a introduzir para se dispor de modelos mais realistas.

No entanto, os resultados empíricos dessa investigação exigem outra vertente de considerações. As regressões culminaram com coeficientes de determinação baixos, como sublinhados na seção anterior. A maior parte da variância das variáveis dependentes deixou de ser explicada – 74%, 64% e 86%, respectivamente para desempenho geral, desempenho de mercado e desempenho financeiro – pelo amplo conjunto de construtos independentes, derivados da meta-análise conduzida por Henard e Szymanski (2001) e complementada com o arcabouço de Ingenbleek et al. (2004). Trata-se de um considerável erro de especificação.

Berry e Feldman (1985) mencionam duas fontes do erro de especificação. Uma é a indicação errada da forma funcional ligando as variáveis. O modelo de regressão assume que a relação entre as variáveis independentes e a variável dependente é linear e aditiva. Insatisfeitas essas condições (como no caso de uma forma curvilínea), as estimativas se tornam enviesadas. Essa causa não pode ser aqui desprezada, mas parece menos importante. A outra fonte de erro de especificação consiste em estimar o modelo com variáveis independentes erradas. Uma possibilidade é a inclusão aleatória de variáveis irrelevantes, o que não deve ter ocorrido aqui, dada a maturidade do referencial teórico. A outra possibilidade é a omissão de variáveis relevantes, o que deve ter sucedido aqui. Tanto a omissão quanto a impertinência têm potencial para afetar substancialmente o tamanho dos coeficientes beta e, por conseguinte, o coeficiente de determinação de uma equação de regressão.

A lição de Zaltman et al. (1982) é bem-vinda: grande é a necessidade de melhores e novas teorias em marketing, apesar da falta de assistência para esse tipo de empreendimento por parte da literatura. Muito da pesquisa de marketing estaria voltada para o teste de hipóteses e teorias, como aqui se praticou. Restaria fomentar a capacidade geradora de pensamentos, ideias e evidências sobre fenômenos ainda não inteiramente compreendidos. Capacidade para desafiar as suposições estabelecidas, estimular a reconsideração daquilo que é tomado como certo e, desse modo, evoluindo para valer na teorização, fornecer novas alternativas de ação para os agentes envolvidos.

Nessa direção, Reynolds (1971) recomenda trabalhar ambas as estratégias básicas para o desenvolvimento de qualquer corpo científico de conhecimento: a dedução (teoria-depois-pesquisa) tanto quanto a indução (pesquisa-depois-teoria). Na dedução, parte-se do geral e universal – supostamente – para o particular. Já na indução, vai-se do particular para o geral, passando de um conjunto finito de casos para um conjunto maior (eventualmente completo). Vale dizer: da constatação de casos singulares para a afirmação de uma lei mais geral.

Pelo visto, na órbita do desempenho de novos produtos, a indução é indispensável. Ou seja, é imprescindível soltar as amarras das bases teóricas estabelecidas e, em vez de apenas testá-las (teoria-depois-pesquisa), implementar outro processo, de acúmulo de observações sem concepções apriorísticas. Primeiro, tomar o fenômeno – desempenho do novo produto em relação a seus determinantes – e listar todas as suas características. Segundo, mensurar todas essas características em uma variedade, a mais vasta possível, de situações. Terceiro, analisar os dados cuidadosamente para avaliar a presença de padrões sistemáticos que justifiquem uma atenção especial. Quarto, formalizar eventuais padrões significativos como proposições teóricas. Um exemplo a reforçar a indicação para a via indutiva, no tema em pauta, está no processo não formalizado (autônomo, desestruturado) de desenvolvimento de produtos. Será que ela não tem um impacto contundente no desempenho obtido? Será que ele não precisa compor-se com o processo formalizado?

Em suma, o domínio dos determinantes do desempenho do novo produto inclui outros construtos ainda não capturados pela meta-análise e o complemento que se lhe acrescentou nesta pesquisa. Urge capturar aspectos expressivos desse fenômeno (Churchill, 1991). É o desafio científico de buscar concepções contemplando o todo explicativo desse desempenho, em uma elaboração teórica (Selltiz et al., 1976). Mais pesquisas são prementes.

Não obstante, acredita-se que as conclusões desta pesquisa tenham gerado algumas luzes preliminares potencialmente úteis e relevantes para as comunidades acadêmica e profissional.

As limitações desta pesquisa não podem ficar sem menção. Isso deve ajudar na interpretação dos achados, como também animar e auxiliar tentativas posteriores de superar as restrições aqui incidentes.

Em primeiro lugar, o tamanho da amostra final (486 elementos), relativo à quantidade de variáveis em exame e às técnicas estatísticas multivariadas aplicadas, foi suficiente para as análises realizadas. Porém, essa amostra final não permitiu análises separadas, no mesmo nível que empresas com matriz no Brasil e no exterior, onde pode haver diferenças. Idem para o desmembramento da amostra em duas, usando-se a primeira delas para estimativa e a segunda para validação. Não é fácil contornar tal deficiência de tamanho de amostra. Talvez uma saída fosse a constituição de um painel, com empresas dispostas, na pessoa de seus profissionais, a prestar informações sobre a temática pesquisada em intervalos periódicos. O trabalho e os custos iniciais para formar o painel seriam recompensados com alta taxa de retorno de questionários.

Em segundo lugar, pode ter incidido um erro de não resposta dos executivos da amostra inicial. Não responderam ao questionário 12,7% do todo de 3.823 elementos solicitados a fazê-lo. Talvez haja objeção, por parte dos profissionais, em relatar, mesmo que anonimamente, o que fazem e os resultados que alcançam em matéria de desenvolvimento de novos produtos. A dúvida é se quem respondeu difere substantivamente de quem não respondeu nas variáveis relevantes do estudo (Malhotra, 1996). Em breve, será checada a incidência de viés de não resposta com um teste de extrapolação de tendência de tempo, comparando-se características daqueles que responderem mais cedo (primeiro quartil) com aqueles que responderem mais tarde (último quartil) (Armstrong e Overton, 1977; Frazier e Rody, 1991). De qualquer modo, é desejável conseguir acolhida mais favorável a esse tipo de pesquisa por parte dos respondentes. O endosso de entidades de classe – de profissionais e empresas (como federações da indústria e do comércio) – pode ajudar nisso, além da ação alternativa mencionada no parágrafo anterior.

Em terceiro lugar, uma dificuldade inerente a estudos cruzando culturas e nações, com o uso de instrumentos comuns, é a tradução. A alternativa seria aplicar a técnica de tradução reversa, em que um profissional nativo em inglês verteria para a essa língua as escalas aqui adotadas em português e compararia o conteúdo com os significados originais. Todavia, esse serviço tem um custo considerável e aqui não se conseguiu orçamento para ele.

Em quarto lugar, faltam bases, na realidade brasileira, para a comparação dos resultados ora obtidos. Não se teve acesso a outro estudo no país com fins e métodos similares. Seria ainda interessante repetir esta pesquisa a intervalos de alguns anos, mapeando-se mudanças nos construtos e nas relações hipotéticas em pauta.

Em que pesem tais limitações, cabe lembrar que um modelo teórico é sempre uma representação dos elementos mais importantes, uma condensação, de um sistema do mundo real percebido (Naert e Leeflang, 1978). No melhor dos casos um modelo pode ser uma aproximação e, como tal, pode ser útil sem ser plenamente verdadeiro. Portanto, não haveria por que deixar de considerar, com cautela, certas conclusões ligadas ao modelo delineado.

O paradoxo encontrado neste estudo entre a teoria e as práticas de marketing ajuda a fazer avançar a teoria em marketing, pois faz repensar as proposições maiores e readequá-las. As contradições e inconsistências reveladas por esse estudo fazem assim avançar a ciência, situando as teorias e aumentando o poder explicativo destas em relação à prática.

Referências bibliográficas

ARMSTRONG, J. S.; OVERTON, T. S. Estimating nonresponse bias in mail surveys. *Journal of Marketing Research*, v. 14, n. 3, p. 396-402, 1977.

EXAME: 500 MAIORES E MELHORES. São Paulo: *Exame*, 2004. Número especial.

BENNETT, R. C.; COOPER, R. G. Beyond the marketing concept. *Business Horizons*, p. 76-83. June, 1979.

______. The misuse of marketing: an American tragedy. *Business Horizons*, v. 24, n. 6, p. 51-61. Nov/Dec, 1981.

BERRY, W. D. & FELDMAN, S. (1985). Multiple regression in practice. London: Sage Publications.

BONOMA, T. V. et al. Can we have rigor and relevance in pricing research? In: DEVINNEY, Timothy M. (Ed.). *Issues in pricing theory and research*. Lexington: Lexington, 1988.

BRENTANI, U. (2001), "Innovative versus incremental new business services: different keys for achieving success", *Journal of Product Innovation Management*, Vol. 18 p.169-87.

CHURCHILL JR., G. A. *Marketing research*: methodological foundations. Fort Worth: Dryden Press, 1991.

CÍRCULO DE CRESCIMENTO. *Jornal do Administrador Profissional*, v. XXVII, n. 224, p. 8, fev. 2005.

CLARK, K. B.; WHEELWRIGHT S. C. *Managing new product and process development: text and cases*. Nova York: The Free Press, 1993.

COHEN, D. Inovação com resultado. *Exame*, n. 831, nov. 2004.

COOPER, R. G. *Winning at new products*: accelerating the process from idea to launch. Reading: Perseus Books, 1993.

______.; KLEINSCHMIDT E. J. (1993), "Stage-Gate Systems for New Product Success", Marketing Management, Vol 1 No 4, p. 20-29.

CRAWFORD, C. M. *New product management*. 5. ed. Boston: Irwin McGraw-Hill, 1997.

CRESSMAN JR., G. S. Commentary on: industrial pricing: theory and managerial practice. *Marketing Science*, v. 18, n. 3, p. 455-457, 1999.

CRONBACH, L. J. *Coefficient alpha and the internal structure of tests*. Psychometrika, Pittsburg, USA, v. 16, n.3, p. 297-334, 1951.

DANAHER, P. J. Optimal pricing of new subscription services: analysis of a market experiment. *Marketing Science*, v. 21, n. 2, p. 119-138, primavera de 2002.

DAY, G. S. The capabilities of market-driven organizations. *Journal of Marketing*, v. 58, n. 4, p. 37-52, out. 1994.

DOLAN, R. J.; SIMON, H. *Power pricing: how managing price transforms the bottom line*. Nova York: The Free Press, 1996.

DUTTA, S. et al. Pricing as a strategic capability. *Sloan Management Review*, v. 43, n. 3, p. 61-66, primavera de 2002.

EMPRESAS BRASILEIRAS não têm a cultura da inovação. *Jornal Administrador Profissional*, v. XXVII, n. 220, out. 2004.

ENGEL, J.F.; WARSHAW, M.R.; KINNEAR, T.C. *Promotional strategy*: managing the marketing communications process. 8. ed. Chicago: Irwin, 1994, p. 219-262.

ESSEGAIER, S. et al. Pricing access services. *Marketing Science*, v. 21, n. 2, p. 139-160, primavera de 2002.

FORMAN, H.; LANCIONI, R. The determinants of pricing strategies for industrial products in international markets. *Journal of Business to Business Marketing*, v. 9, n. 2, p. 29-64, 2002.

FOXALL, G. A descriptive theory of pricing for marketing. *European Journal of Marketing*, v. 6, n. 3, p. 190-194, 1972.

FRAZIER, G. L.; RODOY, R. C. The use of influence strategies in interfirm relationships in industrial product channels. *Journal of Marketing*, v. 55, n. 1, p. 52-70, jan. 1991.

HAIR JR., J. et al. *Multivariate data analysis*. 5. ed. Englewood Cliffs: Prentice-Hall, 1998.

HANNA, N.; DODGE, H. R. *Pricing*: polices and procedures. Londres: Macmillan Press, 1997.

HAYES, R. H.; ABERNATHY, W. J. Managing our way to economic decline. Harvard Business Review. n. 58, v. 4, p. 67-77. July/Aug. 1980.

HENARD, D. H.; SZYMANSKI, D. M. Why some new products are more successful than others. *Journal of Marketing Research*, v. 38, n. 3, p. 362-376, ago. 2001.

HUNT, D. S. *Modern marketing theory*: critical issues in the philosophy of marketing science. Cincinnati: South-Western, 1991.

HUSTAD, T. P. Reviewing current practices in innovation management and a summary of selected best practices. In: ROSENAU, M. D. et al. *The PDMA handbook of new product development*. Nova York: John Wiley & Sons, p. 489-511, 1996.

INGENBLEEK, P. et al. Successful new product pricing practices: a contingency approach. *Marketing Letters*, v. 14, n. 4, p. 289-305, dez. 2004.

______. *Successful new product pricing practices*: new scale items, sources, reliabilities and standardized path coefficients of measurement instruments. Not yet published. The Hague: Wageningen University and Agricultural Economics Research Institute, 2004.

INOVAÇÃO, A CHAVE para quem quer faturar mais. *Jornal do Administrador Profissional*, v. XXVII, n. 224, p. 8, fev. 2005.

IRWIN, J. R.; McCLELLAND, G. H. Misleading heuristics and moderated multiple regression models. *Journal of Marketing Research*, v. 38, n. 1, p. 100-110, fev. 2001.

JARUZELSKI, B. et al. The Booz Allen Global Innovation 1000: money isn´t everthing. *Strategy + business*, v. 41, inverno de 2005.

KALDOR, A. Imbricative marketing. Journal of Marketing, 50 (2):19-25, abril, 1971.

KINNEAR, T. C.; TAYLOR, J. R. *Marketing research*: an applied approach. Nova York: McGraw-Hill, 1991.

LEHMANN, D. R.; WINER, R. S. *Product management*. Nova York: Irwin, 1994.

LEVITT, T. (1960) Marketing myopia. *Harvard Business Review*, 38(4): 45–56.

MAIS AMPLO QUE A CRIATIVIDADE. *Jornal do Administrador Profissional*, v. XXVII, n. 224, p. 9, fev. 2005.

MALHOTRA, N. K. *Marketing research*: an applied orientation. 2. ed. Englewood Cliffs: Prentice-Hall, 1996.

MARTIN, H. J. Making knowledge more useful through the proper development and use of theory. In: KILMANN, R. H. et al. *Producing useful knowledge for organisations*. São Francisco: Jossey Bass, p. 564-579, 1994.

MOCHTAR, K.; ARDITI, D. Pricing strategy in the construction industry. *Construction Management and Economics*, v. 19, n. 4, p. 405-415, jul. 2001.

MONROE, K. B.; COX, J. L. Pricing practices that endanger profits. *Marketing Management*, v. 10, n. 3, p. 42-46, set./out. 2001.

______.; MAZUMDAR, T. Pricing decision models: recent developments and opportunities. In: DEVINNEY, T. M. (Ed.). *Issues in pricing, theory and research*. Lexington: Lexington, 1988.

MOORE, W. L.; PESSEMIER, E. A. *Product planning and management*: designing and delivering value. Nova York: McGraw-Hill, 1993.

NAERT, P. A.; LEEFLANG, P. S. H. *Building implementable marketing models*. Leiden: Martinus Nijhoff, 1978.

NAGLE, T. T.; HOLDEN, R. K. *The strategy and tactics of pricing*: a guide to profitable decision making. 3, ed. New Jersey: Prentice-Hall, 2002.

NARVER, J. C. & SLATER, S. F. (1990). "The Effect of a Market Orientation on Business Profitability". *Journal of Marketing*, 54(4), pp. 20-35.

NOBLE, P. M.; GRUCA, T. S. Industrial pricing: theory and managerial practice. *Marketing Science*, v. 18, n. 3, p. 435-454, 1999a.

______. Response to the comments on industrial pricing: theory and managerial practice. *Marketing Science*, v. 18, n. 3, p. 458-459, 1999b.

OTTLEY, G. Value-based pricing strategy in practice: the price menu – bringing structure to the uncertain world of pricing. *The Pricing Advisor Newsletter*, ago. 2002.

PEARCE, I. F. A study in price policy. *Economica*, v. 23, p. 114-127, maio 1956 apud INGENBLEEK, P. et al. Successful new product pricing practices: a contingency approach. *Marketing Letters*, v. 14, n. 4, p. 289-305, dez. 2003.

PRAHALAD, C. K. *A riqueza na base da pirâmide*. Porto Alegre: Bookman, 2005.

PETROBRAS É EXCEÇÃO em lista global com mil companhias. *Newsletter Valor Econômico*, v. 4, n. 903, out. 2005.

REYNOLDS, P. D. A primer in theory construction. New York : Bobbs-Merril, 1971.

RIESZ, P.C. (1980). A Major Price-Perceived Quality Study Reexamined. *Journal of Marketing Research*, Vol. 17, No. 2 (May, 1980), pp. 259-262.

SELLTIZ, C.; WRIGHTSMAN, L. S.; COOK, S. W. *Research Methods in Social Relations*. 3. ed. New York: Holt, Rinehart and Winston, 1976.

TABACHNICK, B. G.; FIDELL, L. *Using multivariate statistics*. 4. ed. Boston: Allyn and Bacon, 2001.

TAUBER, E. M. How market research discourages major inovation. Business Horizons, 17 (17):22-26, junho, 1974.

THOMAS, R. J. *New product development*: managing and forecasting for strategic success. Nova York: John Wiley & Sons, 1993.

TZOKAS, N. et al. Industrial export pricing practices in the United Kingdom. *Industrial Marketing Management*, v. 29, n. 3, p. 191-205, maio 2000.

URBAN, G. L.; HAUSER, J. R. *Design and marketing of new products*. 2. ed. Englewood Cliffs: Prentice-Hall, 1993.

WINNINGER, T. J. *Full price*: competing on value in the new economy. Chicago: Dearbon Trade, 2000.

WYNER, G. A. Get serious about pricing. *Marketing Research*, v. 14, n. 4, p. 4-7, inverno de 2002.

ZALTMAN, Gerald, LeMASTERS, Karen, HEFFRING, Michael. *Theory construction in marketing*: some thoughts on thinking. New York: John Wiley & Sons, 1982. 209p.

Capítulo 8

O falso paradoxo da "visão produto" *versus* "visão mercado" e o modelo da inovação aberta (*Open Innovation*) como solução integradora para a empresa: o caso Natura

Elidia Bagbudarian

Roberto Carlos Bernardes

Isabella Francisca Freitas Gouveia de Vasconcelos

Flavia Regina de Lima

Introdução

Como vimos no início deste livro, o termo paradoxo vem do grego *para* e *doxa*, que quer dizer *além da crença*. Como propõe Lewis (2000): "O estudo de paradoxos está ligado à compreensão das crenças e da subjetividade dos indivíduos, tendendo a ser conduzido conforme os preceitos da pesquisa interpretativa levada adiante no presente estudo. Isso não impede, porém, uma linha de pesquisa objetivista".

Tratando-se da linha objetivista de análise, Koot et al. (1996) observam que, em lógica, um paradoxo equivale a atribuir a um mesmo objeto duas qualidades mutuamente excludentes a um mesmo objeto, que não podem conviver. Atribuir a uma mesma frase o valor de verdadeira e falsa ao mesmo tempo é um paradoxo lógico, como no exemplo do cartão: de um lado está escrito "A sentença no outro lado deste cartão é falsa"; no outro se lê "A sentença no outro lado deste cartão é verdadeira". A interpretação lógica leva a um problema sem solução. (Koot et al. 1996).

Frequentemente, como visto na literatura pesquisada, encontramos nas empresas grupos diferenciados, que possuem subculturas que se definem como opostas às de outros grupos organizacionais. É comum encontrar-se a separação entre a visão "produto" e a visão "mercado". Assim, engenheiros de produção defendem a ideia de que o foco da inovação deve ser interno na empresa, baseado no conceito de perfeição técnica, enquanto o setor de vendas defende a ideia de que não são os engenheiros que definem qual é o melhor produto com base na técnica, mas o cliente, com base em suas necessidades. Assim, duas visões disputam terreno, frequentemente, nas organizações, buscando influenciar nas políticas de estratégia. Mas por que contrapor a visão "mercado" e a visão "produto", definindo-as como possuindo lógicas opostas e mutuamente excludentes (logo como um paradoxo), quando elas podem ser conciliadas? O paradoxo aqui estudado situa-se em nível subjetivo, nas representações dos grupos de pessoas, que muitas vezes atribuem dimensões paradoxais ao que não necessariamente necessitaria ser representado dessa forma. Esta discussão não afeta apenas a área de gestão estratégica e inovação.

Tratando-se de design organizacional, como mostra Mintzberg (2002), nas empresas mecânicas predomina a visão "produto", enquanto na estrutura divizionalizada o que domina é a visão "mercado". A estrutura matricial se coloca como uma possível solução para esse conflito, mostrando que esta discussão se trata de um falso paradoxo.

No que se refere à inovação, o modelo do *Open Innovation* ou inovação aberta pretende resolver esse problema, quando concilia o foco interno e o externo, integrando essas duas dimensões para promover a inovação. O caso Natura, a ser analisado neste trabalho, pretende ilustrar essa integração.

Descreveremos brevemente o modelo da inovação aberta, apresentaremos a nossa metodologia e, em seguida, o caso Natura e a conclusão.

8.1 Apresentação breve do modelo da inovação aberta (*Open Innovation*)

A inovação a partir do estabelecimento de cooperações, parcerias e colaborações é conhecida e utilizada há muito tempo pelas organizações que buscam aumentar sua competitividade no mercado para ter acesso a tecnologias e processos de última geração. No entanto, a visão do processo de inovação aberta como um novo paradigma alicerçado por um modelo de negócios que o sustente foi apresentado por Chesbrough (2003a) como *Open Innovation.* Esse modelo considera a inovação como um processo contínuo, estruturado e orientado à formação de redes colaborativas e de relacionamento onde licenças de pesquisas em qualquer estágio de desenvolvimento podem ser adquiridas, vendidas ou desenvolvidas em conjunto com outras instituições.

A gestão dessas parcerias, a adequação da organização em seu desenho funcional, os processos internos e os critérios de seleção de oportunidades são os diferenciais para a adoção do modelo aberto de inovação. Competências devem ser desenvolvidas para a adoção do novo paradigma que entende que o processo de inovação transpõe os muros da organização, com atores externos atuando em parcerias para a criação de valor (Chesbrough, Appleyard, 2007a). Para a adoção desse modelo, a empresa precisa aprender a gerir seus diferentes recursos (Teece, Pisano, 1998), gerenciar suas comunidades de relacionamento (Ferro, 2008), adaptar seus processos internos e criar novas competências. Poucos ainda são os estudos sobre a implementação da inovação aberta no Brasil e especialmente sobre que capacidades deverão ser desenvolvidas para a adoção do conceito de inovação aberta. Às competências desenvolvidas nesse contexto denominaremos como *open capabilities.*

8.2 Os princípios de inovação aberta

A inovação aberta é considerada um "novo paradigma" por Chesbrough (2003a, 2006) quando afirma que há uma lógica que entende que "ideias de valor podem vir de dentro ou de fora da organização" e, inclusive, chegar ao mercado a partir de esforços internos ou externos à organização com o mesmo grau de importância. Assim, o paradoxo "mercado" (foco externo) "produto" – foco interno – é destruído nesta proposta. É uma nova maneira de pensar sobre como acessar as boas ideias e transformá-las em produtos comercializáveis (Chesbrough, 2003b). Nesse modelo, os limites da organização são "afrouxados" e é necessário um novo desenho empresarial com novas atividades para o aproveitamento, integração e transformação de conhecimentos internos e externos em inovação e geração de valor para a companhia e para o mercado no que Chesbrough (2003c) chama de plataforma de inovação aberta. As ideias podem ser geradas por meio de parcerias ou sistemas colaborativos com universidades, outros laboratórios e centros de pesquisas privados por outras empresas que desistiram de desenvolver suas descobertas. Esse modelo considera ainda que as ideias, em qualquer estágio, podem ser negociadas e transmitidas para terceiros gerando valor para a empresa quando no modelo fechado ficariam apenas arquivadas e sem valor (Chesbrough 2003a, p. 40).

O modelo da inovação aberta (*Open Innovation*) aproxima-se do modelo sistêmico (Freeman, Soete, 1997; Freeman, 1991; Kline e Rosenberg, 1986; Debresson e Amesse, 1991; Lundvall, 1988), no que se refere aos atores envolvidos, mas incorpora outros elementos como a forma de geração de valor, que não fica restrita à comercialização da inovação desenvolvida internamente. Inclui a venda de ideias e processos desenvolvidos que se mostram fora do alinhamento estratégico da empresa em relação a outras empresas (Chesbrough, 2003a), engloba a formação de novas empresas e a incorporação de novas unidades de negócios.

A partir deste ponto, chamaremos de inovação aberta todas as iniciativas de parcerias e colaboração no desenvolvimento de novas tecnologias e no compartilhamento de riscos de financiamento com diversas empresas parceiras.

8.3 Metodologia

Este capítulo foi construído a partir de uma pesquisa exploratória com estudo de caso único. A escolha da Natura Cosméticos foi feita a partir do seguinte ponto de vista: é uma empresa nacional de grande porte em um segmento de grandes mudanças tecnológicas e muita competitividade. É reconhecida no mercado em que atua e na economia nacional como empresa inovadora já ganhadora de vários prêmios de inovação. Poucas organizações no Brasil estão entre as que adotam o modelo de inovação aberta. Com o estudo de caso será possível identificar adaptações locais e particularidades ao cenário brasileiro nas tomadas de decisão. A teoria em que se baseia o estudo está em evolução, uma vez que é uma mudança de paradigma que está sendo aceita aos poucos nos diferentes setores da economia. Assim, como afirma Yin (2005, p. 20) o "estudo de caso permite uma investigação para preservar as características holísticas e significativas dos acontecimentos da vida real".

8.3.1 Estratégia de pesquisa

A coleta de dados foi obtida a partir de entrevistas semiestruturadas (Weiss, 1994), dados primários e dados secundários coletados no período de março a dezembro de 2008.

As entrevistas semiestruturadas exploraram as percepções dos entrevistados a partir de dados concretos e planos estratégicos desenhados. Essa técnica adequa-se à escolha de pesquisa qualitativa quando exibe o potencial de apresentar dados específicos com maior profundidade, maior complexidade e densidade (Weiss, 1994). Foram entrevistados gerentes das áreas de inovação, gestão do conhecimento, operações e pesquisadores. Relatórios produzidos pela empresa foram disponibilizados (dados primários) e muitas informações publicadas em periódicos e associações ligadas à área de cosméticos foram considerados para melhor entendimento dos cenários interno e externo (mercado) da organização. O objetivo da coleta de informações foi de entender quais competências foram desenvolvidas para a adaptação da empresa ao regime de inovação aberta.

8.4 O caso Natura de inovação aberta

8.4.1 O histórico e as características gerais da empresa

Fundada em 1969, com um pequeno laboratório, é hoje a maior empresa de cosméticos do Brasil. Comercializa seus produtos pela venda direta desde 1974 por meio da formação de vendedoras chamadas consultoras que são atualmente 804 mil, somando as operações no Brasil e nos países em que atua na América Latina e na Europa. A Natura agregou algumas empresas entre 1979 e 1981 que se fundiram em 1989 formando a marca Natura. Nesse período, foram incorporados mais dois sócios e a empresa fechou a década de 1980 com um crescimento 30 vezes maior que o seu tamanho no início dela. Em 1999, adquiriu a Flora Medicinal, tradicional fabricante de fitoterápicos. Inaugura em 2001 uma nova fábrica no município de Cajamar no Estado de São Paulo, com 646 mil m^2 de área total e 84 mil m^2 de área construída, com um conceito arquitetônico de transparência e com o propósito de integrar fisicamente as diferentes áreas da empresa. Em Benevides (PA), opera desde 2006 uma fábrica para a obtenção de extratos vegetais.

É formada por um grupo de empresas controladas pela Natura S.A., que é tem capital aberto desde 2004. É constituída pela Natura Indústria e Comércio de Cosméticos Ltda. e pela Natura Inovação e Tecnologia de Produtos Ltda., que corresponde à área de pesquisa e desenvolvimento e pelas empresas dos países em que atua.

Demonstra várias características que a difere e a distingue agregando componentes de construção de sua trajetória baseada em claros valores que explicam suas decisões passadas e seu posicionamento atual. Observa-se grande preocupação em disseminar sua visão de negócios e visão de mundo que incluem a valorização das relações da pessoa consigo mesma, com o outro e com o ambiente, a busca do aperfeiçoamento contínuo, o compromisso com a verdade, a busca do bem-estar, a preocupação ambiental e o comportamento ético. São estes os valores que inspiram a criação conceitual de novos produtos inovadores.

A partir de 2000, começa lançar produtos baseados na biodiversidade brasileira representados inicialmente pela linha Ekos (Ferro et al., 2006) e a desenhar o ciclo de vida dos produtos comercializados estudando o impacto ambiental.

Assim, inicia-se o trabalho voltado para o desenvolvimento de embalagens que minimizem o impacto ambiental e o trabalho de compensação de carbono consolidando a forte orientação da empresa para a responsabilidade ambiental.

Como resultados financeiros, obteve em 2008 um faturamento de R$ 4,57 bilhões e um crescimento em torno de 12% que está alinhado com o crescimento do mercado. É líder de mercado na área em que atua.

8.4.2 A organização da inovação na Natura

Desde o início de suas operações a empresa tem sido reconhecida no mercado por sua cultura voltada à inovação, a qual não se aplica apenas a seus produtos que já ganharam muitos prêmios de inovação, mas se estende também a seus processos internos, modelo de negócios, abordagem de conceitos dos produtos, associação da marca com a sustentabilidade social, ambiental e econômica. Os projetos em todas as áreas buscam a excelência e, sempre que possível, buscam ser referência. No entanto, a inovação não é integrada na empresa apesar de estar alinhada com a estratégia global. Muitas iniciativas que poderiam ser consideradas como inovadoras não são medidas como tal nas áreas que não pertencem ao desenvolvimento de produtos, como logística, fábrica, entre outras. A aplicação do conceito de inovação aberta só é feita na área de P&D apesar de serem observados vários projetos em parceria com fornecedores nas demais áreas. Assim, a partir deste ponto, o capítulo se focará apenas na área de P&D e especificamente no desenvolvimento de formulações. A área de desenvolvimento de embalagens não faz parte do escopo deste capítulo.

Atualmente, a Natura atua com uma grande estrutura do setor de P&D interno com cerca de 200 pesquisadores, uma vice-presidência de inovação com diretoria e gerências intermediárias que formam as áreas de pesquisa (desenvolvimento de novas tecnologias), desenvolvimento (lançamento de novos produtos),

Figura 8.1 Modelo organizacional de P&D.

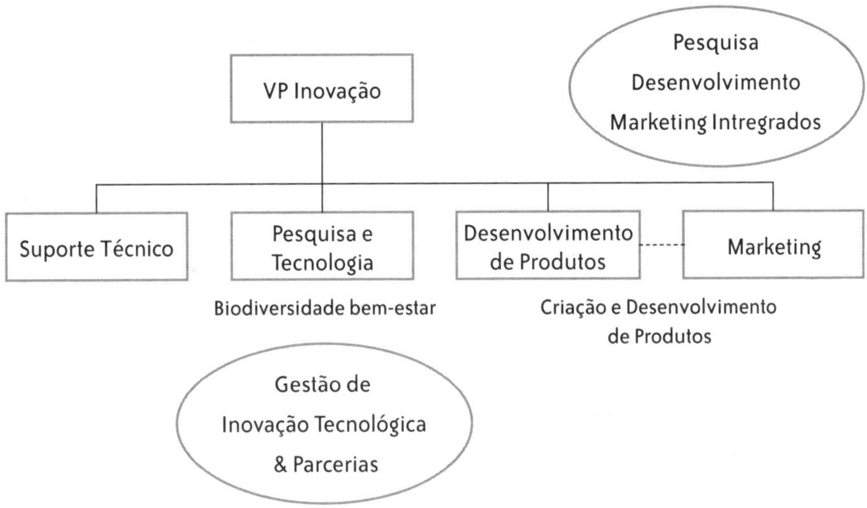

Fonte: Natura Repict, 2008.

suporte (questões regulatórias e gestão do conhecimento) e marketing. Subordinada à área de pesquisa está a gerência de parcerias e inovação tecnológica, que é acionada quando a empresa não tem capacidade interna para desenvolvimento de nova tecnologia de interesse ou quando o benefício do desenvolvimento externo é maior.

A área de P&D possui uma gerência de processos subordinada à área de marketing que tem a função de integrar as demais áreas da empresa nos projetos estratégicos de desenvolvimento de novos produtos. Possui um departamento estruturado para a gestão da propriedade intelectual com definição de estratégia de patenteamento com utilização do sistema *Patent Cooperation Treaty* (PCT), que traz vantagens como facilidades de adequação às formalidades de países estrangeiros para depósito da patente, divulgação internacional do trabalho, aumento das chances de aceite do pedido de patente do projeto em outros países.

A empresa concebe a inovação como fator essencial de crescimento e sustentabilidade do negócio. Busca profissionais de nível elevado em seu quadro de funcionários das áreas de pesquisa e desenvolvimento, com 51% de seus 200 pesquisadores com nível de pós-graduação; esses profissionais que efetuaram em conjunto com as demais áreas 118 lançamentos em 2008. Foram investidos R$ 108 milhões em pesquisas, atuantes em todas as áreas da empresa, que equivale a 2,36% do faturamento ou 3% da receita líquida. O índice de inovação (valor das vendas dos produtos lançados nos últimos 24 meses sobre o total das vendas) fechou 2008 em 67,5% mostrando o impacto das inovações na geração de valor para a empresa.

Na busca de ampliar sua capacidade de inovação em produtos, a Natura inicia uma nova estratégia na área de pesquisa tecnológica: centros de pesquisas satélites em Belém, Cajamar, Paris, Campinas (inauguração em 2009) e a adoção do modelo de inovação aberta a partir de 2006 ainda de forma parcial, pois está em processo de implantação. Esse modelo, que é uma mudança de paradigma no processo de inovação até então praticado, convive com o modelo tradicional ou de inovação fechada. Portanto, não são todos os projetos de inovação que são desenvolvidos em parceria.

O setor de P&D interno é muito atuante, desenvolvendo a maior parte dos produtos lançados. Já a área de pesquisa ou de tecnologia como é conhecida na empresa está mais intensamente trabalhando com parcerias dentro do paradigma de inovação aberta, com 50% dos projetos referentes a 2008 desenvolvidos em cooperação ou parceria com universidades, centros de pesquisa e outros laboratórios. Em 2007, foram 20% dos projetos trabalhados com parcerias externas. Nota-se, assim, o crescimento de 2007 para 2008 na porcentagem de projetos realizados através de parcerias.

Tendo em vista a readequação da pesquisa em parcerias com outros laboratórios, universidades etc., adequou-se o perfil do pessoal de P&D. Foi observada uma clara preocupação com a readequação do perfil dos profissionais de P&D mais focados na busca de novas tecnologias, pois deverão assumir uma postura mais negociadora. São os "pesquisadores-negociadores". Para isso, os funcionários identificados com potencial de desenvolvimento de tais habilidades são treinados em cursos externos custeados pela empresa e começam a participar de negociações com parceiros, em um esforço para formar competências para atender aos processos de desenvolvimento conjunto de tecnologia.

A expectativa da empresa com a adoção da inovação em regime aberto é de reduzir o tempo e o custo de desenvolvimento, aumentar a chance de criar inovações radicais e negociar o tempo de exclusividade de comercialização dos produtos lançados em parceria. Nesse modelo são estabelecidas cotitularidades de patentes cuja gestão é de responsabilidade da Natura e as publicações são previamente acordadas e feitas conjuntamente. A remuneração do parceiro é feita a partir de critérios previamente acordados em contrato nos quais são definidas porcentagens sobre o rendimento comercial do produto já disponível para o mercado.

São quatro as áreas de interesse de pesquisa denominadas "plataformas tecnológicas": tecnologia de pele e de cabelos; aplicações cosméticas e de bem-estar; tecnologias sustentáveis; insumos. As plataformas classificam e direcionam o estudo e desenvolvimento das oportunidades alinhadas com os interesses desenhados na estratégia corporativa e com as percepções da área de marketing. Foram definidos vetores para a seleção de ideias para a transformação em inovação: bem-estar, biodiversidade, sustentabilidade, segurança, eficácia, qualidade e retorno financeiro, descritos a seguir.

O **bem-estar** refere-se ao sensorial, ao prazer no uso, incluindo a preocupação com embalagens inovadoras. Esse vetor baseia-se nos valores institucionais e na declaração de sua razão de ser que é o resumo da proposta de valor nos produtos comercializados.

A busca de utilização de ativos a partir da **biodiversidade** é uma diretriz que está relacionada com a imagem da empresa focada "nas coisas do Brasil" como estratégia de marketing. São extratos vegetais, óleos essenciais, óleos vegetais e processos microbianos para obtenção de insumos dentro de uma plataforma de biotecnologia.

A preocupação com a **sustentabilidade** vem dos consistentes projetos de pesquisa de obtenção dos ativos e outros insumos de forma responsável em relação ao meio ambiente por meio da busca pela utilização de matérias-primas de fonte renovável, às questões sociais relacionadas e à saúde financeira da empresa.

A **segurança** está relacionada aos testes de sensibilidade aos produtos, que não são feitos em animais. Os pesquisadores observam que este é um ponto de conflito entre as instituições parceiras durante os desenvolvimentos, porque a Natura coloca como prioridade os testes de segurança como premissa para a continuidade do projeto. No entanto, os pesquisadores acadêmicos, movidos pela curiosidade científica, desejam levar a pesquisa até o fim, independentemente dos resultados de segurança.

A **eficácia** deve ser comprovada, ou seja, o produto deve provar que é capaz de entregar ao consumidor aquilo a que se propõe.

O padrão de **qualidade** Natura deverá ser garantido com especificações rigorosas e com garantia de uniformidade dos produtos comercializados.

O pilar **financeiro** refere-se ao fato de que a empresa deve ter um desenvolvimento sustentável, ou seja, deve ter lucro, mas não através de atividades predatórias ou que não ajudem a desenvolver as regiões ou comunidades onde atua.

Assim, a empresa preocupa-se em ter lucro e desenvolvimento econômico, inovando, mas atuando com responsabilidade social e procurando desenvolver as regiões onde atua.

8.4.2.1 A construção do processo de inovação aberta no setor de P&D da Natura

Tradicionalmente, o processo da inovação na área de pesquisa e desenvolvimento era feito a partir das próprias pesquisas da Natura ou com eventuais parcerias com fornecedores e/ou laboratórios franceses. O processo de P&D sofreu inovações com a utilização de ferramentas como *Stage Gate*, que define estágios de aprovação de cada fase de desenvolvimento de produtos até seu lançamento comercial (Cooper et al., 2002) e outras ferramentas de suporte à sua gestão (Gavira et al., 2007) como a adoção da metodologia customizada de gerenciamento de projetos baseada no Pmbok – Project Management Institute (2005), com processos robustos de iniciação (definições gerais de escopo prazo e custo), planejamento, execução, monitoramento e encerramento.

Há dois processos definidos em P&D: funil de tecnologia (relativo à área de pesquisa) e funil de inovação (relativo à área de desenvolvimento). O funil de tecnologia tem a finalidade de fazer a seleção da tecnologia mais atual, viável e de interesse da empresa por meio das fases de *briefing*, viabilidade técnica, validação e disponibilização. A partir da disponibilização da nova tecnologia inicia-se o processo do funil de inovação, conforme mostra a Figura 11.2. Esses processos são chamados "mapeamento de tendências e necessidades", formando um sistema integrado e contínuo.

O processo de gerenciamento de lançamento de novos produtos a partir da gestão dos dois funis (de tecnologia e de inovação) sofreu alteração de 2006 para 2007, evidenciando a fase de mudanças e adaptações pelas quais a empresa está passando por conta da implantação de inovação em regime aberto. Essas duas áreas têm interface com os setores de marketing e com a captação de ideias do ambiente externo. Toda ideia gerada (de fonte interna ou externa) é analisada quanto à sua viabilidade de desenvolvimento de tecnologia a ser realizado internamente. Dois principais motivos direcionam a pesquisa para sua rede de colaboração (ICTs, universidades, outros laboratórios etc.): capacidade do pessoal interno de P&D para o desenvolvimento da tecnologia e análise de estágio de desenvolvimento fora. A lógica da decisão considera os fatores tempo e investimento. Se a tecnologia já está em estado mais avançado fora, certamente será desenvolvida mais rapidamente se a Natura estabelecer uma parceria em vez de tentar desenvolver sozinha. Mesmo dividindo os resultados ainda é vantajoso pelo fato de que o mercado de cosméticos é ávido por novidades e aquele que sai na frente tem vantagem competitiva. O outro fator, o capital necessário para o desenvolvimento também é avaliado, pois pode ser mais dispendioso o desenvolvimento interno em alguns casos. No entanto, a Natura precisa, antes de tudo, certificar-se do interesse de terceiros no desenvolvimento conjunto de nova tecnologia. O funil de tecnologia já apresenta um resultado concreto na linha de tratamento de pele com o lançamento da última versão da linha de antissinais da idade.

A Natura alinha os processos de aquisição, compartilhamento de conhecimentos e recursos para o desenvolvimento de novas tecnologias com um modelo de negócios que suporta essas parcerias e que está parcialmente de acordo com o conceito de *Open Innovation* de Chesbrough (2006, p. 131). Esse autor define estágios de maturidade do modelo de negócios em regime aberto de inovação.

Segundo essa análise, a Natura possui **consciência do ambiente externo** quando: (a) busca consistentemente novas ideias externamente, (b) seus consumidores e fornecedores-chave sabem da estratégia em modelo aberto de inovação e têm papéis definidos no desenvolvimento de novas tecnologias e produtos, (c) a inovação se torna uma atividade funcional cruzada entre áreas, (d) a propriedade intelectual é gerenciada como ativo da empresa.

A Natura possui **modelo de negócios integrado** quando: (a) as atividades dos setores de P&D interno e externo são integrados por amplo entendimento do modelo de negócios, (b) o plano do projeto é compartilhado e de fácil acesso para as partes envolvidas, (c) o modelo de negócios é focado em novos mercados e manutenção de mercados atuais, (d) a inovação é gerenciada como um negócio ou como uma função tecnológica.

E, por fim, possui **capacidade de modelar mercados** quando: (a) pode direcionar o futuro do mercado, (b) inova o modelo de negócios como parte da tarefa de inovação da organização, (c) parceiros externos compartilham riscos técnicos e financeiros e retornos com a organização no processo de inovação, (d) o gerenciamento da inovação está amarrado com todas as unidades de negócios da organização.

Para estar totalmente alinhado com o modelo de Chesbrough, falta disponibilizar a tecnologia ou conhecimento que não seja de interesse para a organização, considerar a possibilidade de geração de *spin-off* e integrar a inovação em toda a organização. Essas atividades estão nos planos da organização, conforme relato dos gestores entrevistados. Portanto, a adoção do regime aberto de inovação ainda está em evolução.

8.4.2.2 Fontes de informação para inovação

Para a Natura, as principais fontes de informação que alimentam o processo de inovação são o setor de P&D interno, área de marketing, fornecedores, produção científica, universidades, ICTs, institutos de pesquisa, comunidades ligadas à biodiversidade. Foi criado o espaço virtual Natura Campus, onde a empresa convida pesquisadores de diversas áreas para submeter seus projetos e ideias para pesquisa e/ou desenvolvimento conjunto, por meio de publicações de editais em seu site. As áreas de interesse divulgadas nesse espaço são: produção de insumos vegetais e manejo da biodiversidade; tecnologia de embalagem; óleos vegetais e derivados; óleos essenciais; tecnologia de pele; tecnologia de cabelos; maquiagem e modificadores sensoriais e liberação de ativos.

Trata-se de um programa de cooperação científica e complemento de bolsas de pesquisa em parceria com a Fapesp, mediante aprovação de projetos por essa instituição. Foram definidos critérios para o estabelecimento da cooperação e parcerias: copropriedade, sigilo e publicações somente com autorização prévia, exclusividade da tecnologia de, no mínimo, três anos, participação nos lucros e resultados obtidos após o lançamento, processo de gestão integrado interno e externo com acompanhamento técnico-financeiro, critério de seleção e aprovação dos projetos de acordo com avaliação de segurança, eficácia, qualidade, sustentabilidade social, ambiental e econômica.

Até julho de 2008, o projeto contabiliza 20% de aproveitamento das propostas recebidas, 224 grupos de pesquisa cadastrados no portal e mais de 6 mil acessos por mês (Natura Repict, 2008). Mais do que um espaço para captação de ideias de produtos é também um espaço para cultivo de relacionamento. Anualmente, é organizado um evento que premia os melhores trabalhos realizados em parcerias em várias categorias. Além do espaço Natura Campus, a empresa cultiva o relacionamento com os fornecedores, universidades e outras fontes. Além disso, os pesquisadores são incentivados a participar de eventos de atualização tecnológica.

Figura 8.2 Gestão de inovação tecnológica e parcerias Natura.

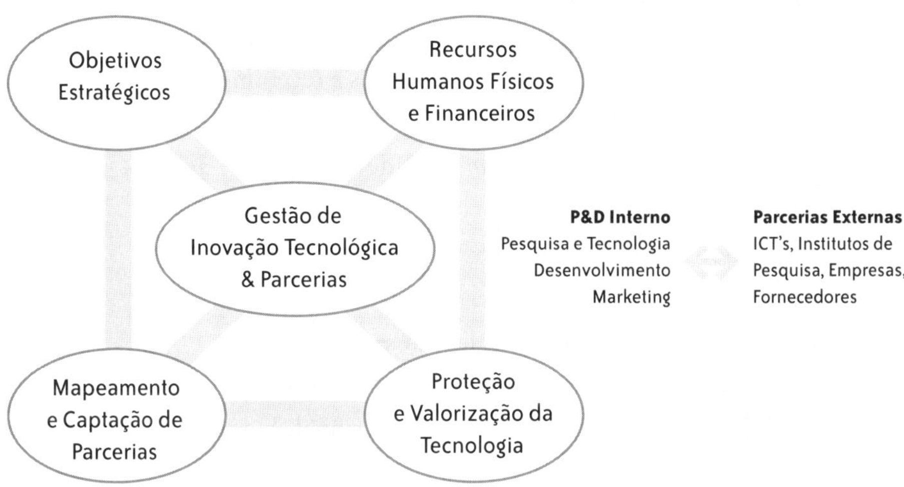

Fonte: Natura Repict, 2008.

Todas as informações coletadas das diferentes fontes são enviadas para um banco de dados. A seguir, são selecionados os insumos potenciais de acordo com os critérios descritos anteriormente e preferência por matérias-primas vegetais. Atendidos os requisitos, começa o desenvolvimento da cadeia produtiva a fim de garantir um fornecimento sustentável da matéria-prima do ponto de vista econômico social e ambiental.

8.4.2.3 A gestão das parcerias para a inovação

Há anos, a Natura trabalha em parceria com universidades e outros laboratórios de pesquisa, porém, só a partir de 2006 foi dado maior foco na inovação aberta com o estabelecimento de estruturação interna dedicada a gerenciar os projetos em parceria e a relação com seus parceiros.

Essa área é formada por pesquisadores, negociadores e advogados que se responsabilizam especificamente por:

a. mapear oportunidades e novas parcerias;
b. estabelecer as parcerias com universidades, governo e outras instituições redigindo e encaminhando os projetos que serão submetidos à análise de instituições como a Fapesp para a obtenção de financiamentos (total ou parcial).

Para essa função específica, a Natura contratou pessoal especializado e com experiência no relacionamento com universidades e com os processos internos dos órgãos de fomento à pesquisa. Como resultado, obtém maior facilidade de aprovação de projetos e recebimento dos investimentos do governo;

c. definir e aplicar contratos de confidencialidade e acordos sobre publicações;
d. definir porcentagem de participação dos retornos financeiros para as partes envolvidas,
e. estabelecer responsabilidades das partes;
f. gerir os projetos de desenvolvimento de novas tecnologias em parcerias em dois níveis: o institucional e o profissional. No nível institucional há um representante da instituição Natura que se relaciona com um representante da instituição parceira (universidade, centros de pesquisa etc.). O nível profissional se dá entre os pesquisadores das instituições parceiras no campo técnico e restrito ao projeto em curso. Portanto, além da relação institucional, há um representante da Natura para cada projeto em parceria. Nesse relacionamento são discutidos aspectos como cronograma, aprovação de fases de projeto de acordo com critérios previamente acordados, questões técnicas;
g. gerenciar a relação com as diferentes comunidades.

Há vários tipos de parcerias gerenciados pela Natura. As parcerias de pesquisa básica e aplicada são as de maior risco, porém são as que possuem maior potencial de geração de inovação de alto impacto no mercado. Nessas parcerias, o conhecimento é construído em conjunto.

As parcerias na aquisição e desenvolvimento de tecnologia, consultoria e prestação de serviços se mostram uma solução de redução de risco. (Ver a Tabela 11.3.)

É importante ressaltar que a parceria de conhecimento pronto pode entrar em um projeto como parte do conhecimento desenvolvido como um teste de biossegurança.

O modelo de hélice tripla (Leydesdorff e Etzkowitz, 1998) se encaixa no formato das parcerias estabelecidas pela Natura, quando se observa que ela se relaciona com:

Figura 8.3 Tipos de parceria Natura.

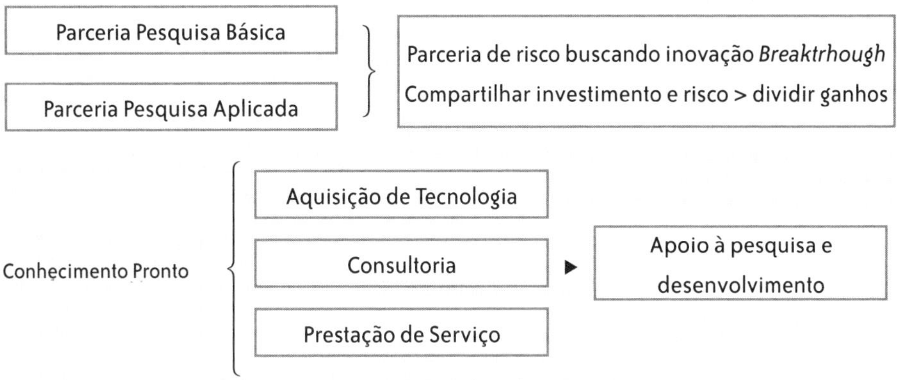

Fonte: Natura Repict, 2008.

a. **governo**, por meio das políticas de inovação, programas de incentivos (como a Lei de Inovação nº 10.973, de 12/2004, e Lei do Bem Capítulo III nº 11.196, de 11/2005) e financiamentos (Finep e Fapesp). Para essa parceria, foram contratados profissionais com sólido conhecimento dos processos das instituições governamentais para entender e aplicar os procedimentos necessários e então submeter os projetos de desenvolvimento de novas tecnologias à aprovação de parceria de investimento;
b. **centros de pesquisa** (ICTs), com pesquisa básica, pesquisa aplicada, geração de conhecimento pela criação da área de gestão de parcerias e inovação tecnológica, onde há um representante da Natura para interagir com o representante institucional do Núcleo de Inovação tecnológica (NIT), um pesquisador responsável por coordenar o projeto com o pesquisador da instituição parceira e uma assessoria jurídica dedicada ao estabelecimento dos contratos de parcerias;
c. **sociedade civil**, por intermédio de organizações não governamentais como as comunidades de extração de ativos vegetais (Ferro et al., 2006), onde são estabelecidas trocas culturais. O conhecimento dos diversos usos de ativos naturais inspira a criação de novos conceitos de produtos. A partir da identificação de uma matéria-prima vegetal de interesse para a empresa é acionada outra parceria (universidade ou outro laboratório de pesquisa) para adequar a molécula ao seu uso em uma formulação cosmética. A relação com essas comunidades acontece segundo os requi-

sitos legais da Convenção sobre a Diversidade Biológica (CDB) e o Regime Internacional de Acesso e Repartição de Benefícios, com 56 contratos de fornecimento de matérias-primas naturais com empresas, comunidades brasileiras e fazendas, aprovados pelo Conselho de Gestão do Patrimônio Genético (CGEN);

d. **empresas** no desenvolvimento de inovação tecnológica e pesquisa aplicada. A Natura mantém parceria de desenvolvimento de novos produtos com outros laboratórios como o Ybios do qual tem participação de 33% (Ferro et al., 2006). Esse laboratório é especializado em desenvolver produtos nas áreas cosméticas, alimentícias e de saúde baseado nos ativos oriundos da biodiversidade brasileira. Há ainda parcerias com fornecedores quando novas matérias-primas são apresentadas aos pesquisadores da Natura que partem para o desenvolvimento de formulações ou quando desenvolvem em conjunto algumas alterações de molécula para melhor adaptação à determinada formulação.

8.5 *Open capabilities* desenvolvidas pela Natura

A Natura está em processo de desenvolvimento de suas competências para o implante da inovação aberta. A literatura discute amplamente *o que* está relacionado à inovação aberta, no entanto há muito que se discutir sobre *como*, "com que recursos", "com que visão", "com que abrangência", a empresa deve se organizar.

Eis a seguir a apresentação de algumas das *open capabilities* desenvolvidas pela Natura até o momento para adequação ao novo paradigma de inovação aberta dentro da abordagem de Chesbrough (Figura 8.4).

8.5.1 Competência para identificação de novas oportunidades

A empresa teve de desenvolver novas formas de tomar conhecimento das pesquisas ou projetos de pesquisa que podem ser relevantes para a busca de novas oportunidades. O incentivo à formação de redes de relacionamento, a contratação de pesquisadores com forte relação com as universidades e centros de pesquisa, a participação ativa em eventos relacionados à pesquisa e a estrutura criada para captação de ideias e projetos dos pesquisadores (Natura Campus) são algumas das fontes de material para avaliação de oportunidades. Muitas dessas iniciativas

Figura 8.4 Formação de competências para a gestão de parcerias em regime de inovação aberta na Natura.

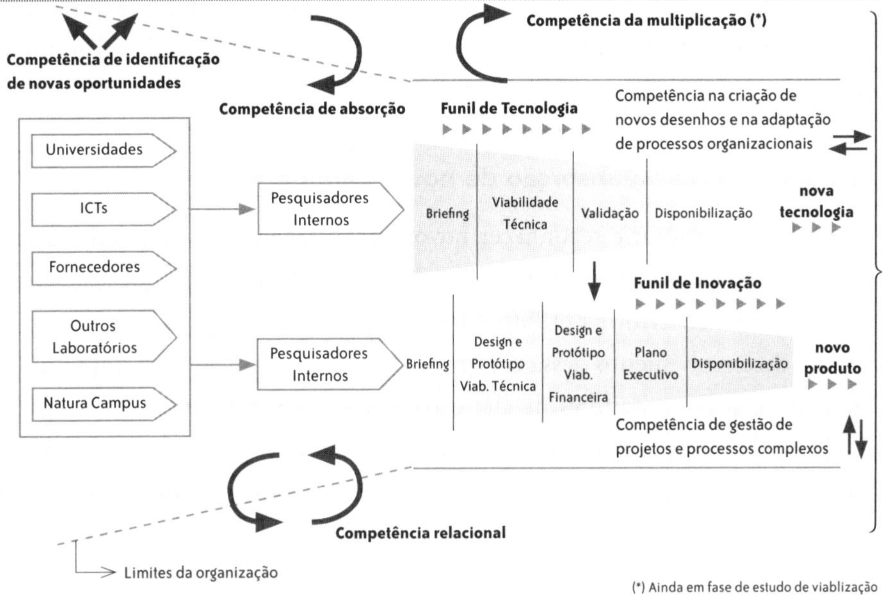

Fonte: Autores. Inspirado em Enkel e Gassmann, 2007 e Natura Repict, 2008.

já foram desenvolvidas mesmo antes de a empresa adotar a orientação à inovação aberta, por exemplo, o vínculo formado com centro de pesquisa na França no final dos anos 1990. No entanto, a partir de 2005, essas ações foram intensificadas e aprimoradas.

Internamente, são organizados fóruns de tecnologia com o objetivo de trocar conhecimentos e informações. Nesses fóruns participam as áreas de pesquisa e marketing. O setor de desenvolvimento participa quando tem uma sugestão ou quando é necessário discutir detalhes de desenvolvimento de algum projeto de pesquisa com potencial de inovação que esteja na pauta. Eventualmente, são convidados pesquisadores de outras instituições. Esses eventos geram material importante para a tomada de decisão de novos investimentos. O projeto Natura Campus é outra iniciativa de sucesso como já citado antes. A integração com a área de marketing, a divulgação da estratégia corporativa e a formação de pesquisadores com visão de negócios levam a um maior alinhamento da área de pesquisa e desenvolvimento com os objetivos corporativos direcionando a busca de novas oportunidades.

Outro aspecto relevante na formação dessa competência é o desenho organizacional que gera espaço para a pesquisa com uma configuração diferente de uma área de operações, por exemplo, que é mais focada em redução de custo com mão de obra e processos enxutos e que busca resultados e retornos financeiros em curto prazo.

8.5.2 Competência de absorção de novos conhecimentos

É a capacidade de captar e reconhecer novos conhecimentos do ambiente externo, integrar esses conhecimentos internamente e transformar em inovação como descrevem Cohen e Levinthal (1990) em seus estudos sobre capacidade de absorção. Para o desenvolvimento dessa competência, a Natura investe em um setor de P&D forte, com pesquisadores de alta capacitação técnica (conhecimento preexistente) para compreender o que há de novo e reconhecer oportunidades em um exercício de acumulação de conhecimento. Há uma sólida organização interna com claro desenho organizacional dedicada a mapear os anseios dos clientes, em reconhecer as novas frentes de pesquisa (competência de identificação de novas oportunidades) e em organizar o acesso a esses conhecimentos para posterior análise e seleção das melhores ideias. É um exercício de aprendizagem, e mais do que entender as novas tecnologias e conhecimentos a Natura desenvolveu a habilidade de aplicá-los quando lança esses conhecimentos em forma de produtos e conceitos no mercado. Esse ciclo "mapeamento-seleção-aplicação-lançamento" não apenas apresenta respostas aos desejos dos clientes, como cria novas tendências influenciando o mercado em que atua e gerando maior competitividade.

8.5.3 Competência relacional

A Natura desenvolveu e estabeleceu rede de contatos e parcerias para a identificação de novas linhas de pesquisa, a fim de desenvolver em conjunto novas tecnologias e soluções tecnológicas na criação integral ou parcial dos produtos por meio do estabelecimento de processos organizacionais específicos alinhados com os conceitos discutidos por Helfat et al (2007, p. 63-79).

Essa capacidade engloba a gestão da relação com os diferentes parceiros, com suas culturas e processos particulares, bem como todo o conhecimento gerado e compartilhado. Assim, a Natura reconhece e valoriza todo o aprendizado adquirido em sua relação com as comunidades extrativistas (Natura Repict, 2008), e com o governo na obtenção de financiamentos e no entendimento da legislação para a exploração da biodiversidade e do conhecimento de comunidades locais (Ferro et al., 2008) com seus fornecedores e outras instituições. O estabelecimento de uma área dedicada a essa função foi fundamental para construir processos sólidos de obtenção de resultados positivos.

Todos esses movimentos necessitaram de investimentos, desenvolvimento de novo desenho organizacional, envolvimento de muitas áreas da empresa como a área jurídica, de assuntos regulatórios, suprimentos, financeira e recursos humanos. Novos perfis de profissionais foram incorporados à organização para entender o negócio e para se relacionar com as diferentes parcerias. A formação dessa estrutura vem corroborar com o modelo de Chesbrough quanto à necessidade de se ter um setor de P&D forte para poder estabelecer a inovação aberta. Porém, a Natura vai além de suas sugestões quando implementa uma área tão específica para tratar da inovação aberta. Vale ressaltar que muitos desses processos são inovadores no Brasil (caso de gestão de parcerias com universidades e centros de pesquisa) ou no mundo, como o caso da estrutura de relacionamento com as comunidades de extração de ativos da natureza.

O grande desafio para a formação dessa competência foi o de estabelecer processos e desenvolver experiência no gerenciamento de equipes com componentes de fora da organização, e interesses diversos, por vezes conflituosos, culturas organizacionais particulares, linguagens específicas, ritmos de entregas diferentes. Tudo isso respeitando-se as diversidades dos envolvidos. A empresa aprendeu a utilizar com eficiência o sistema nacional de inovação. Esta foi uma das competências-chave para viabilizar os processos de parcerias com as universidades e centro de pesquisa.

8.5.4 Competência na criação de novos desenhos e na adaptação de processos organizacionais

A Natura desenvolve essa competência quando define claramente seus valores, sua visão de futuro, sua estratégia e interesses, constituindo diretrizes que são difundidas na organização. Assim, com a adoção do regime aberto de inovação como estratégia para o desenvolvimento de novas tecnologias e consequentemente de novos produtos, conseguem desenvolver propositalmente parâmetros e processos para tomada de decisão, priorização de projetos, aquisição e disponibilização de recursos para tais desenvolvimentos em P&D.

É uma competência estreitamente relacionada com a geração de capacidades dinâmicas (Helfat et al., 2007, p. 30-45), uma vez que está diretamente relacionada com mudanças, pois o tema é inovação. Processos que criam capacidades dinâmicas e as colocam em prática. Porém, não é exatamente um ciclo e sim um movimento espiral. Quando oportunidades de melhorias ou necessidades de adaptações nos processos atuais são observadas, capacidades dinâmicas novas, estendidas ou modificadas (Teece et al., 1997) são desenvolvidas, formando novas competências.

É uma empresa em constante aprendizagem que busca constante aprimoramento de seus processos internos, seja por desenvolvimento local ou por contratação de consultorias e outras parcerias para obtenção de novas técnicas de gestão e processos.

8.5.5 Competência de gestão de projetos e processos complexos

A inovação aberta tem como resultados esperados a agilidade dos projetos, a incorporação de tecnologia, que isoladamente a empresa não seria capaz de desenvolver, e o compartilhar riscos, segundo os estudos de Chesbrough. No entanto, há várias questões complexas que devem ser consideradas como o alinhamento das relações entre as áreas internas e externas da empresa e seus diferentes objetivos, *modus operandi*, linguagens, recursos e interesses.

Como exemplo pode ser citada a área de gestão financeira que trabalha inicialmente com a ideia de retornos sobre os investimentos. A inovação por si é um processo de risco e pode trazer retornos muito maiores que os previstos inicialmente ou não renderem o esperado. Pode ainda ocorrer um abandono do projeto depois de algum investimento já aplicado. Ou seja, há uma tensão a ser gerenciada.

Há outra lógica de gestão: quando comparada com uma área operacional, a complexidade aumenta quando os projetos são desenvolvidos em parceria, pois outros riscos são incorporados às preocupações da empresa, embora parte do risco financeiro seja compartilhada. Para minimizar essa tensão foram desenvolvidos processos claros de gestão dos projetos sob a visão de governança regida por contratos formais para melhor acompanhamento dos resultados parciais, pois a avaliação dos resultados de investimentos em pesquisas acontece ao longo do tempo de desenvolvimento e seus resultados são medidos por pelo menos seis meses após o lançamento.

Outra mudança na área financeira refere-se à tributação relativa à inovação – a partir das leis de incentivo – e as saídas de valores para pagamentos dos acordos de distribuição de participação – a partir das vendas dos produtos lançados. Houve uma adaptação nos sistemas internos de gestão financeira, orçamentos e análises de investimentos.

A mudança de escopo é também um processo complexo para ser gerenciado. A empresa deve estar atenta aos movimentos do mercado, a reajustes internos e revisão de recursos que podem ocorrer após o início dos trabalhos. Uma transformação como essa pode ser muito mais trabalhosa quando são envolvidos terceiros. Assim, foi necessário o desenvolvimento de processos mais ágeis de tomada de decisão, mesmo considerando a complexidade da empresa.

A definição do critério de aprovação de projetos de inovação com base na sustentabilidade social ambiental (Villa e Quadros, 2008) e econômica aumenta ainda mais a complexidade no processo de inovação, pois cada um desses aspectos pode gerar a necessidade de novas iniciativas ou subprojetos para viabilizar um lançamento feito com parcerias.

Outro desafio foi o de aprender a valorizar o conhecimento gerado, pois até então a tecnologia desenvolvida era disponibilizada diretamente para o funil de inovação e o retorno financeiro vinha da venda dos produtos no mercado. Com a inovação aberta foi necessário definir o valor da tecnologia para a definição dos termos dos contratos e dos ganhos das partes envolvidas. Novamente, a habilidade em aprender e aplicar novas soluções aparece como componente-chave para o desenvolvimento dessa competência – gerenciar processos e projetos complexos.

8.6 Conclusão

A adoção da inovação em regime aberto requer o desenvolvimento de competências específicas ou *open capabilities* para sua implantação e prática, abrindo caminhos até então desconhecidos para a empresa que adotava o paradigma da inovação fechada. Para essa nova prática, a Natura teve de desenvolver várias competências, redesenhar a área de P&D, rever papéis e seu modelo de negócios em um contexto de constantes mudanças. Essas competências e adaptações foram os fatores determinantes para tornar possível o desenvolvimento de novas tecnologias e inovações em parcerias e redes colaborativas. No entanto, esta ainda é uma trajetória empresarial em construção e os desafios são consideráveis em relação ao seu futuro enquanto estratégia de gestão da inovação. Considerando os princípios mais amplos apresentados por Chesbrough (2003a), faltam ainda ser desenvolvidas algumas capacidades e competências fundamentais que podem ter um impacto relevante na organização e na exploração plena das oportunidades de mercado, tais como disseminação de uma cultura voltada para a inovação por todas as áreas da empresa; avançar nas iniciativas de licenciamento de tecnologia que não sejam de interesse da organização, bem como considerar a possibilidade de explorar comercialmente as gerações de *spin-off*, criando competências para valorar novas tecnologias e a biodiversidade. Com efeito, muitos foram os desafios durante a trajetória de implantação, como entender as políticas, linguagens e culturas das instituições parceiras, formar pessoas com conhecimento técnico e perfil negociador, definir o valor da tecnologia a ser desenvolvida em parceria para definição de contratos e retornos financeiros para os atores participantes.

Alguns fatores foram relevantes para o processo de desenvolvimento dessas competências: a busca de excelência em gestão; a clara visão estratégica e posicionamento em relação a valores, crenças, visão de mundo e sua relação com o mercado; a cultura organizacional com histórico de saber gerenciar mudanças e buscá-las como forma de aprimoramento; a atitude diante dos obstáculos; a visão de valorização e construção de conhecimento; o aproveitamento do sistema nacional de inovação, a visão e disposição de investir recursos.

A Natura soube aproveitar os incentivos governamentais para a pesquisa e se organizou para usufruí-los. Um ponto fundamental que corrobora as afirmações de muitos estudiosos é a constituição de uma área de pesquisa e desenvolvimento forte e bem estruturada para poder analisar e gerenciar os projetos em parceria. E mais do que organização, a área de P&D se mostrou fortemente engajada na estratégia da empresa, desenvolvendo uma postura de centro de negócios e não apenas de um centro de conhecimento. Assim, não é apenas a orientação à inovação aberta que trará benefícios a quem se dispõe a aplicá-la. É necessária a construção de um ambiente institucional e cultural que promova o desenvolvimento de capacidades inovadoras e a gestão de competências específicas, que chamamos *open capabilities*, para uma estratégia de inovação aberta, sustentável a longo prazo.

Ao adotar esse modelo, a Natura busca fugir do paradoxo citado no começo deste capítulo, ou seja, da visão "produto" x "visão mercado" ou "foco interno" x "foco externo" relativo à inovação, integrando essas duas dimensões em uma espiral criativa de colaboração com parceiros relevantes no mercado, por meio da adoção do modelo "inovação aberta" ou *Open Innovation.*

Referências bibliográficas

BARNEY, B. J. Types of competition and theory of strategy: toward an integrative framework, *The Academy of Management Review*. EUA, v. 11, p. 791-800, out. 1986.

______. Firm resources and sustained competitive advantage. *Journal of Management*, USA, v. 17, n. 1, p. 99-120, 1991.

CHESBROUGH, H. W. *Open innovation*: the new imperative for creating and profiting from technology. Boston: Harvard Business School Press, 2003a.

______. The era of open innovation. *Sloan Management Review*, v. 44, p. 35-41, 2003b.

______. Open plataform innovation: creating value from internal and external innovation. *Intel Technology Journal*, v. 7, n. 3, p. 3-10, 2003c.

______. *Open business models*: how to thrive new innovation landscape. Boston: Harvard Business School Press, 2006.

______.; APPLEYARD, M. M. Open innovation and strategy. *California Management Review*, USA, v. 50, n. 1, p. 57-76, 2007a.

______. Why companies should have open business models. *MIT Sloan Management Review*, v. 48, n. 2, p. 21-28, 2007b.

CHRISTENSEN, C. M. *The inovator's dilemma*: when new technologies cause great firms to fail. Boston: Harvard Business School Press, 1997.

COHEN, W. M.; LEVINTHAL, D. A. Absortive capacity: a new perspective on learning and innovation – technology, organizations and innovation. *Administrative Science Quartely*, New York, 1990.

COOPER, R.G. et al. Optimizing the stage-gate process: what best practice companies do I. *Research Technology Management*, v. 45, n. 5, 2002.

DEBRESSON, C.; AMESSE, F. Networks of innovators: a review and introduction to the national system of innovation. In: DOSI, G. et al. (Eds.). *Technical Change and Economic Theory*. London: Pinter Publishers, 1988.

DIERICKX, I.; COOL, K. Asset stock accumulation and sustainability of competitive advantage. *Management Science*, USA, v. 35, p. 1504-1511, 1989.

DOSI, G. The nature of the innovative process. In: DOSI, G. et al. (Orgs.). *Technical change and economic theory*. London: Pinter Publishers, 1988.

EISENHARDT, K.; MARTIN, J. Dynamic capabilities: what are they? *Strategic Management Journal*, p. 1105-1121, 2000.

ENKEL, E.; GASSMANN, O. Driving open innovation in the front end: the IBM case. European Open Innovation Track, Paris, 2007.

FERRO, A. F. P. et al. Oportunidades tecnológicas e estratégias concorrenciais de gestão ambiental: o uso sustentável da biodiversidade brasileira. *Revista Gestão e Produção*, v. 13, n. 3, p. 489-501, 2006.

______. Open innovation in a cosmetic firm: developing capabilities in managing communities. *XXV Simpósio de Gestão da Inovação Tecnológica*, 2008.

FREEMAN, C. Networks of innovators: a synthesis of research issues. *Research Policy*, n. 20, p. 499-514, 1991.

______.; SOETE, L. *The economics of industrial innovation.* 3. ed. Londres: Routledge, 1997.

GAVIRA, M. O. et al. Gestão da inovação tecnológica: uma análise da aplicação do funil de inovação em uma organização de bens de consumo. *Revista de Administração Mackenzie*, v. 8, n. 1, p. 77-107, 2007.

HELFAT, C. E. et al. *Dynamic capabilities*: understanding strategic change in organizations. Australia: Blackwell Publishing, 2007.

JORDE, T. M.; TEECE, D. J. Competition and cooperation: striking the right balance, *California Management Review*, v. 31, p. 25-37, 1989.

KLINE, S.; ROSENBERG, N. An overview of innovation. In: LANDAU, R.; ROSENBERG, N. (Orgs.) *The positive sum strategy*. Washington, DC: National Academy of Press, 1986.

KOOT, W. et al. Epilogue. In: KOOT, W. et al. *Contradictions in context*: puzzling over paradox in contemporary organizations. Amsterdã: University Press, 1996, p. 208-212.

LEYDESDORFF, L.; ETZKOWITZ, H. The triple helix as model for innovation studies. *Science & public policy*, v. 25, p. 195-203, 1998.

LEWIS, M. W. Exploring paradox: toward a more comprehensive guide. *The Academy of Management Review*, v. 25, p. 760-776, 2000.

LUNDVALL, B. A. Innovation as an interactive process: from user-producer interaction to the national system of innovation. In: DOSI, G. et al. (eds.). *Technical change and economic theory*. Londres: Printer Publishers, 1988.

MASCARENHAS, A. O. *Gestão estratégica de pessoas*. São Paulo: Cencage Learning, 2009.

MINTZBERG, H. Criando organizações eficazes. São Paulo: Atlas, 2002.

NATURA. XI Encontro *Natura Repict*: sistema de inovação, biodiversidade e sustentabilidade. Cajamar. Rio Othon Palace Hotel 20 a 22 de Outubro de 2008, Copacabana, Rio de Janeiro/RJ.

NOHRIA, N. Is a network perspective a useful way of studying organizations? In: NOHRIA, N.; ECCLES, R. G. (Eds.) *Networks and organizations*: structure, form and action. Boston: Harvard Business School, 1992.

PENROSE, E. T. *The theory of growth of the firm*. Oxford: Basil Blackwell, 1959.

PROJECT MANAGEMENT INSTITUTE. *Project Management Body of Knowledgment PMBOK*. 3. ed. USA: PMI, 2005.

SCHUMPETER, J. A. The creative response in economic history. *The Journal of Economy History*, v. 7, n. 2, p. 149-150, 1947.

TEECE, D. J. Economic analysis and strategic management. *California Management Review*, v. 15, n. 3, 1984.

______.; PISANO, G. The dynamic capabilities of firms: an introducion. In: DOSI, G. et al. *Technology, organization, and competitiveness*: perspectives on industrial and corporate change. Oxford: Oxford University Press, 1998.

______.; PISANO, G.; SHUEN, A. Dinamic capabilities and strategic management. Strategic Management Journal, USA, v. 18, n. 7, p. 509-533, 1997.

VILLA, A. M.; QUADROS, R. Estratégias e práticas de gestão de inovação sob a perspectiva do desenvolvimento sustentável: estudo exploratório em empresas do setor de higiene pessoal, perfumaria e cosméticos. *Enanpad*. Rio de Janeiro, 2008.

YIN, R. K. *Estudo de caso*: planejamento e métodos. 3 ed. São Paulo: Bookman, 2005.

WEISS, R. S. *Learning from strangers*: the art and method of qualitative interview studies. Nova York: Free Press, 1994.

WINTER, S. G. Understanding dinamic capabilities. *The Warton School*. University of Pennsylvania, 2002.

Capítulo 9

Ensaio final – O uso do "falso" para a expressão do "verdadeiro", ou forma e conteúdo: quando os produtos falsificados são utilizados como um cenário para a afirmação do *self* no trabalho

Suzane Strehlau

Isabella Francisca Freitas Gouveia de Vasconcelos

Melby Zuniga Huertas

Introdução

A comercialização de produtos falsificados e a dificuldade do governo em lidar com ela tornaram-se um dos maiores problemas da indústria no Brasil. Empresas legais que investem recursos na construção de suas marcas são constantemente copiadas por outras ilegais com produtos de qualidade inferior. Mas o problema da comercialização de produtos falsificados vai além do prejuízo dos fabricantes de produtos originais. Trata-se de um fenômeno social e econômico com consequências negativas em várias frentes: geração de desemprego, diminuição na arrecadação do governo, desaceleração do crescimento econômico e diversos danos ao consumidor, que adquire um produto de baixa qualidade e curta duração. Anualmente, estima-se que o comércio de produtos falsificados movimente em torno de R$ 6,5 bilhões e que as perdas em impostos cheguem a R$ 1,5 bilhão (Kadaoka, 2006).

O consumo de produtos falsificados no Brasil é preocupante e uma das soluções apontadas por especialistas é a educação e a conscientização da população sobre as consequências negativas desse consumo. Entre os diversos tipos de produtos que são amplamente "pirateados" há alguns com características bem particulares: os produtos de luxo. Seu consumo pode estar relacionado à necessidade do individuo de construir sua identidade social. Daí, o objetivo deste trabalho foi o de analisar se o uso de produtos de luxo falsificados é uma forma de legitimação para indivíduos com mobilidade social ascendente. Ou seja,

> descobrimos que muitos indivíduos utilizam produtos falsificados porque não têm condições financeiras de adquirir produtos de luxo originais, e, para serem aceitos em sua vida profissional, às vezes para ao menos serem considerados para uma vaga de emprego e terem uma chance, ou para exercer a sua profissão, precisam construir um "cenário" e uma aparência de sucesso. Consultores, vendedores, advogados, iniciantes em sua carreira ou não, encontram-se muitas vezes nessa situação. Em sua visão, veem-se cobrados a usar símbolos de sucesso, produtos de luxo, e, como muitas vezes, não possuem poder aquisitivo para tanto, usam imitações para serem aceitos em seu meio e poder exercer, frequentemente com talento real, a sua profissão. Porém, mesmo com talento, não seriam sequer ouvidos ou considerados, em sua opinião, se não portassem alguns desses símbolos de luxo.

Diante do objetivo proposto, as seções a seguir discutem alguns processos de construção da identidade social nos diversos universos de significação; tendo por base a visão cognitivista da identidade social, sustentada nos trabalhos de Erickson (1972), Sainsaulieu (1977), Boltanski e Thevenot (1979). Sob esse referencial, realizou-se uma pesquisa exploratória cujo método é descrito na Seção 9.4. A análise dos dados coletados, conclusões e considerações finais aparecem nos itens subsequentes.

9.1 Construção de identidade

O conceito de identidade baseia-se nos estudos de Erickson (1972). Segundo esse autor, o sentimento de identidade é caracterizado pela percepção pelo indivíduo da própria unidade e de uma continuidade temporal. Em relação ao seu aspecto subjetivo, a identidade é a percepção pelo indivíduo de que existe em si semelhanças consigo mesmo e uma continuidade nos procedimentos de síntese internos relativos ao seu ego; existem também diferenças em relação aos outros que caracterizam o seu estilo individual enquanto pessoa. Sainsaulieu (1977) mostra em seu modelo que o conceito de identidade é utilizado para expressar o sentimento de permanência e continuidade que o indivíduo experimenta em suas relações sociais e que perde no caso de pressões extremas. Ainda, segundo esse autor, o reconhecimento dos outros é um dos elementos fundamentais na construção da identidade do indivíduo, que ocorre de modo dinâmico, a partir de suas interações sociais "aqui e agora". Christophe Dejours (1993) também destaca a importância do reconhecimento do grupo social, que pode ser um reconhecimento da utilidade social, econômica e técnica das contribuições particulares e coletivas à organização, ou um julgamento da beleza, validade ética e estética da ação. Ambos os tipos de reconhecimento social são conferidos pela hierarquia, pelos pares ou pelo grupo social de referência do indivíduo e influenciam na percepção que os indivíduos desenvolvem sobre o valor social de seu trabalho e no conceito que desenvolvem de si próprios. Outros autores desenvolveram recentemente pesquisas reforçando esses argumentos (Vasconcelos e Vasconcelos, 2002).

Erickson (1972) mostra que a identidade da criança é ligada à história de suas identificações sucessivas, porém a identidade do adulto depende também dos meios sociais dos quais ele dispõe para sustentar sua diferença nos conflitos e, dessa forma, sair da cadeia de identificações (Sainsaulieu, 1977). Em resumo, a partir dos trabalhos de Sainsaulieu e Dejours, dentro de uma perspectiva hegeliana, o reconhecimento social a partir da diferenciação e atribuição de valor pelo grupo de referência é fundamental para a constituição da identidade do sujeito. Luc Boltanski e Laurent Thévenot indicam em seus trabalhos que o reconhecimento e o valor social são atribuídos a partir de um universo simbólico ou universo de significação específica, com "ordens de grandeza" diferenciadas, como mostraremos a seguir.

Em uma perspectiva subjetiva, identidade é a percepção pelo indivíduo de que existem, em si, semelhanças com os outros e uma continuidade nos procedimentos internos de síntese relativos ao seu ego; mas também diferenças em relação aos outros, que caracterizam o seu estilo individual quanto pessoa (Erickson, 1972). O reconhecimento social a partir da diferenciação e atribuição de valor pelo grupo de referência é fundamental para a constituição da identidade do sujeito. Esse reconhecimento e o valor social do indivíduo são atribuídos a partir de um universo simbólico ou universo de significação específicas. Os universos simbólicos são compostos por símbolos, valores, normas de comportamento, regras e aspectos sociais considerados válidos em dado contexto social e que fornecem determinado valor social ao indivíduo ou grupo deles. Os universos simbólicos operam para legitimar a biografia individual e a ordem institucional, sendo a operação de caráter nômico ou ordenador (Berger e Luckmann, 1966). Os universos simbólicos constituem um nível da legitimação e são concebidos como as matrizes de todos os significados socialmente objetivados e subjetivamente reais (Berger e Luckmann, 1966). Abrangem situações da vida cotidiana do indivíduo, mas também ocasiões marginais, ou fora da realidade da existência cotidiana na sociedade. A legitimação ou a credibilidade e a consequente aceitação em determinado grupo social são obtidas a partir do conformismo aos padrões cognitivos e valores instituídos pelos membros de um grupo dentro de um universo de significação (Berger e Luckmann, 1966).

9.2 Os diversos mundos sociais e as formas de legitimação dos atores sociais em busca de reconhecimento social

Luc Boltanski e Laurent Thévenot (1979) descrevem em sua obra *De la Justification. Les Economies de la Grandeur* diversos "mundos sociais", ou seja, universos de significação, compostos por símbolos, valores, normas de comportamento, regras e aspectos sociais considerados válidos em dado contexto social e que fornecem determinado valor social ao indivíduo ou grupo de indivíduos que se portam de certa maneira ou desempenham determinados tipos de papel na sociedade.

A partir desse conjunto de valores, dentro desse universo de significação específico, os indivíduos, ao desempenhar dado conjunto de papéis sociais, ao concretizarem certos tipos de trabalho, legitimam-se diante de determinado grupo, sendo considerados atores sociais válidos, recebendo reconhecimento dos seus pares e ocupando certo espaço na sociedade, onde são considerados importantes e "grandes" socialmente, dentro de determinada perspectiva.

Dessa forma, a partir dos diversos tipos de inserção social, os indivíduos constroem sua identidade e justificam suas ações para si e para dado grupo social. Esses universos de significação lhes oferecem determinado sentido para suas ações e para suas vidas. Cada universo de significação possui normas de comportamento mediante os quais são definidos os papéis sociais próprios a esse universo e os tipos de conduta considerados "positivos" ou "negativos" nesse contexto social específico. O grupo social sanciona assim certos tipos de atitude e valoriza outros tipos de realização, dependendo do caso, e o indivíduo encontra dessa forma a medida social de seu valor nesse universo específico.

Caso tenha o hábito de justificar suas ações e definir o seu valor social a partir de certo tipo de ato social, e esse reconhecimento, fundamental para ele, lhe seja subitamente retirado, a pessoa pode perder suas referências, ter sua identidade abalada e entrar na situação de anomia descrita por Durkheim em seus trabalhos clássicos em sociologia. O valor moral desses universos de significação para a definição da identidade e do valor social do indivíduo, base de sua existência, são assim fundamentais.

Boltanski e Thévenot (1979) descrevem seis universos de significação ou "mundos sociais".

O primeiro é o mundo da inspiração ou da legitimação e conquista de grandeza social a partir da realização de obras artísticas reconhecidas, teses, trabalhos intelectuais, música, invenções etc. A valorização está ligada à capacidade artística, científica e técnica do indivíduo, envolvendo o seu desempenho profissional e a sua competência.

O segundo mundo social é o doméstico e está ligado ao exercício dos papéis sociais relacionados à família e da inserção desta em sociedade e ao caráter afetivo – desenvolvimento de relações de amizade, contato social etc. A valorização nesse universo está vinculada ao desempenho das funções de mãe, pai, esposa, marido, amiga, amigo, anfitrião(ã), vizinha(o), filho(a), de cidadão consciente inserido na comunidade, ao desempenho de funções ligadas à Igreja, obras de caridade, enfim, ações de caráter social.

O terceiro mundo é o da opinião e trata do valor atribuído pela mídia às celebridades sociais como artistas famosos, esportistas, modelos etc. Nesse caso, a valorização vem da simples celebridade pública estimulada pela mídia.

O quarto é o mundo cívico e está ligado ao imaginário da pátria e da ação política. Grandes políticos, heróis de guerra, como por exemplo, os heróis da resistência francesa ou os da Segunda Guerra Mundial representam esse imaginário. A valorização está ligada ao desempenho da função pública (cargos como prefeito, governador, senador etc.) e atos de bravura ligados à história do país.

O quinto mundo social é o mercantil e a valorização está ligada a simples posse de dinheiro e ao exercício de poder. Basta ser rico e controlar recursos e pessoas para ser valorizado nesse universo como um indivíduo de sucesso.

Por fim, o sexto mundo industrial valoriza indivíduos que obtêm êxito por meio da administração ou da criação de empresas consideradas de sucesso. Trata-se do mito do empreendedor ou do *self made man*, o homem "com visão" que abre uma empresa e obtém sucesso econômico por meio de seus produtos ou ainda do administrador competente, diretor-presidente de empresas que consegue recuperá-las das dificuldades e fazê-las obter sucesso econômico.

Mitos como Henry Ford, Bill Gates, empreendedores de sucesso, ou ainda Jack Welch, ex-diretor presidente da General Electric, ou Michel Eisner, diretor-presidente da Disney, considerados administradores competentes, que se tornaram famosos por seu desempenho profissional, recebendo salários extraordinários, na ordem de milhões de dólares por ano.

A diferença entre o mundo mercantil e o mundo industrial é o fato de que, no segundo, os indivíduos devem concretizar ações específicas, obtendo bons resultados financeiros devido à criação ou à administração de empreendimentos industriais de sucesso. Seu mérito está, pois, ligado à eficiência da empresa ou produto, não se diassociando desse fato. No caso do mundo mercantil, o simples poder de compra ou posse de dinheiro, seja pelo exercício de atividades ligadas à venda ou devido à herança, casamento ou qualquer outra razão, torna o indivíduo válido socialmente, independentemente da razão de sua fortuna.

Esses diversos mundos sociais se comunicam. Boltanski (Boltanski e Thévenot, 1979), ao desenvolver essa teoria, foi fortemente influenciado por Pierre Bourdieu, tendo sido orientando deste. Boltanski e Thévenot (1979) adotam, pois, o conceito de Pierre Bourdieu (1980) ligado à existência de diversos tipos de "capital", ou seja, modos sociais de legitimação (Misoczky, 2001). O capital social de um indivíduo é assim relacionado à inserção social deste e aos seus grupos aos quais este pertence. Um indivíduo tem alto capital social quando, independentemente de seu poder financeiro, possui amigos e contatos inseridos em altos círculos e é recebido nesses ambientes valorizados socialmente, podendo ainda influenciá-los. O capital social é assim composto pela rede de contatos sociais de um indivíduo e pela sua importância. Essa rede de contatos pode estar ligada ao desempenho de sua profissão, à inserção social de sua família etc. O capital financeiro está ligado à posse de fortuna e ao dinheiro que um indivíduo possui. O capital intelectual está ligado à capacidade técnica e ao desempenho profissional de alguém. Essas diferentes formas de reconhecimento comunicam-se socialmente. Um indivíduo que é reconhecido por sua alta capacidade técnica ou científica tende a ganhar salários maiores ou a obter compensações financeiras, aumentando o seu capital financeiro, bem como a se inserir em círculos profissionais e sociais importantes, aumentando o seu capital social. Indivíduos que são recebidos em altos círculos sociais e possuem amigos importantes podem obter prestígio social e conseguir transformar isso em capital financeiro. Pessoas que detêm alto poder econômico podem pagar uma formação escolar e treinamentos técnicos de alto nível e adquirir capital intelectual ou cercar-se de indivíduos bem inseridos socialmente, aumentando o seu capital social. No entanto, alguém que possua alto poder financeiro, não necessariamente consegue obter o reconhecimento de sua competência técnica ou artística e, assim, muitos técnicos e artistas considerados excelentes não ficam ricos devido a esse reconhecimento. Logo, os diversos mundos podem ou não estabelecer a comunicação.

Um indivíduo pode desempenhar com sucesso papéis sociais ligados à família, à profissão e obter êxito econômico e reconhecimento social em diversos "mundos sociais". Outros se dedicam exclusivamente ao mundo doméstico ou ao mundo profissional, não obtendo reconhecimento em outros universos de significação. Esta é a gênese da formação dos diversos tipos de identidade social, que se relaciona ao desempenho de papéis específicos e ao reconhecimento dos grupos de referência.

9.3 Método de pesquisa

A pesquisa foi exploratória. A unidade de análise foi o próprio consumidor e a coleta dos dados foi feita por meio de entrevistas de profundidades não estruturadas focalizadas que foram conduzidas pelo próprio pesquisador, gravadas e transcritas posteriormente. O período de coleta foram os meses de setembro, outubro e novembro de 2003. Quando as diferentes entrevistas começaram a apresentar um conteúdo repetitivo e similar, optou-se por finalizar a coleta de dados, totalizando 12 entrevistas. Apresentaremos aqui, a título ilustrativo, apenas duas entrevistas que exprimem bem a problemática mostrando como os indivíduos utilizaram produtos falsificados para construírem um cenário e expressarem, segundo eles, a sua "real competência" no trabalho. Um deles foi um consultor que usa ternos falsificados e canetas falsificadas, para exercer a contento a sua profissão. O outro foi um empresário que começou "de baixo", teve bastante sucesso profissional e tem dificuldade em pagar o preço dos produtos originais, possuindo-os apenas para o uso em eventos festivos e ocasiões especiais, enquanto no dia a dia utiliza produtos "falsificados" para fabricar o ambiente de trabalho e "passar uma boa impressão".

Solicitou-se aos consumidores que revelassem algo sobre eles mesmos e o mundo do qual eles vieram. Patton (2002, p. 115) descreve isso como análise de narrativa, que é interpretada de modo que propicie um entendimento da vida e cultura que a criou.

A necessidade de achar indivíduos que fossem acessíveis, desejosos de prover informações e que apresentassem a característica de ter já consumido uma marca de luxo falsificada levou ao uso de uma amostra do tipo bola-de-neve ou de cadeia. Nesse tipo de amostra (Miles e Huberman, 1994, p. 28 apud Cresswell, 1989), identificam-se casos de interesse de pessoas que conhecem pessoas que sabem quais são as ricas em informação.

Há dificuldade de encontrar esse consumidor pelas características de um comércio clandestino. Procurar por essas pessoas no ponto de venda não é recomendável por, eventualmente, ser visto como alguém "perigoso" por parte do vendedor e comprador, pertencentes à fiscalização. Abordá-los na rua também não é possível, pois o conteúdo a ser levantado causa desconfiança. Além disso, a insegurança da cidade de São Paulo atrapalha uma abordagem na rua por uma pessoa desconhecida com perguntas pessoais. Dado isso, optou-se pela amostragem bola-de-neve (Malhotra, 2001), no qual os entrevistados iniciais fornecem informações que permitem contatar os entrevistados subsequentes. A seleção do grupo inicial foi feita por meio de divulgação por e-mail, pedindo indicações de pessoas que tivessem comprado produtos falsificados.

Uma vantagem desse método foi o de conseguir selecionar pessoas que apresentassem a característica básica desejada para a entrevista: ter comprado uma marca de luxo falsificada; além do mais, o método possibilitou vencer a desconfiança inicial para falar de um tema delicado.

É possível que as pessoas que responderam ao apelo gostem mais de falar de suas falsificações do que aquelas que preferiram não se manifestar. A maior desvantagem foi o perigo de se obter uma amostra viciada e composta por indivíduos do mesmo círculo social. Procurou-se contornar isso utilizando "sementes" diferentes, ou seja, escolheu-se fazer o pedido inicial de entrevistas e indicações para pessoas que não compartilhassem o mesmo local de trabalho ou de lazer. O texto do e-mail foi composto por uma saudação pessoal, o motivo da pesquisa e o pedido.

> Procuramos entrevistar pessoas que já tenham comprado uma marca de luxo falsa. Por exemplo: um Rolex de camelô, bolsa Louis Vuitton falsa, caneta Mont Blanc na 25 de março ou no Chinatown em Nova York e assim por diante. Tudo é confidencial, e os entrevistados não serão identificados em hipótese nenhuma. Você poderia nos auxiliar?"

O e-mail foi repassado aos amigos dos enviados, pedindo auxílio. Ou, em conversa com seus amigos, abordavam o assunto e recomendaram a entrevista com determinada pessoa. Para avaliação do *habitus* do entrevistado, utilizou-se a trajetória da sua família, por meio, principalmente, da ocupação dos seus antepassados – avôs paternos, avôs maternos, pais – e ocupação do respondente. Embora a ocupação seja um indicador fraco da classe social a que pertence o indivíduo (Allen e Anderson, 1994) optou-se pela sua utilização por ela estar associada à condição de vida, mas, sobretudo, por ter sido usada por Bourdieu (1979), em seu estudo que resultou no livro *La distinction.* Nele, os resultados apresentados foram muitas vezes agrupados por ocupação.

As ocupações mencionadas pelos entrevistados foram classificadas em duas categorias elaboradas com base nas classificações sócio-profissionais utilizadas por Bourdieu (1979, p. 13, 588-590 e 622).

Foram utilizadas então para classificação profissional as seguintes categorias:

a. **estrato popular**: artesãos, pequenos comerciantes, pequena e média gerências, secretárias, funcionários de escritórios, técnicos, instrutores;
b. **estrato de elite**: professores dos ensinos superior e médio, produtores artísticos, profissionais liberais, industriais, diretores, engenheiros.

A primeira classificação das ocupações dos respondentes foi feita pela autora e, posteriormente, um estudante de doutorado leu as entrevistas e efetuou outra classificação e, quando houve desacordo na classificação, pediu-se a opinião de uma terceira pessoa.

O *habitus* desenvolve signos de respeito, etiqueta e *savoir vivre*, que diferenciam os atos de seus portadores. Portanto, pode ser avaliado por meio dos padrões de consumo. Para isso, procurou-se os referenciais de marca com os quais o consumidor trabalha. Ou seja, qual seu conhecimento sobre marcas em geral e em especial sobre as de luxo.

Por fim, analisaram-se as formas de consumo de uma marca de luxo falsa, abordando como a pessoa usa e compra o produto, onde o adquiriu, como se dá o seu uso, e qual o julgamento do consumidor sobre o objeto.

O roteiro abordou três temas: o primeiro foi a família, sua procedência, o que faziam para sobreviver, se estudaram etc. O objetivo era o de conhecer a trajetória social da família, procurando identificar como foi a evolução do capital cultural e o desenvolvimento do *habitus*. O segundo tema – *habitus* e referenciais de marcas de consumo do(a) entrevistado(a) – foi uma autodescrição de como o consumidor se comportou em relação às marcas. Avaliou-se aqui a demonstração do *habitus* no consumo de marcas. O entrevistado foi estimulado a evidenciar seu conhecimento a respeito dos produtos originais de marcas de luxo, e avaliar como a pessoa se relacionava com as marcas. O último tema explorou as formas de consumo de uma marca de luxo falsa, abordando-se como a pessoa comprava e usava o produto. O conhecimento, ou competência, do consumo é, portanto, fundamental na definição *habitus*. Assim, procurou-se outra fonte de dados que não fosse o consumidor, para explorar o tema: se houve como demonstrar a competência do consumidor na avaliação da qualidade e semelhança das marcas de luxo falsificadas com as originais.

A pesquisa também se classifica como interpretativa, não sendo neutra, envolvendo interação social e sendo uma pesquisa sujeito/sujeito. Assim, um dos limites é a não neutralidade ou imparcialidade dos dados. Procurou-se interpretar os dados da forma mais imparcial e fidedigna possível, mas deve-se, nesse tipo de pesquisa qualitativa, assumir o limite da não neutralidade. A pesquisa também não pode ser generalizada, e o seu caráter exploratório fica evidente quando se propõe levantar questões relevantes de pesquisa e verificar a sua pertinência a partir da coleta de opiniões dos entrevistados. O objetivo desse capítulo é revelar essas primeiras conclusões, convidando os pesquisadores a realizar pesquisas futuras a partir dessas ideias.

9.4 Análise

Considerando os três grupos com trajetórias sociais diversas, concentramo-nos naquele que se caracterizou pela mobilidade social ascendente. Para fins desse capítulo, escolhemos duas das entrevistas para ilustrar a mensagem que pretendemos transmitir. Nesses indivíduos, a busca por legitimidade social e a aceitação por meio de mecanismos de "gestão da impressão" foram marcantes. Houve uma gestão muito forte de sua imagem social ante ao seu grupo profissional e seus clientes.

O aspecto mais marcante foi o uso de pseudoprodutos de luxo, mais especificamente a falsificação de marcas de prestígio, para poderem ser aceitos em seu meio profissional e exercer a sua profissão sentindo-se bem acolhidos e benquistos por clientes e colegas de trabalho. As narrativas mostram que pessoas talentosas muitas vezes não podem exercer seus trabalhos a contento por não disporem de um aparato de imagem necessário à sua aceitação em seu meio. Profissionais bem-sucedidos contam que para "valorizarem suas reais competências" tiveram antes de tudo de passar pelo crivo da imagem e da aparência e, por não poder comprar objetos de luxo originais, utilizaram-se de produtos falsificados para construírem um "cenário", terem uma primeira aceitação e, depois, poder mostrar o seu talento profissional. Os produtos falsificados serviram, pois, para permitir a expressão de uma identidade profissional "verdadeira" e real e para poder demonstrar a "real" eficiência técnica e profissional dos entrevistados.

Félix, um dos entrevistados desse grupo, diferenciou o que gosta de comprar (CDs) do que é "obrigado a comprar" (canetas, ternos, relógios) e que utiliza somente para trabalhar como uma forma de auxílio para aumentar sua credibilidade.

Comprou relógios e gravatas de marcas de luxo falsificadas para usar em ocasiões profissionais, e uma caneta "Mont Blanc" falsa para dar de presente. As imitações que possui fazem parte do que chama "a sua versão profissional". A trajetória da família de Félix é de mobilidade em direção ao estrato dominante. Seus avós eram pequenos comerciantes e artesãos com pouco estudo, já seu pai tornou-se executivo de alto nível, ocupação considerada do estrato dominante. O filho atua como executivo de nível intermediário e luta para subir. Houve modificação no volume da espécie de capital dominante da estrutura patrimonial. De pouco capital institucionalizado na geração dos avós, com algo equivalente ao primário, para uma mãe professora e um pai dirigente de empresas. O *habitus* demonstra familiaridade com o conceito das marcas, não apenas seu nome. Embora o entrevistado demonstre claramente que não deseja pagar o valor do artigo genuíno, gastou uma quantia razoável pelo falso. Seu *habitus* inclui saber como utilizar os signos de respeito, etiqueta e *savoir vivre*, e por meio deles diferencia, no seu cotidiano, seus atos como alguém pertencente ao estrato dominante.

Félix narra como os ternos "Armani" e as canetas "Mont Blanc" que compra falsificados são fundamentais para exercer a sua profissão e "passar uma imagem de sucesso" perante a clientes e colegas, podendo ter a oportunidade, aí, de mostrar o seu verdadeiro talento. Possuir talento e conteúdo, para ele, não é suficiente. Há a necessidade de se fabricar o cenário – a "forma" de gerir adequadamente sua imagem de sucesso, e isso ele o faz através dos produtos de luxo e de uso pessoal falsificados.

Outro entrevistado, empresário neto de imigrantes árabes, valoriza o seu sucesso na administração da sua empresa. Usa a marca falsificada como uma forma de demonstrar seu êxito na administração de seus empreendimentos industriais. Esse entrevistado, Clodoaldo, tem acesso ao produto genuíno para comparar as diferenças e semelhanças com o original. Nessa relação, a falsificação é considerada de qualidade inferior.

A caneta falsificada "Mont Blanc" é utilizada, ou não, em função da situação social.

No seu uso cotidiano não crê que as pessoas notem que está usando a imitação. E fornece exemplos de que não existe "nada demais" em utilizar imitações das marcas de luxo.

> Se você andar de maneira assim "normal", ninguém vai reparar que você está com uma imitação. Você pode usá-la como original. Na verdade, eu não me incomodo de a pessoa procurar saber se o que estou usando é verdadeiro ou não é. Se é ouro ou bijuteria. Até o Armani uma vez desfilou com uma imitação. Ele falou: "quero que vocês me imitem". Com um produto dele, um terno dele que era uma imitação. Em um evento que teve aí, nesse ano ou no ano passado. Era uma coleção que ele apresentou em um desfile e desfilou com um que era uma imitação do original dele. Pode imitar que não tem problema.

O entrevistado possui conhecimento sobre marcas de luxo, mas se sente pressionado a usar marcas genuínas em eventos sociais, as aparências são muito importantes no seu entender. Possui as marcas originais e também suas falsificações. Utiliza as marcas falsas no seu dia a dia de trabalho e as originais apenas em ocasiões sociais especiais. Para ele, a qualidade do original é melhor. Na sua visão, todos usam imitações em um momento ou em outro. Considera a qualidade da falsificação inferior ao original, mas, como é mais barata, as utiliza para o "cenário de trabalho" cotidiano, "com pessoas que não saberão diferenciar a caneta verdadeira ou falsa, mas que ficam impressionadas pelo seu porte". Assim, a falsa "Mont Blanc" é usada diariamente como um produto descartável. Quando uma quebra, joga-se fora. O original fica guardado com medo de roubos e é utilizado somente em eventos muito importantes onde pessoas "de classe" realmente poderiam "reparar" e "notar a diferença". A imitação é utilizada sem constrangimentos em situações "mais banais" e em encontros profissionais "comuns" com pessoas não tão "distintas".

9.5 Conclusão

Falamos de mundos sociais ou "universos de significação" na parte teórica. O quinto universo social citado é o "mundo mercantil" e a valorização do indivíduo está ligada à simples posse de dinheiro e ao exercício de poder. Basta ser rico e controlar recursos e pessoas para ser valorizado nesse universo como um indivíduo de sucesso. Mas, para ser considerado "como uma pessoa de sucesso", "que detém poder", é necessário, segundo muitos, portar símbolos desse êxito, produtos de luxo, para se criar um cenário e "abrir portas". O mundo industrial também citado valoriza indivíduos que obtém sucesso por meio da administração ou criação de empresas consideradas bem-sucedidas. Para tanto, é preciso criar-se a imagem do empresário que deu certo. O nosso primeiro entrevistado pertencia ao mundo mercantil, o segundo, ao universo industrial. Esse último, empresário, queria construir uma imagem de sucesso, mas utilizava o produto "adequado" a cada público. Com "clientes comuns", no cotidiano, usava a caneta Mont Blanc falsa e outros acessórios de luxo falsos. Em recepções de maior luxo, adaptava-se ao cenário, utizando produtos originais, "de acordo com o gosto de quem iria reparar". Os produtos de sua empresa eram aceitos no mercado e ele tinha sucesso, porém considerava o cenário adequado a cada cliente importante para "transmitir" essa imagem de sucesso.

O primeiro entrevistado utilizava os produtos de luxo para a construção do que se usa chamar "marketing pessoal", que julgava fundamental para ao menos ser considerado.

Como diz Goffmann, na teoria dos papéis, em seu livro "*A construção do eu na vida cotidiana*", a representação que criamos para impressionar os outros e auxiliar no desempenho de nossos papéis diários, é feita a partir de padrões verbais e símbolos destinados a provocar certa impressão em nosso "público" afirmando padrões de identidade profundos.

O "cenário" ou a "forma", é apenas o "pano de fundo" para expressão do conteúdo profundo.

No mundo em que vivemos, no entanto, sem o "cenário correto" ou "padronizado", na opinião desses entrevistados que utilizavam produtos falsificados, muitos não possuem sequer a chance de exprimir o seu "conteúdo" ou *self*, principalmente no mundo mercantil e industrial, baseados em símbolos de sucesso financeiro e competência profissional. Surgem questionamentos dessa posição: será que o uso dos produtos de luxo e símbolos de sucesso fazem pressupor a competência, de fato? Será que os que portam esses símbolos são mais "competentes" ou necessitam de fato de todo esse "cenário" para provar a sua competência profissional ou serem "ouvidos"? Na opinião de nossos entrevistados, sim, o cenário, mesmo que composto por produtos falsificados, é fundamental. Porém "como provar ser competente sem ao menos ter a chance de se revelar?", dizem eles. O que fazer se para revelar o conteúdo é necessário adequar-se às formas do *status quo* para a obtenção de legitimação social e recursos? É esta a opinião dos pesquisados.

Nesse caso, na visão dos entrevistados, o "falso cenário" possibilita e expressão do "verdadeiro conteúdo" profissional e identitário. "Falso e Verdadeiro", nesse caso, não constituem um paradoxo, mas são dimensões complementares, forma e conteúdo, que se unem para a afirmação do ser.

Não existe paradoxo, mas as dimensões aparentemente opostas ("falsificado *versus* verdadeiro") contribuem para a afirmação de uma mesma racionalidade e de uma mesma identidade profissional. O "falso" é a forma que complementa a expressão do conteúdo "real" do indivíduo, na visão dos entrevistados.

O objetivo desse capítulo é convidar os pesquisadores a fazer pesquisas mais aprofundadas com base nessas ideias, questionando-as e complementando-as.

Referências bibliográficas

ALBERT, S. et al. Organizational identity and identification: charting new waters and building new bridges. *The Academy of Management Review*, v. 25, n. 1, p. 13-18, jan. 2000.

ALLEN, D. E.; ANDERSON, P. F. Consumption and social stratification: Bourdieu's distinction. *Advances in Consumer Research*, v. 21, p. 70-74, 1994.

BERGER, P. *Perspectivas sociológicas*: uma visão humanística. Petrópolis: Vozes, 1993.

BLOCH, P. H. et al. Consumer accomplices in product counterfeiting a demand side investigation. *Journal of Consumer Marketing*, v. 10, n. 4, p. 27-36, 1993.

BOLTANSKI, L. E.; THEVENOT, L. *De la justification*. Les Economies de la Grandeur. Paris: Gallimard, 1979.

BOURDIEU, P. Habitus, code et codification. *Actes de la Recherche en Sciences Sociales*, n. 64, p. 40-44, set. 1986.

______. *La distinction*. Critique sociale du jugement. Paris: les Éditions de Minuit, p. 670, 1979.

CRESSWELL, J. W. *Qualitative inquiry and research design*: choosing among five traditions. Thousand Oaks, Ca: Sage, p. 403, 1998.

DEJOURS, C. Intelligence pratique et sagesse pratique: deux dimensions meconnues du travail reel. *Education permanente*, n. 116, 1993.

DELENER, N. International counterfeit marketing: success without risk. *Review of Business*, p. 16-19, primavera de 2000.

ERICKSON, E. *Adolescence et Crise:* la quete de l'identité. Paris: Flammarion, 1972.

KADAOKA, F. F. O mapa da pirataria. *Revista IstoÉ Dinheiro*, n. 1, out. 2006. Disponível em: <http://www.zaz.com.br/istoe/1928/economia/1928_mapa_da_pirataria.htm>. Acesso em 30/10/2006.

KAPFERER, J. N. *As marcas capital da empresa*: criar e desenvolver marcas fortes. Porto Alegre: Bookman, p. 459, 2003.

GOFFMAN, E. *A representação do eu na vida cotidiana*. Petrópolis: Vozes, 2002.

MALHOTRA, N. K. *Pesquisa de marketing*: uma orientação aplicada. 3. ed. Porto Alegre: Bookman, 2001.

MILES, M. B.; HUBERMAN, A. M. *Qualitative data analysis*: a sourcebook of new methods. 2. ed. Thousand Oaks, Ca: Sage, 1994.

MISOCZKY, M. Campo de poder e ação em Bourdieu: implicações de seu uso em estudos organizacionais, Campinas. *Anais do XXV Enanpad*, 2001.

NILL, A.; SHULTZ II, C. The scourge of global counterfeiting. *Business Horizons*, p. 37-42, nov./dez. 1996.

PATTON, M. Q. Qualitative research & evaluation methods. 3. ed. Thousand Oaks: Sage, 2002.

SAINSAULIEU, R. *L'Identité au travail.* Paris: FENSP, 1977.

SIMON, H. *Administrative behavior.* Nova York: Doubleday, 1947.

TOM, G. et al. Consumer demand for counterfeit goods. *Psychology and Marketing,* v. 15, n. 5, p. 405-421, ago. 1998.

VASCONCELOS, I.; VASCONCELOS, F. Gestão de recursos humanos e identidade social: um estudo crítico. In: *Revista de Administração de Empresas da EAESP-FGV,* v. 42, n. 1, p. 64-78, jan./mar. 2002.

______. Identidade, legitimação social e teoria organizacional: contribuições de uma análise sociológica da política de gestão de pessoas da Natura. *Organizações & Sociedade,* n. 27, v. 10, maio/ago. 2003.

Este livro foi impresso na
LIS GRÁFICA E EDITORA LTDA.
Rua Felício Antônio Alves, 370 – Bonsucesso
CEP 07175-450 – Guarulhos – SP
Fone: (11) 3382-0777 – Fax: (11) 3382-0778
lisgrafica@lisgrafica.com.br – www.lisgrafica.com.br